主　　编　蒋惠岭　国家法官学院副院长
　　　　　　　　　　最高人民法院司法案例研究院负责人
副 主 编　关　毅　国家法官学院科研部主任
　　　　　刘　畅　最高人民法院司法案例研究院规划部主任
主编助理　边疆戈　国家法官学院科研部编辑
　　　　　朱建伟　国家法官学院科研部编辑
　　　　　赵文轩　最高人民法院司法案例研究院规划部编辑

《中国法院年度案例》编辑人员（按姓氏笔画）
边疆戈　朱建伟　刘　畅　关　毅　杨小利
罗胜华　赵文轩　胡　岩　袁登明　唐世银
曹海荣　梁　欣　蒋惠岭　程　瑛　谭　红

本书编审人员　唐世银

中国法院

2020年度案例

国　家　法　官　学　院
最高人民法院司法案例研究院◎编

民间借贷纠纷

中国法制出版社
CHINA LEGAL PUBLISHING HOUSE

《中国法院年度案例》通讯编辑名单

序

坚持和完善中国特色社会主义法治体系，是党的十九届四中全会作出的一项重要部署。作为其核心组成部分，高效的法治实施体系所要实现的就是让静态的法律制度在实践中得到良好实施。《中国法院年度案例》丛书的价值追求，即公开精品案例，研究案例所体现的裁判方法和价值理念，提炼裁判规则，助推司法标准统一。

《中国法院年度案例》丛书，是国家法官学院于2012年开始编辑出版的一套大型年度案例丛书。丛书由国家法官学院案例开发研究中心具体承担编辑工作，每年年初定期出版。此前，该中心坚持20余年连续不辍编辑出版了《中国审判案例要览》丛书近90卷，分中文版和英文版在海内外发行，颇有口碑，享有赞誉。作为一种全新的案例研究产品，《中国法院年度案例》丛书旨在加强完善中国特色案例指导制度，探索编辑案例的新方法、新模式，以弥补当前各种案例出版物的不足。该丛书2012～2019年已连续出版8套，一直受到读者的广泛好评，并迅速售罄。为更加全面地反映我国司法审判执行工作的发展进程，顺应审判执行实践的需要，响应读者需求，2014年度新增3个分册即金融纠纷、行政纠纷、刑事案例，2015年度将刑事案例调整为刑法总则案例、刑法分则案例2册，2016年度新增知识产权纠纷分册，2017年度新增执行案例分册，2018年度、2019年度将刑事案例扩充为4个分册。现国家法官学院及时编撰推出《中国法院2020年度案例》系列丛书，共23册。

当前市面上的案例丛书百花齐放，又有裁判文书网，可以查询各级法院、各类的裁判文书，还有各种专门领域的案例汇编书籍，以及各种案例指导、案例参考等读物，各具特色。而《中国法院年度案例》丛书则以开放务实的态度、简洁明快的风格，试图把案例书籍变得“好读有用”，故在编辑中坚持以下方法：一是高度提炼案例内容，控制案例篇幅，每个案例基本在3000字以内；二是突出争议焦点，剔除无效信息，尽可能在有限的篇幅内为读者提供有效、有益的信息；三是注重对案件裁判文书的再加工，大多数案例由案件的主审法官撰写“法官后语”，高度提炼、总结案例的指导价值。

同时，《中国法院年度案例》丛书还有以下特色：一是信息量大。国家法官学院案例开发研究中心每年从全国各地法院收集到的上一年度审结的典型案例近万件，使该丛书有广泛的选编基础，可提供给读者新近发生的全国各地多种类型的代表性案例。二是方便检索。为体现以读者为本，丛书分卷细化，每卷下还将案例主要根据案由分类编排，每个案例用一句话概括裁判规则、裁判思路或焦点问题作为主标题，让读者一目了然，迅速找到目标案例。

中国法制出版社始终全力支持《中国法院年度案例》丛书的出版，给了作者和编辑们巨大的鼓励。2018年、2019年连续推出数据库增值服务，2020年继续提供数据库增值服务并充实完善数据内容。购买本书，扫描前勒口二维码，即可在本年度免费查阅往年同类案例数据库。我们在此谨表谢忱，并希望通过共同努力，逐步完善，做得更好，真正探索出一条编辑案例书籍、挖掘案例价值的新路，更好地服务于学习、研究法律的读者，服务于社会，服务于国家的法治建设。

本丛书既可作为法官、检察官、律师等司法实务工作人员的办案参考和司法人员培训推荐教程，也是社会大众学法用法的极佳指导，亦是教学科研机构案例研究的精品素材。当然，案例作者和编辑在编写过程中也难以一步到位实现最初的编写愿望，可能会存在各种不足，甚至错误，欢迎读者批评指正，我们愿听取建议，并不断改进，不断扩大案例研究领域，实现中国特色案例研究事业新发展。

从今年起，《中国法院年度案例》改由国家法官学院与最高人民法院司法案例研究院共同编辑。最高人民法院司法案例研究院是中编办批准设置的最高人民法院的司法案例专门研究机构，与国家法官学院合署办公，在最高人民法院领导下，秉持服务司法审判实践、经济社会发展、法学教育研究、中外法学交流、法治中国建设的办院宗旨，坚持“服务、创新、合作、开放、共享”工作原则，依托国家法官学院开展司法案例的收集、生成、研究、发布和国际交流工作。司法案例研究院的加入，必将使本套丛书的编辑力量更加壮大，案例质量将进一步提升。

国家法官学院副院长

最高人民法院司法案例研究院负责人

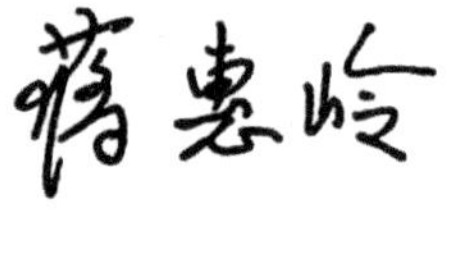

目　录

Contents

一、借贷关系认定

二、夫妻共同债务认定

三、借款主体认定

四、债务偿还认定

五、利息与违约金认定

六、债权转让与债务承担

七、证据与时效

一、借贷关系认定

1

如何综合认定借贷关系的真实性

——王某众诉陈某莲等民间借贷案

【案件基本信息】

1. 裁判书字号

福建省厦门市中级人民法院（2018）闽02民终6054号民事判决书

2. 案由：民间借贷纠纷

3. 当事人

原告（上诉人）：王某众

被告（被上诉人）：陈某莲、连某旺、连某正

【基本案情】

王某众提供的《借条》载明“兹向东孚东埔王某众借出人民币伍拾玖万元整，￥590000元。此据。借款人：连某卫，2012年7月30日，灌口田头洋坑”等字样。

另查明，2015年9月24日，连某卫因各种疾病死亡。陈某莲与连某卫系夫妻关系，本案借款发生于陈某莲与连某卫夫妻关系存续期间。庭审时，陈某莲明确其不对《借条》申请笔迹鉴定。连某旺、连某正系连某卫儿子，其向法院表示放弃继承连某卫名下的财产。

再查明，在本案审理过程中，王某众向本院申请财产保全，法院于2018年1月24日制作（2018）闽0211民初528号民事裁定，裁定：一、查封、扣押、冻结

陈某莲、连某旺、连某正名下价值590000元的财产；二、查封陈某源名下位于厦门市海沧区东孚镇××村××组的房产（厦农房证杏东孚字第×××号）。

还查明，王某众自述2010年前，连某卫有向其借款，有借有还，信用不错，故2010年连某卫向其借款40万元时，其才会借给他。2014年，连某卫借款未还，其要起诉他，连某卫遂将家中的房契抵给了王某众。

王某众的《残疾人证》显示为2009年12月签发。

【案件焦点】

讼争借贷关系是否存在。

【法院裁判要旨】

福建省厦门市集美区人民法院经审理认为：陈某莲、连某旺与连某正均对《借条》的真实性不予认可，但均未向法院申请对《借条》进行笔迹鉴定，依法应承担举证不能的法律后果。因此，法院对王某众提供的《借条》的真实性予以确认。虽然王某众提供的《借条》载明连某卫向其借款590000元的事实，但判断民间借贷关系是否成立在于借款是否实际交付，是否实际发生借贷关系。王某众主张陈某莲、连某旺、连某正应向其返还连某卫生前欠款590000元，陈某莲、连某旺、连某正抗辩借贷行为尚未实际发生并能结合王某众的经济情况、连某卫的身体状况和工作情况等作出合理说明。依照《最高人民法院关于审理民间借贷案件适用法律若干问题的规定》第十六条第二款之规定，被告抗辩借贷行为尚未实际发生并能作出合理说明，人民法院应当结合借贷金额、款项交付、当事人的经济能力、当地或者当事人之间的交易方式、交易习惯、当事人财产变动情况以及证人证言等事实和因素，综合判断查证借贷事实是否发生。据此，本案应当结合借贷资金来源、当事人的经济能力、款项交付情况等事实和因素，综合判断查证借贷事实是否发生。结合本案案情，具体分析如下：

首先，关于借贷资金来源情况。王某众在原审时陈述本案借款系其向角美谢某华借款后将现金590000元出借给连某卫；但王某众在重审时变更陈述，称其于2010年7月收回外债400000元后出借给连某卫，双方口头约定利息2分，借款期限2年。借款期限届满后，双方重新结算，加上连某卫拖欠的利息，合计590000元。根据原审笔录和本案庭审调查情况，王某众关于本案借款资金来源及实际借款本金金额前后表述不一致，相互矛盾，且王某众未提供其他证据予以佐证重审时其陈述的事实，故本院对借款资金来源的客观真实性无法判断，对王某众在重审时陈述的关于借款资金来源的情况不予采信。

其次，关于当事人的经济能力。王某众自述其以养蜂为业，年均收入为50000元至60000元，但王某众未有其他证据加以佐证。本案王某众及其妻子均为残疾人和低保户，《厦门市最低生活保障工作实施意见》明确厦门户籍居民申请低保的必要条件为共同生活的家庭成员人均收入低于本市低保标准，厦门市民政局官方数据表明2013年农村低保标准为每人每月370元。王某众主张其年收入标准和低保户的申请资格、农村低保标准相差较大，法院对其关于年收入的主张不予采信。结合王某众提供的厦门农村商业银行股份有限公司东孚支行出具的交易明细，体现王某众的账户于2005年2月及2009年1月分别入账27746元、24000元。上述款项的入账时间与其主张的借款日期2010年7月相隔较远，且与王某众陈述的2010年连某卫的借款金额400000元相差悬殊。结合王某众自身劳动能力、家庭情况及银行账户存款等情况，法院认定王某众于2010年7月并不具备向连某卫独立出借400000元的经济能力。

最后，关于款项交付情况。王某众作为出借方应当对其已向连某卫提供借款的事实进行举证和说明。王某众在原审时陈述系在角美谢某华处将款项交给连某卫，但在重审时又陈述其将外债收回后交给连某卫。王某众关于借款交付情况陈述不一，且均未提供其他证据予以佐证，法院对其在重审时陈述的款项交付经过难以采信。结合王某众的生活实际及收入情况，400000元对其而言应属于数额较大，其主张以现金的形式交付，但亦未能提供连某卫出具的收条，明显不符合正常的交易习惯。况且，关于本案《借条》的形成过程，王某众的说法前后矛盾；关于借款本金的陈述，王某众在原审陈述借款本金590000元，重审时陈述借款本金400000元，其陈述亦前后不一致。王某众主张2010年7月的借款400000元系以现金形式交付给连某卫，并主张借款590000元包含借款本金400000元及利息190000元，但除了王某众的口头陈述外，并无其他证据可以证实上述事实，王某众依法应承担举证不能的法律后果。据此，法院认定王某众于2010年7月向连某卫出借的款项400000元并未实际交付。

综上所述，结合本案借贷资金来源情况、当事人的经济能力、款项交付情况等事实，可以判定本案借贷关系并未实际发生，王某众主张陈某莲、连某旺、连某正返还借款590000元于法无据，法院不予支持。连某旺、连某正经本院传票传唤，无正当理由拒不到庭参加诉讼，法院经开庭审理，现已查明事实，依法可以缺席判决。

福建省厦门市集美区人民法院根据《中华人民共和国合同法》第二百一十条，《最高人民法院关于审理民间借贷案件适用法律若干问题的规定》第二条、第十六条第二款，《中华人民共和国民事诉讼法》第六十四条第一款、第一百四十四条之规定，判决：

驳回王某众的诉讼请求。

王某众不服一审判决，提起上诉。

福建省厦门市中级人民法院经审理认为：民间借贷的出借人，除了提供借条等债权凭证外，还需提供相关证据证明借贷事实已实际发生，特别是本案，因出具借条的债务人已经死亡，债权人更需提供充分的证据证实与借贷事实相关的基本情况，包括出借款项的来源、款项交付的事实等。

本案发回重审后，就与讼争借款相关的事实，王某众的陈述没有相关证据能够充分佐证：1. 关于款项的出借时间及出借的原因。王某众自述为2010年7月出借，出借金额为400000元，2012年7月重新出具的借条，本金加利息共计590000元。庭审中，王某众陈述，2010年之前也多次将款项出借给连某卫，因连某卫有借有还，信用不错，故在2010年一次性向其出借了400000元。至于连某卫借款的用途，王某众表示不清楚。王某众与妻子均为残疾人，家中经济并不富裕，连某卫与王某众关系并非十分亲密，又无提供相关担保抵押，在此情况下，王某众愿意拿出毕生的积蓄出借，不合情理。2010年出借400000元之后，连某卫并没有还款付息，也没有提供任何的担保抵押，在此情况下王某众还愿意继续出借，于情于理均不符。反观原一审、二审时，王某众陈述590000元出借的时间就是2012年7月，出借的原因是连某卫信用好，连某卫告知其要做生意需要资金。对款项出借的时间、出借的原由，王某众前后说法不一，无法令人信服。

2. 关于款项来源。王某众在发回重审后改变原来的说法，主张出借的款项系其自有资金，包括征地补偿款、养峰收入等其他经营收入以及放贷的收入。但鉴于：征地补偿款三笔较大金额的收入均未体现分配时间，其他分配的款项金额均较小；养峰收入及其他经营收入、放贷收入没有相应的证据。且就款项来源，王某众在原一审、二审均作了与重审完全不同的陈述，结合王某众自身的劳动能力、家庭经济、银行存款情况，在没有充分证据体现其借款资金来源的真实性的情况下，一审法院对王某众有关借款资金来源的情况不予采信并无不当。

3. 关于款项交付。重审后，王某众陈述系 2010 年 10 月将 400000 元现金交付给连某卫，对该事实没有任何证据可佐证。原一审、二审时，王某众对款项交付做了详细的描述：其向角美谢某华借款 60 万元，连某卫叫了司机到王某众家，然后三人一起坐车到角美找谢某华拿钱。重审后，王某众以因为怕低保户的资格被取消，所以在原一审、二审作了虚假陈述为由，对款项交付作了完全不同的陈述。鉴于借款人连某卫已死亡，王某众关于款项交付的事实没有相应的证据佐证，加之王某众不诚信的诉讼行为，一审法院对该部分事实不予采信是正确的。

综上所述，鉴于王某众对借款资金来源、款项交付等情节未能提供充分的证据佐证，一审法院未支持其关于借贷关系实际发生、王某众应承担返还欠款责任等相关诉求主张并无不当，应予维持。据此，根据《中华人民共和国民事诉讼法》第一百七十条第一款第一项规定，判决如下：

驳回王某众的上诉，维持原判。

【法官后语】

在王某众以借据、收据、欠条等债权凭证为依据提起民间借贷诉讼，陈某莲等否认发生借贷事实的情况下，人民法院除依据当事人提供的债权凭证以外，还应综合审查其他事实和因素。法官应当在审查借款合同、借据和借款交付凭证等直接证据形式上的真实性、合法性、关联性之外，还应当根据证据取得的方式、证据形成原因、证据形式、证据提供者情况及与案件的关系等，对证据的证明力进行审查和判断，并对比双方当事人提供证据的证明力大小，按照民事诉讼证据盖然性标准，形成内心确信，作出最终认定。

一、借贷金额

通常情况下，人们在对待不同的借贷金额时，采取的谨慎注意程度往往存在差别，在借贷金额不大的情况下，资金交付方式选择多样性、随意性较强，在审理此类案件时，如果出借人主张借款通过现金方式支付，通常通过审查借据等债权凭证的真实性、关联性、合法性，即可完成事实查证，在没有相反证据的情况下，可以确认借贷事实。对于大额借贷，人民法院通常应当对借款合同、借据、银行资金往来交付证据、企业会计资料等综合审查认定。对出借人主张通过现金方式支付的大额借贷，在出借人无法提供借据等债权凭证之外的其他证据证明借款已经实际支付的情况下，则应当进一步审查出借人的经济状况、借款人与出借人的关系、交易习惯等相关事实，从而判断当事人的主张是否成立。此外，借贷金额与当事人之间的亲疏关系、当事人的经济能力以及借款来源和用途等相关事实均有不同程度的牵连，查清借贷金额本身不仅是正确审理民间借贷案件借款本金的需要，也是进一步结合其他事实认定借贷关系是否真实发生的必要一环。

二、款项交付

款项交付事实的查清，一般应当包括交付方式、交付时间、交付地点、交付人和接受交付人的情况等多方面内容。其中，交付方式主要指款项系通过银行转账、票据支付还是现金支付等方式予以实际交付。在司法实践中，出借人对于难以证明实际交付的借款，往往主张系以现金方式交易从而逃避举证证明款项已经实际交付的事实，如在本案中王某众陈述其款项以现金支付，对此应当谨慎对待。对于出借人主张以现金交付的借款，则应当对交付时间、交付地点、交付人和接受交付人等交付细节进一步予以审查确认，从而力求查明款项交付的事实。

三、当事人的经济能力

审查当事人的经济能力，主要是对出借人的经济状况和钱款来源进行审查，同时也可以结合案件具体情况，对借款人的经济状况和借款用途予以审查，从而更好地查清案件事实，形成借贷事实是否真实发生的内心确信。在当事人对借贷关系是否真实发生存在异议，或者虽然案件当事人双方对借款事实无异议，但人民法院经审理后认为可能涉及虚假诉讼的时候，则为了进一步查明借贷关系的真实性，有必要对当事人的经济能力和财产变动情况等予以审查，从而对交易是否实际发生作出综合判断。本案中，王某众系厦门市低保户，其所述的年收入情况与该地低保户的申请资格、农村低保标准相差较大，结合其自身劳动能力、家庭情况及银行账户存款等情况，法院认定王某众并不具备独立出借400000元的经济能力。

四、交易方式和交易习惯

之所以在合同解释上考虑交易习惯，是因为作为交易主体的行为，通常受到习惯的支配，有时当事人之所以没有在合同中作出明确约定，是因为双方对于也已形成的交易习惯均认为自然属于合同内容，无须明示。需要注意的是，当事人对于自己所主张的交易习惯，需要提供充分证据予以证明。一方面，需要证明确实存在该交易习惯，另一方面，该交易习惯应当为双方当事人共同认可和遵循。本案中，结合王某众的生活实际及收入情况，400000元对其而言应属于数额较大，其主张以现金的形式交付，但亦未能提供借款人出具的收条，明显不符合正常的交易习惯。

由于交易习惯的多样性，在认定和适用时，应当特别注意公开性、公认性、合法性原则，除能够证明在双方当事人之间达成的特别交易习惯外，对于更大范围内的交易习惯，应当原则上以一定地域或行业内反复、稳定存在，具有区域或行业内交易主体共同认知和认可的习惯，方能确认为交易习惯，而且，交易习惯的运用应当以不具备反证为前提。

五、证人证言

尽管本案中未有证人出庭作证，需要明确的是，人民法院在审查证人证言时，应当严格按照《中华人民共和国民事诉讼法》和《最高人民法院关于适用〈中华人民共和国民事诉讼法〉的解释》等相关法律、司法解释的规定进行，特别是对于客观证据较为薄弱的案件，更要注意甄别证人证言的真实性、合法性。在认定证人证言的时候，还可以灵活运用对质等方法，以便更好地查清案件事实。

编写人：福建省厦门市集美区人民法院　刘晓霜

2

债权纠纷非因民间借贷行为引起的按基础法律关系审理

——谢某维诉柯某腾民间借贷案

【案件基本信息】

1. 裁判书字号

福建省莆田市中级人民法院（2018）闽03民终1799号民事判决书

2. 案由：民间借贷纠纷

3. 当事人

原告（上诉人）：谢某维

被告（被上诉人）：柯某腾

【基本案情】

2018年3月6日，谢某维以柯某腾为被告向法院提起民间借贷诉讼。谢某维为证明其主张提供了借条一张，内容为："借条今向谢某维购买钻石戒指一枚价值人民币壹拾伍万五千元整，翡翠吊坠一枚价值人民币柒万伍仟元，共计人民币贰拾叁万元整。因资金周转困难，本人自愿将上述货款贰拾叁万元直接转为借款。上述货物本人今天均已收到。借款人：柯某腾，2016年5月17日。"柯某腾否认存在借条中记载的买卖和借款的事实。

【案件焦点】

1. 借条内容除落款签名外是否系柯某腾所书写；2. 本案审理的基础法律关系是民间借贷关系还是买卖合同关系。

【法院裁判要旨】

福建省莆田市涵江区人民法院经审理认为：谢某维以借条为依据提起民间借贷诉讼，柯某腾辩称借条上除了"柯某腾"三个字是其书写的，其余内容均非其书写，谢某维对柯某腾的该辩称意见未作否定的表态，应视为对该辩称意见无异议，故应认定借条内容除了"柯某腾"三个字之外并非柯某腾本人书写。该借条存在以下不符合常理之处：其一，柯某腾本人具有书写借条的能力，借条内容却由他人代笔；其二，作为双方借贷关系成立的重要证据的借条，谢某维却未亲眼看着柯某腾书写并签名捺印。从借条记载的内容可见，本案纠纷并非民间借贷行为引起的，故本案应以借条记载的基础法律关系即买卖合同关系审理。当事人对自己提出的诉讼请求所依据的事实，应当提供证据加以证明。谢某维主张柯某腾向其购买价值15.5万元的钻石戒指一枚及价值7.5万元的翡翠吊坠一枚，对该事实主张，谢某维应承担举证证明责任。因柯某腾否认存在该买卖关系，且记载该买卖关系内容的借条除了签名以外并非柯某腾书写，故仅凭该借条不足以证明双方之间存在上述买卖关系。谢某维提供的两张照片也不足以证明其上述事实主张。谢某维未进一步提供证据证明其事实主张，应承担不利的后果。综上，谢某维要求柯某腾归还借款23万元及该款自起诉之日起至还清之日止按年利率6%计算的利息，依据不足，不予支持。

福建省莆田市涵江区人民法院依照《最高人民法院关于审理民间借贷案件适用法律若干问题的规定》第十五条、《中华人民共和国民事诉讼法》第六十四条第一款、《最高人民法院关于适用〈中华人民共和国民事诉讼法〉的解释》第九十条规定，判决如下：

驳回谢某维的诉讼请求。

谢某维不服一审判决，提起上诉。

福建省莆田市中级人民法院经审理认为：当事人对自己提出的主张，有责任提供证据。谢某维赖以起诉的借条，除了柯某腾签名和指印可以确认是柯某腾的以外，其他内容均不知道是何人书写，借条本身存在重大疑点。为了查清案件事实，法院依法通知谢某维本人到庭应询，谢某维收到通知后无正当理由拒不到庭。谢某维主张柯某腾拿走珠宝时只有他们两个人在现场，谢某维当场拍了讼争珠宝照片，却不把其主张的柯某腾拿走珠宝的行为一起拍照作为珠宝买卖依据，本身就不符合生活习惯和常理。在本院责令谢某维限期提供珠宝照片的来源后，谢某维在指定期限内亦未提供。《最高人民法院关于适用〈中华人民共和国民事诉讼法〉的解释》第一百一十条第三款规定，负有举证证明责任的当事人拒绝到庭、拒绝接受询问，待证事实又欠缺其他证据证明的，人民法院对其主张的事实不予认定。谢某维拒不到庭应询且未按照本院要求举证，法院依法对其主张不予采纳。综上所述，谢某维的上诉请求不能成立，应予驳回；原审判决认定事实清楚，适用法律正确，应予维持。

福建省莆田市中级人民法院依照《中华人民共和国民事诉讼法》第一百七十条第一款第一项之规定，判决如下：

驳回上诉，维持原判。

【法官后语】

“借条”作为民间借贷关系成立的重要依据之一，其形式与内容应当符合法律规定，不得变造。若双方之间的债权纠纷非因“借条”的民间借贷行为引起的，人民法院应当按照基础法律关系审理。

本案初见谢某维的起诉状，以为只是一起简单的民间借贷纠纷案件，案经抽丝剥茧的审理，焦点凸显。第一，先不论本案借条是否真如柯某腾所言系谢某维从他人处拿到的有柯某腾签名捺手印的身份证复印件变造而来，单就身份证复印件本身来说，其重要性远高于我们想象，因身份证复印件被“有心人”利用，有人莫名其妙当上了“法定代表人”“股东”“老总”；有人云里雾里被当上“债务人”，不仅有民间借贷，甚至有银行金融贷款；还有人无缘无故被注册各种app等，所以一定要重视身份证复印件的保管，不随意提供，身份证丢失及时挂失。第二，要做一个具有法治思维的人，在朋友借款时不因碍于情面而不打借条，除非特殊情况，否则应当场亲眼看着对方亲笔书写借条签名捺手印，如有必要可拍照佐证。同时，要懂得尊重法律，不要做别有心机的人，妄图通过伪造、变造“借条”来谋取私利，“借条”虽然是民间借贷关系成立的重要证据之一，但并非唯一，民事上的证据既要合乎法，又要合乎日常生活习惯和常理。别妄想忽悠法律，否则终将“偷鸡不成蚀把米”。第三，因“借条”提起的债权纠纷并非一定是民间借贷行为引起的，可能是其他基础法律关系引起的，比如本案的买卖合同关系，那么当事人就不仅仅是对民间借贷关系成立与否进行举证，也应对其他基础法律关系的成立提供证据加以证明。若当事人未进一步提供证据证明该事实主张，应承担不利的后果。

编写人：福建省莆田市涵江区人民法院　姚翠艳

3

保底收益条款在符合借贷法律关系的艺术品理财纠纷中的约定应属有效

——何某芬诉南京影像壹号文化传媒有限公司苏州分公司、南京影像壹号文化传媒有限公司民间借贷案

【案件基本信息】

1. 裁判书字号

江苏省苏州市中级人民法院（2018）苏05民终7560号民事判决书

2. 案由：民间借贷纠纷

3. 当事人

原告（被上诉人）：何某芬

被告（上诉人）：南京影像壹号文化传媒有限公司苏州分公司（以下简称南京影像苏州分公司）、南京影像壹号文化传媒有限公司（以下简称南京影像公司）

【基本案情】

南京影像苏州分公司系南京影像公司依法设立的分支机构。

2016年8月24日，何某芬向南京影像苏州分公司支付110600元。南京影像苏州分公司于同日出具《全国统一专用收藏票（存根联）》一份，该收藏票中记载客户名称为何某芬、商品名称为抗美援朝整版钞、数量为110套、每套1000元、金额110000元，并注明“货未提”字样。

2016年9月27日，南京影像苏州分公司出具《全国统一专用收藏票（存根联）》一份，该收藏票中记载客户名称为何某芬、商品名称为张喜成书法、数量为5套、每套5000元、金额25000元，并注明“货已提”字样。

2016年9月29日，南京影像苏州分公司出具《全国统一专用收藏票（存根联）》一份，该收藏票中记载客户名称为何某芬、商品名称为八骏图、数量为10幅、每套6500元、金额65000元，并注明“货已提”“由8月24日抗美援朝转货10套”等字样。

2016年9月27日，何某芬（乙方）与南京影像苏州分公司（甲方）补充签订《艺术品转货理财产品协议书》一份，该协议书内容分为两部分，即转货集合理财产品揭示书和艺术品转货理财产品协议书。其中，第一部分转货集合理财产品揭示书中载明：1. 南京影像苏州分公司设立艺术品资产管理计划。为使您更好地了解集合资产管理计划的风险，根据法律、行政法规有关规定，提供本风险提示书，请认真仔细阅读，慎重决定是否参与集合资产管理计划。集合资产管理计划是一种利益共享、风险共担的集合证券投资方式，即通过筹集委托人资金，托管人托管，由集合资产管理计划管理人统一管理和运用，投资并将投资收益按比例分配给委托人的一种投资方式，具有集合理财、专业管理、组合投资、分散风险的优势和特点。2. 集合资产管理计划的收益、保证及分配：（1）艺术品价值作品保证：著名画家张喜成书法作品，一幅价格5000元，作为投资理财产品的质押保证，可根据理财金额规划艺术品质押品作品价值。(2) 理财产品转货到期兑付，投资人可以根据需要选择本金及利息，也可择优已在原质押价格上涨幅的艺术品作品。(3) 艺术品转货理财产品协议书。第二部分艺术品转货理财产品协议书载明：1. 产品名称为艺术品理财产品，投资金额为25000元，预期年化收益率最低保底12%，投资期限1年。2. 甲方的权利和义务：甲方在本协议约定的投资范围和权限内拥有管理和运用理财资金的权利，协议期满需按协议约定事项向乙方兑付本金及相应理财收益，如乙方在不满一年内提前兑付，需要扣违约金30%。3. 乙方的权利和义务：乙方应当保证其理财资金为合法拥有的资金，乙方按其投资金额在本理财协议中享有产品预期的投资收益权利，承担相应的义务和风险。乙方应在签署本协议的同时向甲方指定账户转购张喜成书法理财产品金额25000元。4. 本产品投资期限为一年，甲方将于产品到期日将乙方转货金额本息划入乙方指定账户。

2016年9月29日，何某芬（乙方）与南京影像苏州分公司（甲方）补充签订《艺术品转货理财产品协议书》一份，该协议书内容分为两部分，即转货集合理财产品揭示书和艺术品转货理财产品协议书。其中，第一部分转货集合理财产品揭示书中载明：1. 南京影像苏州分公司设立艺术品资产管理计划。为使您更好地了解集合资产管理计划的风险，根据法律、行政法规有关规定，提供本风险提示书，请认真仔细阅读，慎重决定是否参与集合资产管理计划。集合资产管理计划是一种利益共享、风险共担的集合证券投资方式，即通过筹集委托人资金，托管人托管，由集合资产管理计划管理人统一管理和运用，投资并将投资收益按比例分配给委托人的一种投资方式，具有集合理财、专业管理、组合投资、分散风险的优势和特点。2. 集合资产管理计划的收益、保证及分配：(1) 艺术品价值作品保证：著名画家八骏图作品，一幅价格6500元，作为投资理财产品的质押保证，可根据理财金额规划艺术品质押品作品价值。(2) 理财产品转货到期兑付，投资人可以根据需要选择本金及利息，也可择优已在原质押价格上涨幅的艺术品作品。(3) 艺术品转货理财产品协议书。第二部分艺术品转货理财产品协议书载明：1. 产品名称为艺术品理财产品，投资金额为65000元，预期年化收益率最低保底12%，投资期限1年。2. 甲方的权利和义务：甲方在本协议约定的投资范围和权限内拥有管理和运用理财资金的权利，协议期满需按协议约定事项向乙方兑付本金及相应理财收益，如乙方在不满一年内提前兑付，需要扣违约金30%。3. 乙方的权利和义务：乙方应当保证其理财资金为合法拥有的资金，乙方按其投资金额在本理财协议中享有产品预期的投资收益权利，承担相应的义务和风险。乙方应在签署本协议的同时向甲方指定账户转购八骏图理财产品金额65000元。4. 本产品投资期限为一年，甲方将于产品到期日将乙方转货金额本息划入乙方指定账户。

另查明，案涉三张收藏票背面的“客户须知”中均记载：收藏品为贵重物品，请您在购买时慎重考虑、仔细查验并妥善保管以免引起不必要的麻烦，非因质量问题概不退货；本公司将竭力为您挑选优质收藏品并做好相关服务工作，由于收藏品为贵重物品，其价格会随市场因素发生波动，为维护您的合法权益，本公司不承诺对您所购买的收藏品进行回购、拍卖及在具体期间达到某具体价位，若销售人员向您做出以上承诺，切勿相信，相关法律责任由销售人员个人承担，与本公司无关，本公司不承担任何法律责任；我已仔细阅读以上客户须知，对所购买的收藏品验货查收，并确认该收藏品包装及内容完好，未发现短少、缺失等质量问题。

【案件焦点】

何某芬投资艺术品，南京影像苏州分公司出具收藏票，双方还签订了《艺术品转货理财产品协议书》，双方之间形成了委托理财关系、买卖关系还是借贷法律关系。

【法院裁判要旨】

江苏省苏州市姑苏区人民法院经审理认为：根据已查明事实，何某芬投资“抗美援朝整版钞”“张喜成书法”“八骏图”，南京影像苏州分公司均出具了对应的收藏票，但双方之间仅对何某芬投资的“张喜成书法”“八骏图”分别签订了《艺术品转货理财产品协议书》，故案涉的两份《艺术品转货理财产品协议书》实际上系何某芬与南京影像苏州分公司之间针对2016年9月27日、9月29日何某芬向其支付25000元、65000元款项以及当日南京影像苏州分公司出具相应收藏票这一交易缘由及性质的最终确认，双方之间应以《艺术品转货理财产品协议书》中约定的内容来界定各自的权利义务。《艺术品转货理财产品协议书》中确认了何某芬的投资金额及投资期限、明确了投资到期后的最低保底收益以及南京影像苏州分公司负有向何某芬兑付本金及相应理财收益的义务，故该协议书虽名为委托理财，但双方约定的权利义务内容却符合借贷关系的法律构成要素，故双方之间实质上形成了借贷的法律关系。

南京影像苏州分公司、南京影像公司辩称，何某芬购买艺术品作为投资收藏，并在购买后与南京影像苏州分公司签订《艺术品转货理财产品协议书》，南京影像苏州分公司向其出示了风险提示，何某芬在协议书上签字确认。何某芬购买了艺术品，又通过转货把艺术品交给商家销售增值，但何某芬一直将艺术品自己收藏，并没有实物交割给南京影像苏州分公司。故虽然何某芬与南京影像苏州分公司签订了转货理财协议，但不具备合同的主要货物交割要件，故合同不成立。法院认为，虽然南京影像苏州分公司出具的收藏票背面“客户须知”中记载有“购买”“销售”不承诺对收藏品“回购、拍卖”等内容，但双方签订的《艺术品转货理财产品协议书》中约定“张喜成书法”“八骏图”作品系作为何某芬投资理财产品的质押保证，该约定应认定为双方对“张喜成书法”“八骏图”作品放置在何某芬处的目的与用途的明确，双方间的真实意图显然并非以转移书法等艺术品的所有权为目的，即双方之间并无就相关书法等艺术品达成买卖的合意，故南京影像苏州分公司的抗辩观点没有事实与法律依据，法院不予采信。

综上，根据双方之间两份《艺术品转货理财产品协议书》约定的权利义务内容，特别是合同中关于投资款到期刚性兑付且具有保底收益的特征来看，双方之间的法律关系应界定为借贷关系，且双方在合同中对所涉借贷本金、利息及还款期限均有明确约定，南京影像苏州分公司理应按约履行还本付息的合同义务，故何某芬有权要求影像壹号苏州分公司返还本金及相应的利息。南京影像苏州分公司系南京影像公司设立的非法人分支机构，南京影像公司依法应对南京影像苏州分公司上述债务不能清偿的部分承担补充清偿责任。对于南京影像苏州分公司交付何某芬作质押保证的“张喜成书法”及“八骏图”作品，何某芬应在南京影像苏州分公司清偿本案债务后予以返还。

江苏省苏州市姑苏区人民法院依照《中华人民共和国合同法》第六十条第一款、第一百零七条、第二百零五条、第二百零六条，《中华人民共和国公司法》第十四条第一款的规定，作出如下判决：

一、被告南京影像苏州分公司于本判决发生法律效力之日起十日内支付原告何某芬借款本金90000元及利息10800元；

二、被告南京影像苏州分公司于本判决发生法律效力之日起十日内支付原告何某芬逾期利息损失（利息计算方式分别为：以25000元为本金，按照年利率12%的计算标准，自2017年9月27日起计算至实际给付之日止；以65000元为本金，按照年利率12%的计算标准，自2017年9月29日起计算至实际给付之日止）；

三、被告南京影像苏州分公司于本判决发生法律效力之日起十日内返还原告何某芬600元；

四、被告南京影像公司对被告南京影像苏州分公司上述第一项、第二项、第三项债务中不能清偿部分承担补充清偿责任。

南京影像苏州分公司、南京影像公司不服一审判决，提起上诉。

江苏省苏州市中级人民法院经审理，同意一审法院裁判意见，依照《中华人民共和国民事诉讼法》第一百七十条第一款第一项规定，判决如下：

驳回上诉，维持原判。

【法官后语】

古语云“盛世重收藏”。当前，艺术品的投资与收藏已从简单的个人爱好发展到一种新的财富管理类型。越来越多的资本通过艺术品抵押、艺术品质押、艺术品信托、艺术品基金等形式介入艺术品领域，由此衍生出各种艺术品理财产品与艺术品理财机构。艺术品类投资理财纠纷在法律上如何定性，如何平衡投资者与管理者之间的权利义务，艺术品类理财纠纷中风险责任条款如何认定其效力等，目前尚无统一的法律规定或司法裁判尺度。

本案中，何某芬向南京影像苏州分公司支付款项，南京影像苏州分公司向何某芬交付艺术品，并出具“收藏票”。从这一交易过程来看，似乎符合艺术品买卖或收藏的法律关系。此后，双方签订《艺术品转货理财产品协议书》。那么，何为“转货”？该词其实最早源于《史记·仲尼弟子列传》：“子贡好废举，与时转货赀。”其含义即为买卖。因此，从《艺术品转货理财产品协议书》的标题名称来看，形式上确系艺术品买卖收藏的理财产品协议。但从该协议书实质内容看，双方间并无就艺术品达成买卖的合意，即南京影像苏州分公司将艺术品交付何某芬并非以转移艺术品所有权为目的，而是将艺术品放置投资者处作为一种质押保证。因此，艺术品的交付、收藏票的签订、集合理财计划等，均是艺术品理财或收藏的操作与表象形式，双方约定的权利义务内容实质却符合借贷法律关系的构成要素，故应将本案定性为借贷合同关系。定性为借贷关系后，接下来的争议焦点是《艺术品转货理财产品协议书》中的“保底收益条款”能否适用。目前司法实践中，保底条款有多种类型，诸如保证本息固定回报条款、保证本息最低回报条款、保证本金不受损失条款等。在委托理财合同纠纷中，司法实践中有观点认为“保底收益条款”无效，也有观点认为有效，各地法院判决结果也多样。就本案而言，将法律关系界定为借贷关系后，“保底收益条款”就转化为了利息及计算标准的条款，该条款约定的方式与标准不违反相关法律规定，应认定为有效，在双方当事人之间应当具有约束力。该认定标准，一方面比较符合双方间实质内容的准确界定，另一方面也能在双方间的权利义务中找到较好的司法平衡。

编写人：江苏省苏州市姑苏区人民法院　李成

4

保证本息固定回报的委托理财合同性质的认定

——蓝某诉胡某玲民间借贷案

【案件基本信息】

1. 裁判书字号

福建省厦门市中级人民法院（2018）闽02民终5406号民事判决书

2. 案由：民间借贷纠纷

3. 当事人

原告（被上诉人）：蓝某

被告（上诉人）：胡某玲

【基本案情】

胡某玲作为甲方（受托人）、蓝某和案外人卓某纬作为乙方（委托人）签订了一份《委托投资理财协议》，协议载明：“一、委托事项及委托方式：(1) 乙方委托甲方在厦门诗迪雅艺术品有限公司2015年墨翠新股理财项目2.0进行投资理财，以求获得较好的理财收益；(2) 理财金额为人民币200000元，其中案外人卓某纬投资金额为100000元，蓝某投资金额为100000元；(3) 乙方委托甲方代为投资理财，乙方将上述投资理财款项转入甲方指定账户由甲方确保资金安全。二、委托期限与理财收益分配：(1) 乙方委托投资期限为一年，自2015年2月5日起至2016年2月5日止，在该委托期限内，未经甲方同意，乙方不得撤资；(2) 在委托期限内，甲方于每月6日前按照月平均收益2.5%向乙方支付上月收益，投资期满后5个工作日内，甲方将乙方投资本金退还至乙方指定账户；(3) 2015年2月至2015年4月间的当月收益按1.25%向乙方结算，并于2015年5月收益分配日补齐2015年2月至2015年4月收益，于2015年6月起按照上条规定进行分配……三、提前赎回与展期……(5) 合同期满双方未签订新协议，在未履行终止手续（最终结算和分配）前，甲方仍负有尽职管理委托资产的义务，在此期间产生的风险完全由乙方承担。四、结算方式：(1) 乙方同意支付甲方投资理财总收益的20%作为甲方委托投资理财佣金……(3) 甲方对于委托投资理财的资金本金和约定收益承担100%风险，并承诺以甲方自有资金作为保底承诺。五、甲方的权利和义务：(1) 受乙方委托，甲方有权以乙方名义在香港万丰国际文化艺术品产权交易中心设立交易账户，交易密码由甲方独享，甲方确保该资金用于香港万丰国际交易中心平台进行投资理财……(3) 甲方有权对乙方投资资金独立决策，封闭运作和管理，乙方不得干预，甲方应高度负责，确保乙方的资金安全获利……七、违约责任：(1) 如因一方违反相关规定遭受处罚，或一方与他人发生纠纷导致投资理财的合作资金遭受损失，则由责任方承担全部赔偿……八、风险揭示：(1) 市场投资有风险，入市需谨慎。(2) 投资预期收益越高，面临风险可能越大……十、合同的变更和终止……(2) 在执行本合同过程中，对双方发生的任何争执，首先应通过友好协商解决。如协商不成，任何一方均可以向甲方所在地的人民法院提请诉讼，并由败诉方承担由此产生的差旅费、律师费、诉讼费等……”胡某玲在上述协议上签字的时间为2015年2月3日，蓝某在上述协议上签字的时间为2015年2月5日。另查明，2015年2月5日，蓝某向胡某玲转账支付了100000元。2015年3月9日至2016年1月14日期间，胡某玲向蓝某上述银行账户转账情况如下：2015年3月9日1250元、4月7日1250元、5月6日5000元、6月5日2500元、7月6日2500元、8月6日2500元、9月7日2500元、10月10日2500元、11月6日2500元、12月7日2500元，2016年1月14日2500元。还查明，为实现该笔债权，蓝某诉至法院，并为此支出律师费5000元。

【案件焦点】

1. 保证本息固定回报的委托理财合同的性质是理财关系还是借贷关系；2. 保底条款是否有效。

【法院裁判要旨】

福建省厦门市思明区人民法院经审理认为：双方签订的讼争《委托投资理财协议》约定，蓝某出资100000元委托胡某玲进行投资理财，但该理财项目无论盈亏，胡某玲均需每月向蓝某支付每月2.5%的回报，且蓝某不承担任何风险，投资期满后胡某玲将蓝某投资本金退还给蓝某，即蓝某对于胡某玲如何进行理财以及除每月2.5%的固定回报外的超额投资收益并无预期。胡某玲自2015年3月9日至2016年1月14日期间按月平均收益2.5%的标准向蓝某支付款项的行为，与《委托投资理财协议》约定的内容可相互印证，故可以认定双方属以委托理财为表现形式的借款合同法律关系。因蓝某向胡某玲交付借款本金100000元，胡某玲按月利率2.5%支付了11个月的利息，现蓝某要求胡某玲偿还借款本金100000元及利息、逾期还款违约金的诉求，符合法律规定，应予以支持。

福建省厦门市思明区人民法院依照《中华人民共和国合同法》第二百零六条、第二百零七条，《最高人民法院关于审理民间借贷案件适用法律若干问题的规定》第二十六条、第二十九条第二款第二项，《中华人民共和国民事诉讼法》第六十四条第一款规定，作出如下判决：

一、胡某玲应于本判决生效之日起十日内偿付蓝某借款本金100000元、利息2000元及逾期还款违约金（违约金以100000元为基数，按月利率2%自2016年2月18日起计至实际还款之日止）；

二、胡某玲应于本判决生效之日起十日内向蓝某支付因本案支出的律师费5000元；

三、驳回蓝某的其他诉讼请求。

胡某玲不服一审判决，提起上诉。

福建省厦门市中级人民法院经审理认为：保底条款中的保本付息内容表明委托人蓝某的合同目的和合同预期是追求资产的固定本息回报，对胡某玲管理资产行为及收益后的分成并无预期。该《委托投资理财协议》的性质是名为理财、实为借贷，属于民间借贷性质，应认定双方成立借贷合同关系。一审法院认定事实清楚，适用法律正确，上诉人上诉理由不能成立，不予支持。

福建省厦门市中级人民法院依照《中华人民共和国民事诉讼法》第一百七十条第一款第一项规定，判决如下：

驳回上诉，维持原判。

【法官后语】

本案的《委托投资理财协议》中约定了保证本息固定回报的保底条款，该保底条款中的保本付息内容表明委托人蓝某的合同目的和合同预期是追求资产的固定本息回报，对受托人管理资产行为及收益后的分成并无预期，应认定双方成立借款合同关系。

《中华人民共和国证券法》第一百四十四条①规定："证券公司不得以任何方式对客户证券买卖的收益或者赔偿证券买卖的损失作出承诺。"本案中的保底条款是否因违反上述规定而无效，笔者认为，从《中华人民共和国证券法》第一百四十四条的规定来看，禁止接受全权委托和承诺保底收益仅针对券商的经纪业务。其他的禁止保底条款的规定主要表现为人民银行的规章，而这些规章又显然是从强化对信托投资公司的风险管理方面作的规定，人民法院认定合同的效力，只能以法律和行政法规为依据。本案中的保底条款并不违反法律和行政法规的强制性规定。根据《中华人民共和国合同法》第四十四条和第五十二条的规定，合同条文只要不存在违反法律和行政法规强制性规定等情形，就不应认定无效。委托人蓝某和受托人胡某玲自愿约定月平均2.5%的月收益以及由受托人独自承担风险这种方式来确定双方的权利义务，并不违反法律规定，不损害国家和社会公共利益，符合契约自由原则，应认定合法有效。

理财合同中约定"保证本息固定回报"条款的，实际是借贷关系，应遵守法律法规就民间借贷利率的限制。固定回报率超出法律规定的部分，法院不予支持。《最高人民法院关于审理民间借贷案件适用法律若干问题的规定》第二十六条规定："借贷双方约定的利率未超过年利率24%，出借人请求借款人按照约定的利率支付利息的，人民法院应予支持。借贷双方约定的利率超过年利率36%，超过部分的利息约定无效。借款人请求出借人返还已支付的超过年利率36%部分的利息的，人民法院应予支持。"第二十九条第一款规定："借贷双方对逾期利率有约定的，从

---

① 本条对应2019年12月28日发布的《中华人民共和国证券法》第一百三十五条。

其约定，但以不超过年利率24%为限。”本案中，胡某玲按月利率2.5%已经支付了11个月的利息，蓝某主张未付利息部分按月利率2%支付，并未超出法律规定范围，应予支持。

编写人：福建省厦门市中级人民法院　张明梅

5

通过虚构银行转账流水形成的民间借贷应认定为无效

——杨某诉王某平等民间借贷案

【案件基本信息】

1. 裁判书字号

江苏省扬州市中级人民法院（2018）苏10民终3068号民事判决书

2. 案由：民间借贷纠纷

3. 当事人

原告（上诉人）：杨某

被告（被上诉人）：王某平、杨某云、王某琴

第三人：臧某威

【基本案情】

王某平与杨某云系夫妻关系，王某琴系王某平与杨某云的女儿。王某琴、王某平与臧某威签订《借款合同》，约定王某琴、王某平向臧某威借款110万元，借期十二个月，月利率为7.6‰，按月结息。如借款人违约，则在合同约定利率基础上浮50%的标准支付罚息。合同还约定了因借款人违约致使贷款人为实现债权产生的诉讼费、律师费等由借款人承担等内容。北京市高朋（扬州）律师事务所对签订上述合同的过程及真实性进行了见证。

2014年9月30日，臧某威用中国农业银行卡账户向王某琴的中国农业银行卡账户分别转账10万元、30万元。

2014年11月27、28日臧某威的中国农业银行卡（卡号为622848044332909××××）和王某琴的中国农业银行卡（卡号为622848044952524××××）的交易明细如下：2014年11月27日11：32王某兵向臧某威转账9万元，11：37臧某威向王某琴转账9万元，11：46王某琴向杨某娟转账9万元，11：50杨某娟向臧某威转账90377元，12：44杨某娟向臧某威转账20000元，12：51臧某威向王某琴转账11万元，13：07王某琴向杨某娟转账11万元，14：02杨某娟向臧某威转账11万元，14：03臧某威向王某琴转账11万元，14：07王某琴向梅某转账11万元，14：31梅某向臧某威转账11万元，14：44臧某威向王某琴转账11万元，14：49王某琴向梅某转账11万元，15：01梅某向臧某威转账11万元，15：04臧某威向王某琴转账11万元，15：11王某琴向梅某转账11万元，15：14梅某向臧某威转账11万元。2014年11月28日08：38臧某威向王某琴转账10万元，08：42王某琴向王某梅转账10万元，08：43王某梅向臧某威转账10万元，08：48臧某威向王某琴转账10万元，08：52王某琴向杨某娟转账10万元，12：54杨某娟向臧某威转账10万元，13：01臧某威向王某琴转账10万元，14：36王某琴向王某兵转账10万元，14：38王某兵向臧某威转账10万元。其中，2014年11月27日，王某琴向杨某娟转账9万元的银行转账凭单上客户签名为臧某威，王某琴向梅某两次转账各11万元的银行转账凭单上客户签名为梅某。另查明，中国农业银行《金穗借记卡章程》规定了持卡人一日一次性从账户提取现金人民币5万元（含）以上金额的，应提供持卡人有效身份证件。对于非提现的转账业务，该章程并未做出需要提供持卡人有效身份证件及持卡人必须到场等规定。

2016年11月5日，臧某威将王某琴、王某平尚欠其本金及利息共计160万元的债权转让给王某兵。2017年4月5日，王某兵将2016年11月5日臧某威转让给其的160万元债权转让给杨某。上述债权转让已通知到王某琴、王某平、杨某云。

【案件焦点】

1. 臧某威向王某琴交付的借款金额如何认定；2. 杨某主张的律师费用能否得到支持。

【法院裁判要旨】

江苏省扬州市广陵区人民法院经审理认为：杨某通过受让取得债权，是本案的适合原告。本案诉争的债权转让已经通知了债务人王某琴、王某平、杨某云，故该转让对王某琴、王某平、杨某云发生效力。2014年9月30日，臧某威出借给王某琴、王某平共计40万元，应予确认。2014年11月27日、11月28日臧某威、王某琴的银行交易明细显示，臧某威向王某琴转账的款项，均于转账当日来源于杨某娟、梅某、王某梅、王某兵的银行账户，而且在臧某威向王某琴银行卡转账后间隔很短的时间，这些款项就通过王某琴的银行卡转回了杨某娟、梅某、王某梅、王某兵的银行账户。臧某威当庭陈述办理上述银行转账时自己在场，中国农业银行的银行卡管理规定也并未要求进行大额转账必须持卡人本人到场或持本人有效身份证件，结合王某琴的部分银行卡转账凭单上的客户签字为臧某威等而非王某琴本人，由此可见，臧某威完全可以在持有王某琴银行卡和密码的情况下完成上述款项的转账。基于上述理由，法院认为臧某威于2014年11月27日、11月28日并未实际向王某琴出借款项。王某平、杨某云、王某琴对臧某威的上述抗辩，可以向杨某主张。关于借款利息，《借款合同》明确借期内为月利率7.6‰，逾期按合同约定利率的基础上浮50%的标准支付，不违反法律规定，应予以支持。

关于律师费，虽然《借款合同》约定了由借款人承担贷款人为实现债权而支出的律师费，但应以实际出借的金额为限，杨某主张律师费5万元，相对于实际出借金额40万元显然过高，参照律师费相关收费标准，法院酌定律师费2.2万元。

综上，江苏省扬州市广陵区人民法院依照《中华人民共和国合同法》第八十条、第八十二条，《最高人民法院关于审理民间借贷案件适用法律若干问题的规定》第九条、第十六条、第二十六条、第二十九条之规定作出如下判决：

一、被告王某平、杨某云、王某琴给付原告杨某借款本金40万元及利息；

二、被告王某平、杨某云、王某琴给付原告杨某律师费2.2万元；

三、驳回原告杨某的其他诉讼请求。

杨某不服一审判决，提起上诉。江苏省扬州市中级人民法院依照《中华人民共和国民事诉讼法》第一百七十条第一款第一项规定，判决如下：

驳回上诉，维持原判。

【法官后语】

本案是一起典型的涉嫌通过制造银行流水痕迹，刻意造成被害人已经取得合同约定的全部款项的“套路贷”违法行为。本案中，贷款人对借款合同中约定的部分借款金额通过银行账户之间循环转账，制造资金走账流水，造成借款人已经取得全部借款的假象，实际上贷款人并未完成该部分钱款的交付义务，故该部分合同约定未生效。本案更为隐蔽和较难认定的是当事人之间的借款合同中有一部分借款是真实交付的，该部分合同合法、真实、有效；另一部分则采取上述非法手段造成借款已经实际交付的假象，该部分合同应认定为无效。在实际审理中对借款合同无效部分的审查认定难度较大，笔者认为对该类案件的审查应把握以下原则：首先，严格审查出借资金交付的真实性。重点对资金的来源、交付方式、资金流向等方面进行审查，具体包括贷款人是否具有出借资金的能力，交付的方式是否符合交易习惯，出借资金是否通过合理的途径交付给借款人等；其次，适当运用经验规则，并合理运用举证责任分配原则。对审查中发现的违背交易习惯、生活常理等明显异常的资金交付方式，要求当事人做出合理解释，当事人不能做出合理解释的，考虑是否应将举证责任分配至不能做出合理解释一方，从而验证法官运用经验规则所做出的判断；最后，对审理中发现的涉嫌“套路贷”违法行为的线索应及时移送公安机关进行侦查。

法律将自然人间的借款合同规定为实践合同的主要原因在于，自然人间的借款合同主要基于借贷双方的信任，多以无偿、互助为其特征。这样的规定充分考虑到了自然人之间借贷的特殊性，一方面有利于保护借贷双方的合法利益，另一方面也有利于维护金融市场秩序的稳定和社会和谐。对于通过民间借贷之名，行“套路贷”等违反行为之实的案件，应当严格审查，谨慎认定。

编写人：江苏省扬州市广陵区人民法院　涂霞

6

民间借贷案件中“套路贷”的认定

——王某诉张某娟、徐某民间借贷案

【案件基本信息】

1. 裁判书字号

北京市第一中级人民法院（2018）京01民终3604号民事裁定书

2. 案由：民间借贷纠纷

3. 当事人

原告（被上诉人）：王某

被告（上诉人）：张某娟、徐某

【基本案情】

2015年9月30日，张某娟（甲方）与乙方签订《借款合同》，双方在该合同中约定：乙方同意贷给甲方31.4万元，于2015年9月30日前交付甲方；借款期限为1个月，借款用途为生意周转，还款日期为2015年10月29日；借款方如逾期不还借款，贷款方有权追回借款，借款方从到期日起付日息5‰。该《借款合同》没有乙方的签字或盖章。同日，张某娟向王某出具《收条》一张，该收条记载张某娟已经收到王某以银行转账方式出借的31.4万元。同日，张某娟（甲方）与乙方签订《房屋租赁合同》，双方在该合同中约定：张某娟将801号房屋（建筑面积：107.64平方米）租给乙方，房屋租赁期为20年；租金总计31.4万元；租金支付时间为2015年9月30日，以银行转账方式一次性付清。王某曾提交的《房屋租赁合同》复印件与原件不一致，即乙方的签名“王某”及其身份证号的字迹不同，且原件上有北京乐居天下房地产经纪有限公司的盖章，复印件上却没有盖章，可以推断出在王某起诉之前，该合同也没有乙方的签字和盖章。张某娟还同时向对方出具了31.4万元的租金收据和授权其处理801号房屋的委托书。2015年10月7日，王某通过中国工商银行向张某娟转账31.4万元。同日，张某娟在中国工商银行柜台分两笔共取款31.4万元。2015年10月31日，张某娟向王某出具《承诺书》：“今本人张某娟承诺不迟于2015年11月2日下午16时之前偿还王某之欠款，如若不能兑现承诺，将按照我与王某于2015年9月30日所签订的房屋租赁合同的约定将我们夫妻的801号房屋出租给王某，并于当日腾空房屋。”

徐某与张某娟于1985年10月10日结婚，于2016年11月7日离婚。

2015年5月26日，肖某峰与张某娟签订《借款合同》，约定肖某峰向张某娟出借20万元。同日，北京市中信公证处出具《公证书》对肖某峰与张某娟签订《借款合同》的事实予以证明，并于2016年4月29日出具《执行证书》，确定以下执行事项：被执行人张某娟，执行标的借款本金人民币20万元及自2015年5月26

日起至借款还清之日止的利息（以欠付借款本金为基数，按照银行同期贷款利率的四倍计算）。2016 年 9 月 7 日，北京市朝阳区人民法院立案庭向肖某峰出具执行案件立案通知书。

2015 年 10 月 7 日，肖某峰从其名下的中国工商银行账户先后取款 4000 元和 10 万元，其中 4000 元系 ATM 取款，10 万元系柜面交易。同日，王某通过中国工商银行账户向张某娟转账（网转）31.4 万元之后，该账户收到肖某峰的汇款（柜面交易）41.4 万元。

另查明，2015 年 10 月 7 日 11 时 47 分，王某向张某娟转账 31.4 万元。2015 年 10 月 7 日 12 时 50 分，张某娟取款 20 万元；12 时 57 分，张某娟取款 11.4 万元；13 时 02 分，肖某峰取款 10 万元；13 时 07 分，肖某峰向王某转账 41.4 万元，备注为贷款。上述四笔交易详情中均显示：交易地区号 00200（即北京地区），网点 02252（即工商银行北京芳群园支行），柜员号 26782（即同一经办人）。

二审法院向肖某峰邮寄出庭通知书通知其出庭作证，肖某峰本人收取出庭通知书，但未到庭参加诉讼。

【案件焦点】

王某与张某娟、徐某之间是否存在真实合法的债权债务关系。

【法院裁判要旨】

北京市昌平区人民法院经审理认为：王某持有的《借款合同》虽未载明债权人，但其提供的《收条》《承诺书》均记载出借人系王某，且王某亦于 2015 年 10 月 7 日通过中国工商银行向张某娟转账 31.4 万元。以上证据能够证明双方当事人之间存在民间借贷关系，王某已经按照约定向张某娟提供了借款 31.4 万元。张某娟辩称，王某与肖某峰串通伪造张某娟向王某借款 31.4 万元的事实，2015 年 10 月 7 日张某娟收到王某转账的 31.4 万元后，在肖某峰的陪同下，到银行柜台将 31.4 万元全部取出并交予肖某峰，而后肖某峰从银行柜台取款 10 万元，加上张某娟给付的 31.4 万元，再通过银行柜台向王某共汇款 41.4 万元。关于王某是否与肖某峰串通伪造张某娟向王某借款的事实，张某娟未提供充分证据予以证明，法院不予采信。关于张某娟是否于 2015 年 10 月 7 日将 31.4 万元交付肖某峰，法院认为，这与本案无关，即使张某娟确实给付肖某峰 31.4 万元，但张某娟与肖某峰曾于 2015 年

5月26日签订《借款合同》，张某娟尚欠肖某峰借款未还的事实在先，张某娟给付肖某峰欠款很可能是向肖某峰还款，这并不影响该院对张某娟向王某借款31.4万元事实的认定；此外，肖某峰和王某的中国工商银行账户交易明细显示，肖某峰与王某之间有较多的汇款记录，因此肖某峰为何于2015年10月7日向王某汇款41.4万元，亦与本案无关。

双方当事人之间存在民间借贷关系，该民间借贷关系不违反法律、行政法规的强制性规定，属合法有效。王某作为出借人已履行了出借义务，根据张某娟出具的《承诺书》，还款期限系2015年11月2日下午16时之前，现还款期限已经届满，张某娟应向王某返还借款本金31.4万元。

关于逾期利息，《最高人民法院关于审理民间借贷案件适用法律若干问题的规定》第二十九条第一款规定："借贷双方对逾期利率有约定的，从其约定，但以不超过年利率24%为限。"双方约定的逾期利率系日息5‰，约定的利率过高，法院依法调整为按照年利率24%计算。还款期限系2015年11月2日下午16时之前，故逾期利息应从2015年11月2日起计算至本金实际付清之日止。

关于本案债务是否系张某娟与徐某的共同债务，《最高人民法院关于适用〈中华人民共和国婚姻法〉若干问题的解释（二）》第二十四条第一款规定："债权人就婚姻关系存续期间夫妻一方以个人名义所负债务主张权利的，应当按夫妻共同债务处理。但夫妻一方能够证明债权人与债务人明确约定为个人债务，或者能够证明属于婚姻法第十九条第三款规定情形的除外。"虽然张某娟以其个人名义向王某借款，但借款发生在其与徐某夫妻存续期间，张某娟和王某未明确约定该债务为个人债务，徐某亦未提交证据证明张某娟借钱确未用于共同生活，故该债务应当按夫妻共同债务处理。

综上所述，北京市昌平区人民法院依照《中华人民共和国合同法》第一百零七条、第一百九十六条、第一百九十七条、第二百零六条、第二百零七条、第二百一十条，《最高人民法院关于审理民间借贷案件适用法律若干问题的规定》第二十九条，《最高人民法院关于适用〈中华人民共和国婚姻法〉若干问题的解释（二）》第二十四条，《中华人民共和国民事诉讼法》第六十四条之规定，判决如下：

一、张某娟、徐某于判决生效后十日内向王某返还借款本金31.4万元并支付逾期利息（以31.4万元为基数，自2015年11月2日起至实际付清之日止，按照年利率24%计算）；

二、驳回王某的其他诉讼请求。

张某娟、徐某不服一审判决，提起上诉。

北京市第一中级人民法院经审理认为：民间借贷是指公民之间、公民与非金融机构企业之间的借款行为。就民间借贷纠纷而言，本案中王某提交的证据从借贷合意、款项交付两方面来看都较为完备，案涉借款有借款合同、收条、转账凭证、承诺书，而张某娟、徐某的抗辩均缺乏直接证据证明。尽管如此，本案中存在诸多有悖常理之处，可能存在套路贷诈骗犯罪嫌疑，分述如下：

其一，通过二审中补充查明的事实可知，张某娟在收取款项后与肖某峰先后在同一银行同一窗口由同一银行工作人员经办取款、转账。张某娟取出王某转账的全款31.4万元，而肖某峰在张某娟取款后取出10万元，并向王某转账41.4万元，肖某峰向王某转账的款项与其自提的款项差额恰为张某娟在该窗口取出的31.4万元。查明事实与张某娟主张其将款项在窗口交给肖某峰、自己并未取得任何资金基本吻合。如张某娟主张属实，则资金经案外人肖某峰最终回到王某处，而张某娟在未收取款项的情况下向他人出具借条、收条等相关凭证，王某依据该等凭证以民间借贷纠纷诉讼方式主张权利，将其或未实际出借的款项转为合法的债权，涉嫌诈骗。

其二，王某对所收取的41.4万元款项无法说清性质或作出合理解释，有违常理。根据资金明细反映出的事实，王某在出借31.4万元之后当天即收回41.4万元，而针对该笔大额且存在一定特殊性的款项往来，王某无法说明款项性质，也不能进行合理解释，甚至在最初的询问中表示无法区分是借款还是还款，显然有违常理。肖某峰转款之时将该笔41.4万元款项备注为“货款”，而王某称双方并不存在货物买卖关系，就本案而言，对转账款项作与实际不符的备注值得怀疑。后王某在诉讼中改称41.4万元款项是肖某峰向其偿还借款，亦无法自圆其说。

其三，张某娟向王某出具的相关借款手续：《借款合同》《收条》《房屋租赁合同》《租金收据》、处置房屋的《委托书》，所署落款日期均为2015年9月30日，而当时张某娟尚未收到借款。从这些材料的格式看，均具有一定制式，并预留了手写的内容。在未发放借款之前要求借款人出具前述较为完备的证据材料有违一般民间借贷常理。

其四，除了《借款合同》《收条》《承诺书》之外，张某娟还向王某出具了

《房屋租赁合同》《租金收据》、处置房屋的《委托书》等手续，从《房屋租赁合同》《租金收据》、处置房屋的《委托书》的内容来看，王某意在取得张某娟、徐某房屋20年的房屋租金，租金价值与“借款”金额极不对等。

其五，诉讼中，王某在认识肖某峰的情况下，向法庭陈述其不认识肖某峰，有违常理。如果肖某峰、王某均是实际出借款项的借款人，其可以就案涉事实予以说明，而本案中，王某的主张均为其代理人代为陈述，经法庭要求，王某本人不到庭参加诉讼，肖某峰经法院通知亦不到庭作证，有违常理。

综上，依据《最高人民法院关于在审理经济纠纷案件中涉及经济犯罪嫌疑若干问题的规定》第十一条规定：“人民法院作为经济纠纷受理的案件，经审理认为不属经济纠纷案件而有经济犯罪嫌疑的，应当裁定驳回起诉，将有关材料移送公安机关或检察机关。”应当裁定驳回王某的起诉，将本案移送至公安机关。鉴于二审期间新查明的事实，一审判决处理结果不当，应予以纠正。

北京市第一中级人民法院依照《最高人民法院关于在审理经济纠纷案件中涉及经济犯罪嫌疑若干问题的规定》第十一条、《最高人民法院关于适用〈中华人民共和国民事诉讼法〉的解释》第三百三十条规定，裁定如下：

一、撤销北京市昌平区人民法院（2017）京0114民初3624号民事判决；

二、驳回王某的起诉。

【法官后语】

关于“套路贷”的概念。“套路贷”并非特定种类的贷款，而是指一类案件，即以非法占有为目的，假借民间借贷的名义，诱使或强迫被害人签订“借贷”或变相“借贷”“抵押”“担保”等相关协议，通过虚增借贷金额、恶意制造违约、肆意认定违约、隐匿还款证据等方式形成虚假债权债务，并借助诉讼、仲裁、公证或者采用暴力、威胁以及其他手段非法占有被害人财物的相关违法犯罪活动的概括性称谓。根据上述定义，“套路贷”存在以下特征：首先，“套路贷”的根本目的为非法占有被害人财物，即“套路贷”并非以平等民事主体之间基于临时使用并最终归还款项的目的从债权人处获得款项，“套路贷”的嫌疑人并非看重财产的使用价值，而是以占有财产本身为目的；其次，“套路贷”中的“套路”在于虚构债权债务，使得债权债务表面存在，但受害人并未实际获得或未足额获得出借款项，即嫌疑人在实施“套路贷”犯罪时，会通过非法手段要求受害人签订借款合同、借条等借贷合意的凭证，以制造被害人意图借用款项的假象，同时，嫌疑人故意安排资金款项流动，制造实际向被害人支付款项的假象，但通过诱骗、胁迫等手段从受害人处收回全部或部分款项，即资金流向出现闭环的情况，嫌疑人仍以债权债务凭证体现的金额主张债权，非法占有受害人的财产；再次，“套路贷”通常伴随暴力催收、欺诈胁迫等非法行为，且此等行为贯穿“套路贷”各个环节，签订合同时嫌疑人往往要求受害人签订空白合同或采取强迫手段阻止受害人查看合同内容，出借款项时将支付给受害人的款项全部或部分收回，或指示受害人向他人交付，在受害人未能还款的情况下，嫌疑人或其同伙或委托他人通过暴力催收要求偿还借款；最后，“套路贷”通过合法化手段“洗白”“套路”，嫌疑人利用完备的证据材料提起诉讼、仲裁等法定程序，仅以证据材料无法体现“套路”的具体内容，隐蔽程度较高，审判机关、仲裁机构较易依据现有书面证据作出借贷关系的认定。综合上述特征，如民间借贷案件中存在资金流向闭环且当事人无法作出合理解释，而借款人未收到债权债务凭证中约定的款项的情况下，应高度怀疑案件涉嫌“套路贷”，着重审查款项流动情况、各款项节点涉及的当事人之间的法律关系。

本案以通常的审理思路审查，案涉借款借贷合意和款项交付证据完备，而借款人关于受到胁迫、与案外人借款等抗辩缺乏直接证据证明，但张某娟收取款项后即与肖某峰在同一银行窗口取出全款，肖某峰将款项连同其他款项向王某转账，即款项通过肖某峰回到王某手中，形成流动闭环，王某未对收取款项作出说明或合理解释，由此，张某娟未实际得到款项，却仍对王某负有名义上的债务，王某再以相关凭证起诉要求张某娟还款，其目的在于将虚构的债务转化为生效裁判文书确定的合法债权，涉嫌诈骗。需要重点指出的是，本案王某通过与张某娟签订《房屋租赁合同》《租金收据》等手续，以极不对等的价格获得张某娟、徐某房屋20年的房屋租金，其意在通过虚构债权债务和诉讼迫使张某娟、徐某支付本不应负担的债务，进而以抵偿通过较低数额的“债务”获取较此畸高的租金收益，非法占有张某娟、徐某本应享有的财产权益。综上，二审法院认为本案符合“套路贷”犯罪的基本特征，裁定驳回王某的起诉，移送相关机关进行处理。

编写人：北京市第一中级人民法院　刘婷

7

有限责任公司中如何认定“投资款”与“借款”

——韩某红诉宜昌安琪贝儿妇产医院有限公司民间借贷案

【案件基本信息】

1. 裁判书字号

湖北省宜昌市中级人民法院（2018）鄂05民终2351号民事判决书

2. 案由：民间借贷纠纷

3. 当事人

原告（被上诉人）：韩某红

被告（上诉人）：宜昌安琪贝儿妇产医院有限公司（以下简称安琪贝儿公司）

【基本案情】

2015年11月，安琪贝儿公司发起股东陆某邀约韩某红共同投资成立安琪贝儿公司。2015年11月16日起，韩某红多次向担任安琪贝儿公司财务总监的陈某锋的账户上转款。2016年7月安琪贝儿公司成立时，并未按照韩某红的转款额登记股权比例。之后韩某红通过股权转让成为安琪贝儿公司股东。在公司经营过程中，韩某红多次应安琪贝儿公司要求缴纳集资款。由于安琪贝儿公司既不将集资款作为韩某红向公司的出资，也从不告知韩某红集资款的用途，韩某红遂多次要求退还集资款，但安琪贝儿公司均不予理睬。2017年9月经对账，安琪贝儿公司确认其收取的韩某红集资款为280万元，并向韩某红出具了《收据》。安琪贝儿公司收取韩某红集资款后，并未将该集资款作为韩某红对公司的出资进行登记，故韩某红认为此集资款的性质应为安琪贝儿公司向韩某红的借款。在韩某红要求安琪贝儿公司归还集资款后，安琪贝儿公司未予以归还，安琪贝儿公司占用韩某红资金且拒不归还的行为给韩某红造成了损失，安琪贝儿公司理应承担归还借款并支付资金占用损失。基于此，韩某红为保护自己合法权益，诉至法院。

【案件焦点】

韩某红支付给安琪贝儿公司的280万元的性质如何认定。

【法院裁判要旨】

湖北省宜昌市西陵区人民法院经审理认为：本案双方争议的焦点在于韩某红支付给安琪贝儿公司的280万元性质如何认定。从安琪贝儿公司出具给韩某红的《收据》上的文字表述看，安琪贝儿公司确认该款项为集资款，而非股东增加认缴的出资。从款项支付的时间看，该280万元的支付均发生于安琪贝儿公司登记设立之前，若安琪贝儿公司尚处筹备设立阶段即决定增资，应与常理不合，况且韩某红亦非安琪贝儿公司的发起人或初始股东。从股东的意思表示看，安琪贝儿公司的股东并未形成过对公司增资的决议，修订表决过公司增资的章程，公司注册资本亦未作相应的变更登记。综上所述，韩某红付给安琪贝儿公司的280万元应认定为借款性质。安琪贝儿公司提出100万元出资是不可能投资建成医院的、必须根据医院建成进度情况和建成后的运营情况增加出资投入、而不是一次性投入等辩解，《中华人民共和国公司法》第三条第二款规定，有限责任公司的股东以其认缴的出资额为限对公司承担责任。即便安琪贝儿公司的注册资本不能满足经营之需，公司股东仍享有投资自由的权利，若非自愿，不得强迫其增加出资。故安琪贝儿公司所提此项辩解不能成立，法院依法不予采纳。安琪贝儿公司另提出韩某红将其8%的股权比例出让他人是按增加出资投资款金额计算股价转让的辩解，本案中韩某红以157.5万元的对价出让给他人8%的股权比例，相对同比例的注册资本额，确实溢价不少，但安琪贝儿公司据此推定溢价部分即为韩某红的增加出资，缺乏事实与法律依据，法院依法亦不予采纳。韩某红支付安琪贝儿公司的集资款，既未约定利息，亦未约定借款期限，韩某红所提判令安琪贝儿公司自2016年7月1日起至安琪贝儿公司清偿全部集资款时止、以2800000元为基数、按中国人民银行发布的同期同类贷款利率支付利息的诉讼请求，缺乏事实与法律依据，但安琪贝儿公司自韩某红提起本案诉讼之日起，应赔偿韩某红的利息损失。

综上，湖北省宜昌市西陵区人民法院依照《中华人民共和国合同法》第六十条第一款、第一百零七条，第二百零六条，《最高人民法院关于审理民间借贷案件适用法律若干问题的规定》第二十五条第一款，《中华人民共和国民事诉讼法》第六十四条第一款之规定，判决如下：

一、安琪贝儿公司偿还韩某红集资款280万元，自2018年3月21日起至实际清偿之日止，按照中国人民银行发布的同期同类贷款利率标准赔偿韩某红的利息损失；

二、驳回韩某红的其他诉讼请求。

安琪贝儿公司不服一审判决，提起上诉。

湖北省宜昌市中级人民法院经审理认为：本案争议焦点为韩某红主张返还的280万元是否属于“公司资本”范畴。

根据《中华人民共和国公司法》的规定，公司成立后，股东不得抽逃出资。此处的“出资”应理解为股东已经缴纳且已构成注册资本的那部分资本数额。并非所有的股东出资都会构成公司注册资本，对于公司注册资本之外的股东出资，应当允许股东通过一定的途径主张返还，除非公司章程或股东之间有特别约定。

具体到本案，2016年11月22日，安琪贝儿公司股东会决议确定韩某红认缴出资额为13万元，占公司注册资本13%，2017年5月8日，安琪贝儿公司经股东会决议增加注册资本43万元，韩某红出资额为13万元，出资比例为9.09%，同时修改了公司章程，2017年7月3日，安琪贝儿公司经股东会决议减资43万元，韩某红出资10万元，出资比例为10%，出资截止时间为2046年12月31日前。从前述注册资本的变化来看，无论是100万元还是143万元，都明显少于韩某红主张的280万元投资款（不包括2016年7月25日之后的投资），故法院至少可以得出这样的结论：韩某红的投资款并未全部计入公司注册资本，其要求返还并无法律上的障碍。

安琪贝儿公司主张各股东已多次按照比例追加投资，即使该主张属实，但综观全案证据，公司章程或股东会决议中并未对股东除注册资本之外的出资限定条件，即股东追加投资或要求返还并无强制约束，其他股东的投资行为与韩某红要求返还投资并无关联。

安琪贝儿公司在本案中拟通过事实宜昌玛利亚妇产医院与安琪贝儿公司的关系，说明韩某红系公司的发起人，其缴纳的出资不得主张返还，但法院注意到，宜昌玛利亚妇产医院的股东或发起人名单中并无韩某红的名字，即使韩某红通过他人代为持股，亦不能赋予其公司法意义上的发起人或股东地位，且宜昌玛利亚妇产医院设立之后已经注销，其与安琪贝儿公司系两个独立的法人，安琪贝儿公司的股东及出资情况，应根据该公司的章程或工商登记来进行认定。

根据前述分析，韩某红主张返还的280万元投资款并非公司注册资本，其名称为“投资款”或“集资款”对本案认定及实体处理不产生影响，已无甄别的必要。

安琪贝儿公司认为韩某红要求返还280万元投资款的行为会侵害其他股东以及公司的合法权益，但法院认为，安琪贝儿公司作为经工商登记的法人单位，应依据《中华人民共和国公司法》的规定来规范公司及股东的行为，对于包括股东投资款的性质归属在内的问题，应及时通过召开股东会、修改公司章程、办理变更登记等手段予以明确或解决，如此方能维护其合法权益。

综上所述，安琪贝儿公司的上诉理由不能成立，应予驳回。

湖北省宜昌市中级人民法院依照《中华人民共和国民事诉讼法》第一百七十条第一款第一项之规定，判决如下：

驳回上诉，维持原判。

【法官后语】

本案是有限责任公司中如何认定“投资款”与“借款”的典型案例。在司法实践中，如何认定可以从主观和客观两方面来考量：

（一）主观方面

有限责任公司的人合性是其不可或缺的信用基础，在认定股东的出资是“投资款”还是“借款”中，在主观上应注重股东的真实意思表示，如股东是否在投资后通过股东会决议对公司章程作出变更、是否签署借款协议等。

（二）客观方面

1. 股东是否足额出资

根据《中华人民共和国公司法》第三十五条的规定：公司成立后，股东不得抽逃出资。此处的“出资”应理解为股东已经缴纳且已构成注册资本的那一部分资本数额。并非所有的股东出资都会构成公司注册资本，对于公司注册资本之外的股东出资，应当允许股东通过一定的途径主张返还，除非公司章程或股东之间有特别约定。

2. 是否办理变更登记

根据《中华人民共和国公司法》第四十三条第二款的规定：股东会议作出修改公司章程、增加或者减少注册资本的决议，以及公司合并、分离、解散或者变更公司形式的决议，必须经过代表三分之二以上表决权的股东通过。作为经工商登记的法人单位，应依据《中华人民共和国公司法》的规定来规范公司及股东的行为，对于包括股东投资款的性质归属在内的问题，应及时通过召开股东会、修改公司章程、办理变更登记等手段予以明确或解决，如此方能维护其合法权益。

编写人：湖北省宜昌市西陵区人民法院　孙瑞

8

民间借贷案件中涉嫌刑事犯罪的处理

——姚某乡、贾某玲诉吴某民间借贷案

【案件基本信息】

1. 裁判书字号

北京市第一中级人民法院（2018）京01民终8359号民事裁定书

2. 案由：民间借贷纠纷

3. 当事人

原告（上诉人）：姚某乡、贾某玲

被告（被上诉人）：吴某

【基本案情】

2017年3月24日，借款人（甲方）姚某乡、贾某玲与出借人（乙方）签订《借款合同》，约定，甲方因资金周转需要，向乙方申请借款。各方确认如下法律关系：甲方的债务系夫妻债务。甲方向乙方借款400万元用于资金周转。甲、乙双方保证本合同内容真实，借款资金来源、用途合法，不存在任何损害国家、集体或者第三方利益的行为或情形，如因借款资金来源、用途致使合同无效，则合同各方自行承担相应法律责任。本合同项下的借款期限为一个月，自2017年3月24日至2017年4月24日（实际放款日期与约定不一致的，以实际放款日期为起算期限；分笔出借资金的，以每笔出借款的实际放款日期为起算期限。具体放款日以银行转

账凭证为准延）。本合同项下的借款利息为月利率2%，日息为月利率除以30。利息支付，月利息于放款后一个月对应日支付，如甲方延迟支付本合同约定的利息超过十日的，乙方有权随时宣布终止本合同，要求甲方还本付息，并有权提前申请签发执行证书。利随本清，所有利息最后还款时连同本金共同偿还。担保条款：房屋所有权人姚某乡，房屋共有人贾某玲提供坐落于北京市昌平区景文东路4号院5号楼×单元×房产做抵押担保，并承诺及时办理房产抵押登记手续。逾期约定：甲方违反本合同约定，未按期偿还借款本金，未按时支付本合同约定的利息出借人宣布终止合同，甲方除应偿还借款本金及合同约定的利息外，还应支付月利率为2%的逾期利息直至还清全部欠款。

2017年6月27日，北京市方正公证处出具《具有强制执行效力的债权文书公证书》，载明，申请人（借款人、抵押人）姚某乡、贾某玲，申请人（贷款人、抵押权人）吴某，公证事项：赋予《借款合同》强制执行效力。申请人姚某乡、贾某玲、吴某于2017年3月24日来到本处，向本处申请办理前面的《借款合同》公证并赋予其强制执行效力。根据《中华人民共和国公证法》的规定，本处对申请人提交的材料进行了审查，并向申请人进行了询问，现查明如下事实：姚某乡、贾某玲系夫妻关系，姚某乡、贾某玲、吴某均依法具有签订协议、建立借贷及担保关系的民事行为能力。现姚某乡、贾某玲向吴某借款人民币400万元，用于资金周转，借款期限为自出借人向借款人实际转账之日起一个月，同时姚某乡、贾某玲用位于北京市昌平区景文东路4号院5号楼×单元×房产作为上述借款的抵押担保，上述房产系姚某乡、贾某玲夫妻共同所有。合同各方尚未办理抵押登记手续，均承诺自行办理相应抵押登记手续。同时各方当事人就借款担保、违约责任、办理公证等相关事项协商一致，订阅了《借款合同》，该合同内容具体、明确，申请人签订该合同的意思表示真实。姚某乡、贾某玲均表示若未按时履行该合同所设定的还款义务，按照该合同的约定，均自愿接受人民法院的强制执行并放弃诉权。申请人各方并就债务人违约时本处应债权人申请出具执行证书前的核实方式达成了明确约定。本公证员就该《借款合同》所涉及的债权债务向申请人进行了核实，就该合同中约定的抵押条款生效条件及法律意义和后果、有关强制执行公证的概念、程序、效力以及强制执行公证的法律意义、法律后果等向申请人作了告知。依据上述事实，兹证明申请人姚某乡、贾某玲、吴某2017年3月24日来到本处，签订了前述《借款合同》。各方当事人的签约行为符合《中华人民共和国民法通则》第五十五条的规定，该合同的内容符合《中华人民共和国合同法》的有关规定。根据《中华人民共和国民事诉讼法》第二百三十八条、《中华人民共和国公证法》第三十七条和《最高人民法院司法部关于公证机关赋予强制执行效力的债权文书执行有关问题的联合通知》的有关规定，自前述《借款合同》生效即借款实际支付之日起，本公证书具有强制执行效力。

2017年3月27日，甲方（借款人）姚某乡、贾某玲与乙方（出借人）吴某、丙方（服务方）中兴公司签订《借款及服务协议》，约定，鉴于甲方有借款需求，有意建立借贷关系，乙方拥有合法的资金来源，愿意与甲方建立借贷关系，丙方为甲、乙双方实现成功借款出具审核意见、提供相关服务。各方经协商一致，签订如下协议，共同遵守。贷款金额400万元，借款期限60天，借款利率为月息2%，签署本协议当日，甲方应支付30天贷款利息8万元，在2017年4月27日前，甲方应支付30天借款利息8万元。甲方必须按期足额向出借人偿还本金和利息，足额向丙方支付平台服务费及评审服务费等相关费用，甲方承诺所借款项严格按照本协议约定的用途使用，不得挪作他用，不得用于任何违法用途，甲方自愿将位于昌平区景文东路4号院5号楼×单元×房屋作为抵押物抵押给乙方指定人员。乙方有权向甲方收取本协议约定的利息，乙方须按期足额向丙方支付相关服务费用；丙方须为甲方提供借款相关的全程信用审核服务，丙方有权向甲乙双方收取约定的平台服务费、评审服务费、管理服务费等相关服务费用，并在必要时对甲乙双方进行违约提醒及催收工作。

同日，吴某通过其中国工商银行的账户向姚某乡的中国建设银行账户转款400万元。姚某乡于同日取现6万元、转至王某立账户388万元、转至王某伟账户6万元。

借款人姚某乡、贾某玲出具《借条》，载明，今姚某乡、贾某玲向出借款人吴某借款人民币400万元，借款期限2个月，本人承诺按时还款。

借款人（收款人）姚某乡、贾某玲出具《收条》，载明，今收到出借人吴某交来借款共计400万元，现借款人姚某乡、贾某玲已全部收讫。

另查明，王某伟系中兴公司法定代表人。2017年4月25日，王某芳向姚某乡上述中国建设银行账户分别转款5万元、1万元；2017年4月28日，姚某乡通过其中国工商银行的账户向王某伟账户转款6万元，并备注：还第二笔利息6万元（不包括3月份直接给王某伟打款6万元），给中介公司6万元，共12万元。2017年5月26日，王某立向姚某乡上述中国建设银行账户分别转款5万元、1万元。2017年5月27日，姚某乡通过其中国工商银行的账户向王某伟账户转款6万元，并备注：还第三笔利息6万元。2017年6月26日，王某立向姚某乡上述中国建设银行账户分别转款5万元、1万元。2017年6月27日，姚某乡通过其中国工商银行的账户向王某伟账户转款6万元，并备注：还第四笔利息6万元。2017年8月14日，贾某玲通过其中国工商银行的账户向王某伟账户转款10万元。

2018年8月17日，北京市方正公证处出具《不予出具执行证书决定书》，载明，申请执行人（出借人）吴某，被申请执行人（借款人）姚某乡、贾某玲，申请执行人吴某（以下简称出借人）于2018年4月26日向本处申请出具依据其与被申请执行人姚某乡与贾某玲（以下简称借款人）签订的具有强制执行效力的《借款合同》签发执行证书。出借人向本处提交了身份证件、公证书、借条及中国工商银行凭证等证明材料。经查，2017年3月24日，出借人与借款人签订了《借款合同》并向公证处申请赋予上述《借款合同》强制执行效力。根据上述《借款合同》，借款人向出借人借款人民币400万元，期限为自实际转账之日起一个月，出借人已于2017年3月27日通过银行转账的方式向借款人支付了上述借款本金人民币400万元整。但根据债务人向出借人出具的《借条》，借款人向出借人借款人民币400万元整，期限为两个月。依据上述事实，本处认为债权人与债务人就公证借贷事项另行签署了不同内容的借条，本处无法查明债权债务的实际履行情况。故本处决定不予出具依据吴某与姚某乡及贾某玲签订的具有强制执行效力借款合同的执行证书。申请执行人与被申请执行人就双方的债权债务纠纷向人民法院提起诉讼。

又查明，甲方姚某乡、贾某玲与乙方吴某、丙方中兴公司签订的《借款及服务协议》还约定以下内容：

……

3.1.7 甲方自愿将位于昌平区景文东路4号院5号楼×单元×房屋作为抵押物抵押给乙方指定人员，并严格按乙方要求配合乙方指定人员办理相关公证手续（包括但不限于个人借款强制公证、售房委托公证、抵押解押公证、证件一致公证等）。

3.1.8 甲方承诺借款期限届满时未能偿还借款，需处分该房屋以偿还借款，且因甲方或甲方抚养亲属无其他居住选择时，甲方自愿接受乙方或丙方安排搬离该房屋并入住乙方或丙方安排的临时住房。

3.2.3 甲方应对乙方的信息及本协议内容保密……乙方有权披露。

3.3.2 丙方有权向甲乙双方收取约定的平台服务费……等相关费用……丙方有权将此违约提醒及催收工作委托给本协议外的其他方进行。

3.3.3 甲方未按期偿还借款的，丙方有权协助乙方依法处置甲方上述抵押房产。且甲方同意并授权丙方或丙方指定的代理机构按如下方案出售该抵押房产：（1）自借款期限届满之日起30日内，按低于市场价格20%的标准出售；（2）自借款期限届满之日后第31日起，按本协议所述借款金额出售。

……

8.1 若借款期限届满甲方未能按时足额偿还本息的，甲方应向丙方支付惩罚性违约金，计算方法如下：惩罚性违约金＝（全部借款本金＋未偿还本金部分的利息）×24%×逾期天数÷365天。

8.2 若甲方未按本协议约定期限支付各项服务费，且自该期限届满之日起10日内仍未补交的，每逾期一日，则甲方应按未支付的各项服务费的总金额的千分之五向丙方支付惩罚性违约金。

……

再查明，"法治进行时"微信公众号发布了一篇题为《高利贷已经演化出各种套路，诱发恶性暴力刑事犯罪》的文章，援引了在BTV科教频道播出的《法治进行时》节目，展示了两名陌生男子在"姚女士"家客厅地板上铺着被子睡觉、桌子上摆着吃过的餐盒、塑料袋等垃圾的画面，文章还记载了新元公司诱骗"姚女士"将房子抵押给小额贷款公司贷款400万元投资保健品项目的相关情况。

【案件焦点】

吴某与贾某玲、姚某乡之间是否存在真实合法的债权债务关系。

【法院裁判要旨】

北京市海淀区人民法院经审理认为：吴某与姚某乡、贾某玲签订的《借款合同》及吴某与姚某乡、贾某玲、中兴公司签订的《借款及服务协议》，两份合同均系双方当事人的真实意思表示，且内容均未违反法律、法规的强制性规定，应属合法有效，具有法律约束力。本案双方当事人先后签订两份借款合同，首先，从签订时间来看，《借款合同》签订在先，《借款及服务协议》签订在后，则后签订的合同应视为双方对之前合同的变更；从合同的实际履行来看，吴某于签订《借款及服务协议》的当日向姚某乡、贾某玲支付了借款款项，姚某乡、贾某玲在收到借款款项后按协议的约定向服务方中兴公司支付了中介费6万元，双方亦实际履行了后一合同，因此本案双方的权利义务应依据《借款及服务协议》确定。

借款协议签订后，吴某作为出借人已履行了出借借款的义务，姚某乡、贾某玲作为借款人已收到借款合同约定的借款，但姚某乡、贾某玲抗辩称其于收到借款的当日已将借款款项转给涉嫌刑事犯罪的第三人，故本案应移送公安机关或中止审理。法院认为，民间借贷案件中涉及犯罪的案件的程序处理分为两种情况：第一种为人民法院立案后，发现民间借贷行为本身涉嫌非法集资犯罪的，应当裁定驳回起诉，并将涉嫌非法集资犯罪的线索、材料移送公安或者检察机关；第二种为民间借贷的基本案件事实必须以刑事案件审理结果为依据，而该刑事案件尚未审结的，人民法院应当裁定中止诉讼。第一种程序处理的适用条件为民间借贷行为本身涉嫌非法集资犯罪。而本案中涉及两个法律关系，一个为吴某与姚某乡、贾某玲的借贷法律关系，另一个为姚某乡、贾某玲与案外第三人的其他法律关系，本案姚某乡、贾某玲主张其在收到借款后将款项转给案外第三人王某芳及其公司，现王某芳及其公司人员已涉嫌非法吸收公众存款罪被刑事立案，经法庭询问，吴某及中兴公司与案外第三人王某芳及其公司人员并不相识，且姚某乡、贾某玲在通过中兴公司向吴某借款时，为取得借款，按照王某芳公司人员的嘱咐，并未向中兴公司如实陈述自身情况，姚某乡、贾某玲虽辩称其与吴某并不相识，但本案借款系通过中兴公司提供的中介服务促使借贷双方达成的借款，且借款方姚某乡、贾某玲已实际向服务方中兴公司支付了服务费，因此其与吴某是否相识并不影响本案借款事实及借款关系的成立。姚某乡、贾某玲在取得借款后将借款款项转给他人，系其对借款款项的使用及处分，即使实际取得并使用借款款项的第三人涉嫌非法集资犯罪，但并非民间借贷行为本身涉嫌非法集资犯罪，而系两个独立的法律关系，因此应当分别处理，即案外第三人涉嫌非法集资犯罪不应影响本案民间借贷法律关系的处理，本案不应裁定驳回起诉。第二种程序处理系法律对于刑民交叉案件先刑后民的司法处理程序规定，这种先刑后民的司法处理方式体现的是公权优先的价值理念，但其适用条件是民间借贷的基本案件事实须以刑事案件的审理结果为依据，而本案系两个独立的法律关系，不存在一案的处理须以另一案的处理结果为依据的情况，因此亦不应中止诉讼。

本案《借款及服务协议》签订后，吴某依约履行了出借借款的义务，但姚某乡、贾某玲未能依据借款协议的约定完全履行偿还借款本息的义务，系违约行为，应承担违约责任，即偿还所欠借款本金，并支付约定的利息。对于借款本金数额的确定，吴某于签订合同的当日向姚某乡支付了约定的借款本金400万元，对于姚某乡转给中介公司中兴公司6万元的认定，法院认为，因姚某乡在2017年4月28日向王某伟转款时自行备注给中介公司6万元，因此此6万元应视为其向中介公司支付的中介费，系其自行使用借款款项的行为，姚某乡、贾某玲辩称另取6万元现金给案外人，但并未举证证明此款项不属于借款，故本案借款本金应为吴某实际向其出借的借款400万元。借贷双方约定了借期内的利率但未约定逾期利率，出借人主张借款人自逾期还款之日起按照借期内的利率支付资金占用期间利息的，人民法院应予支持。吴某与姚某乡、贾某玲在借款协议中约定了借款利息，且此利息比例未超出法律规定，故法院对吴某主张的利息的计算标准予以支持，但对于欠付利息的数额，因姚某乡、贾某玲通过中兴公司对吴某实际进行了还款，但每月还款尚不足支付每月的借款利息，故还款未涉及抵扣借款本金的情况，因此已还款项应从应付利息中扣除，法院对吴某主张的利息部分予以支持。

北京市海淀区人民法院依据《中华人民共和国合同法》第八条、第一百零七条、第二百零五条、第二百零七条，《最高人民法院关于审理民间借贷案件适用法律若干问题的规定》第二十九条之规定，判决如下：

一、姚某乡、贾某玲于判决生效后十日内偿还吴某借款本金400万元及利息（以400万元为基数，按照月利率2%的标准计算，自2017年4月27日起至借款实际偿清之日止，扣除已付利息28万元）；

二、驳回吴某的其他诉讼请求。

姚某乡、贾某玲不服一审判决，提起上诉。

北京市第一中级人民法院经审理认为：姚某乡、贾某玲均系年逾六旬的退休老人，二人与吴某此前并不相识，吴某在未核实借款用途、还款能力的情况下，仅因借款有抵押便向并不相识的陌生人出借400万元借款，且围绕该笔借款，签订了多份对借款期限、利息标准等基本条款不尽相同的借款合同，本案诉讼中，吴某主张落款日期在后的《借款及服务协议》是双方实际履行的合同，而在诉讼前，吴某却以经过公证的《借款合同》为依据，申请公证机关签发执行证书。《借款及服务协议》约定，中兴公司有权收取管理服务费、惩罚性违约金，还有权在姚某乡、贾某玲未按期还款时，按低于市场价20%的标准或按协议约定的借款金额出售抵押房产。而该份事关当事人处分重大权益的合同并非借贷双方同时当面签署的，与常理不符。此外，中兴公司在催讨债务过程中，出现了由职业索债人采用软暴力方式索债的情形，与一般民间借贷常情不符。依据《最高人民法院关于在审理经济纠纷案件中涉及经济犯罪嫌疑若干问题的规定》第十一条规定："人民法院作为经济纠纷受理的案件，经审理认为不属经济纠纷案件而有经济犯罪嫌疑的，应当裁定驳回起诉，将有关材料移送公安机关或检察机关。"本案应当裁定驳回吴某的起诉，将本案移送至公安机关。

北京市第一中级人民法院依照《最高人民法院关于在审理经济纠纷案件中涉及经济犯罪嫌疑若干问题的规定》第十一条、《最高人民法院关于适用〈中华人民共和国民事诉讼法〉的解释》第三百三十条规定，裁定如下：

一、撤销北京市海淀区人民法院（2018）京0108民初1030号民事判决；

二、驳回吴某的起诉。

【法官后语】

民间借贷，是指自然人、法人、其他组织之间及其相互之间进行资金融通的行为。[①] 从根本上讲，民间借贷是自然人或其他主体之间财物资金的融通，借款人获得借款无须经过复杂冗长的资信核查、授信审批等流程，交易便捷高效，因此民间借贷交易频繁存在于经济活动之中。与此同时，民间借贷因自发性、民间性的特点，存在借贷行为缺乏监督管理、款项流通随意、借贷行为不规范等问题，而不法分子利用民间借贷参与主体急于获利、法律意识不足等漏洞，通过虚构债权、虚增高利等方式侵占他人财产。层出不穷的"套路贷"案件，不仅严重扰乱正常的民间借贷活动，更因为黑恶势力的参与而涉嫌构成经济犯罪，破坏社会秩序。

相对于专业放贷人员，借款人处于弱势地位，在诉讼中，仅凭借出借方提交的

---

① 参见《最高人民法院关于审理民间借贷案件适用法律若干问题的规定》第一条第一款。

证据，无法体现案件的整体事实，因此需要进行全面审视案件事实，排查案件是否存在犯罪嫌疑，具体应从以下几个方面进行审查：

首先，应注重借款人的抗辩意见。涉“套路贷”案件中，出借人提交的证据在形式上较为完备，借贷合意和付款记录齐全，符合法律规定的审查民间借贷案件的全部要素，但上述证据并不能反映案件的真实情况，如签订借贷凭证存在胁迫、欺诈，收款人收到款项后取出通过他人交还给付款人，这些情形无法体现在书面证据中，而是通过借款人陈述才能获悉。“套路贷”中的暴力胁迫情形更加隐蔽，嫌疑人往往以言语威胁、持续跟随等无肢体接触的方式对受害人进行心理施压，或采取在受害人家庭、工作场所滞留等方式要求受害人满足其要求，该种胁迫行为持续发生在借贷的各个环节。

其次，应注重对借款发生背景的审查。某些“套路贷”中，借款人本无借款意愿和借款需求，而是受到诸如高额投资回报、高额利息收益等诈骗信息影响，借款投资或对外出借款项，款项投入后所谓投资公司、投资项目等立即消失，受害人付出款项无法收回的同时对外负有债务。

再次，应着重对款项流向进行审查。“套路贷”的核心环节即虚构款项流动记录和债权数额，嫌疑人通过转账方式向受害人支付款项，造成款项实际支付的假象，但随后通过利诱、胁迫等方式要求受害人将欠款取出后通过他人返还，客观上并未实际收到款项，但受害人仅持有收款记录和取出记录，并无向出借人支付的凭据，而出借人凭借支付款项的记录主张借款人收到款项并要求返还，存在侵占出借人财产的故意。

最后，应着重审查债务不能清偿情况下出借人所获利益是否明显高于债权债务的价值。嫌疑人通常采取通过结算高额本息重新出具借贷凭证作为本金，即“利滚利”的方式虚增债务数额，将原本较小金额的债权债务关系结算为数额巨大的债务，并刻意制造借款人无法清偿款项的障碍，意图占有价值较大的抵押物。

就本案而言，出借人在与借款人素不相识的情况下出借款项，且围绕一笔借款签订了多个合同，最为重要的一份合同甚至并非当面签署，明显缺乏合理依据；本案中出现了软暴力催收债务的情况，职业讨债人住在债务人家，干扰债务人正常生活。需要着重说明的是，本案受害人年龄较大，且案件并非个案，受害人群体较为近似，存在巨大社会风险，因此，应妥善处理诉讼风险点，全面了解案件背景在审理该类案件中具有重要意义。本案中，贾某玲等多名受害人反映本案并非个案，甚至有近千人的受害者联系群。个案的裁判结果可能影响同类型案件的处理结果，如果不对案件风险点全面评估并制订预案，可能引发群体性事件，激化社会矛盾。综上，在民间借贷趋向市场化、职业化的背景下，应当重视新类型民事关系甚至新类型犯罪的新特点及相互关联，不能以简单的民事审判视角处理当事人的纠纷，司法活动中亦应展现保护弱者、作为化解社会矛盾的防线的功能。

编写人：北京市第一中级人民法院　刘婷

9

未经金融监管部门批准从事放贷业务的机构与相对人订立的民间借贷合同无效

——垫富宝投资有限公司诉黄某华、江西吉链物流有限公司民间借贷案

【案件基本信息】

1. 裁判书字号

江西省宜春市中级人民法院（2018）赣09民终410号民事判决书

2. 案由：民间借贷纠纷

3. 当事人

原告（上诉人）：垫富宝投资有限公司（以下简称垫富宝公司）

被告（被上诉人）：黄某华、江西吉链物流有限公司（以下简称吉链公司）

【基本案情】

垫富宝公司的经营范围为："对批发零售业；租赁和商务服务业；住宿和餐饮业；制造业；建筑业；信息传输、计算机服务和软件业；交通运输、仓储和邮政业；文化、体育和娱乐业企业进行投资；柴油的零售（依法须经批准的项目，经相关部门批准后方可开展经营活动）。"垫富宝公司是垫付宝网站的主办单位，吉链公

司是垫付宝网站的企业会员。

2017年4月24日，垫富宝公司与黄某华签订了《垫付宝（垫付卡）领用合约》，约定，黄某华在垫付宝网络平台注册成为会员，垫富宝公司授予黄某华一定的垫付宝信用额度用于垫付消费款项，在黄某华使用垫付宝信用额度进行消费后，垫富宝公司即替黄某华垫付消费款项给交易或提供服务的另一方，黄某华应定期向垫富宝公司还款，若有逾期，需向垫富宝公司支付欠款总额的10%作为当月违约金，每逾期一日还应按欠款额的1‰向垫富宝公司支付迟延履行金。

同日，垫富宝公司、吉链公司、黄某华签订《卡车分期垫款服务及担保协议》，约定，吉链公司在“1号车网”上以分期付款方式向黄某华销售卡车，黄某华使用垫付宝账户付款，即由垫富宝公司为其垫付购车款，黄某华应向垫富宝公司分期还款，并将所购半挂牵引车抵押给垫富宝公司。吉链公司向垫富宝公司出具《承诺函》，承诺为协议项下垫富宝公司代黄某华垫付款形成的债权提供最高额保证担保。

上述合同签订后，黄某华与吉链公司于2017年4月27日在“1号车网”完成了两辆车辆的网上交易操作，垫富宝公司代黄某华向吉链公司的垫付宝账户支付20万元，吉链公司的垫付宝账户资金余额相应增加20万元，黄某华的垫付宝账户则生成20万元欠款。吉链公司的垫付宝账户收款后将资金提现。此后，吉链公司通过黄某华的垫付宝账户向垫富宝公司还款共计33340元。

合同标的车辆的所有人为吉链公司，当事人未办理车辆所有权变更登记，也未办理抵押登记。

【案件焦点】

各方当事人之间真实的法律关系的性质及其法律效力如何认定。

【法院裁判要旨】

江西省宜春市袁州区人民法院经审理认为：当事人签订的《卡车分期垫款服务及担保协议》所涉及车辆的产权信息与本案所查明的事实不一致，协议违反了《物权法》的相关规定，属无效合同。吉链公司利用该协议取得垫富宝公司资金购买车辆营运，依法应承担返还本金及承担利息的相应责任。

黄某华因该协议无效不承担责任。故垫富宝公司要求吉链公司返还本金166660元的诉讼请求，有事实及法律依据，予以支持。其利息损失因双方均有过错，法院按照中国人民银行同期同类贷款利率从2017年7月5日始计算至本金清偿之日止。

江西省宜春市袁州区人民法院依照《中华人民共和国合同法》第五十二条、第五十八条，《中华人民共和国物权法》第三十九条，《中华人民共和国民事诉讼法》第六十四条、第一百四十二条规定，作出如下判决：

一、吉链公司于本判决生效之日起十日内向垫富公司支付欠款本金166660元及利息（利息按照中国人民银行同期同类贷款利率自2017年7月5日始计算至款项清偿之日止）；

二、驳回原告垫富宝公司的其他诉讼请求。

垫富宝公司不服一审判决，提起上诉。

江西省宜春市中级人民法院经审理认为：垫富宝公司与黄某华、吉链公司签订了《垫付宝（垫付卡）领用合约》《卡车分期垫款服务及担保协议》、承诺函等合同，约定黄某华向吉链公司购买车辆，由垫富宝公司先代黄某华垫付购车款，黄某华分期向垫富宝公司还款，并由吉链公司提供保证担保。但事实上，黄某华与吉链公司不存在车辆买卖或挂靠关系，其车辆交易是吉链公司为了向垫富宝公司借款而虚构的。《中华人民共和国民法总则》第一百四十六条规定："行为人与相对人以虚假的意思表示实施的民事法律行为无效。以虚假的意思表示隐藏的民事法律行为的效力，依照有关法律规定处理。"三方当事人签订的《卡车分期垫款服务及担保协议》中关于黄某华向吉链公司购买车辆及垫富宝公司代黄某华垫款的意思表示不真实，合同的该部分内容应为无效。

当事人订立合同的真实意思表示是吉链公司向垫富宝公司借款，双方形成借款合同关系。根据本案查明的事实，垫富宝公司通过互联网平台与不特定的社会公众发生交易，其为垫付宝会员垫付消费款项的行为实质是发放贷款的金融活动。金融活动属于国家特许经营的范围，垫富宝公司营业执照登记的经营范围并未包括金融活动，也无证据证明其经营的放贷业务取得了监管部门许可，根据《中华人民共和国商业银行法》第十一条第二款和《中华人民共和国银行业监督管理法》第十九条规定，其与吉链公司的借款合同应认定为无效。垫富宝公司以消费垫付的形式向其会员发放贷款，不是企业之间为解决资金困难或生产经营急需的偶发性民间借贷行为，而是具有经常性、经营性和对象不特定性，亦应否定其合同效力。垫富宝公司与吉链公司的借款合同无效，故对垫富宝公司主张的违约金不予支持，吉链公司因合同取得的财产即尚欠的借款本金166660元应予返还，吉链公司还应根据当事人的过错，按照中国人民银行同期同类贷款利率向垫富宝公司支付资金占用期间的损失。

江西省宜春市中级人民法院依照《中华人民共和国民法总则》第一百四十六条，《中华人民共和国合同法》第五十二条、第五十八条、第一百九十六条，《中华人民共和国商业银行法》第十一条第二款，《中华人民共和国银行业监督管理法》第十九条，《最高人民法院关于适用〈中华人民共和国合同法〉若干问题的解释（一)》第十条，《最高人民法院关于审理民间借贷案件适用法律若干问题的规定》第十四条，《中华人民共和国民事诉讼法》第一百七十条第一款第一项规定，作出如下判决：

驳回上诉，维持原判。

【法官后语】

企业以“垫付”为名向不特定的社会公众发放贷款，属于国家特许经营的金融活动范围，应取得金融监管部门许可，否则，放贷企业与相对人之间的民间借贷行为应认定为无效。

近年来，在司法实践中，对企业借贷行为采取了适度宽容且谨慎保护的态度，通常将不具备从事金融业务资质的企业之间为生产经营需要所进行的不违反国家金融管制强制性规定的临时性资金拆借行为认定为有效，2015年9月1日起施行的《最高人民法院关于审理民间借贷案件适用法律若干问题的规定》第一条第一款将民间借贷定义为自然人、法人、其他组织之间及其相互之间进行资金融通的行为，进一步将企业纳入了民间借贷的主体范围。但该司法解释第十一条“法人之间、其他组织之间以及它们相互之间为生产、经营需要订立的民间借贷合同，除存在合同法第五十二条、本规定第十四条规定的情形外，当事人主张民间借贷合同有效的，人民法院应予支持”之规定，将企业之间借贷限于为生产、经营需要的偶发性、临时性、面向特定对象的借贷活动，非金融企业对外放贷依然受到法律的严格限制，企业从事经常性放贷业务所签订的民间借贷合同应当认定为无效。若非金融企业以放贷为主要业务或以此为主要收入来源，有可能质变为未经金融监管部门批准从事专门放贷业务的金融机构，将严重扰乱金融市场和金融秩序，造成金融监管紊乱，根据《中华人民共和国银行业监督管理法》《中华人民共和国商业银行法》等法律规定，未经国务院银行业监督管理机构批准，任何单位或者个人不得设立银行业金融机构或者从事银行业金融机构的业务活动，否则视为“非法金融业务活动”。

经营放贷业务，是企业面向不特定社会公众进行的提供货币资金赚取利息的经营行为，其特点是借款对象的不特定性、出借行为的反复性和借款目的的营利性。在实践中，对于企业之间的借贷究竟是偶发的、临时性的拆借行为，还是以放贷为业的经营行为，仅凭个案事实往往难以判断。在审理本案过程中，二审法院发现，仅吉链公司即向 7 人“卖出”了 10 辆车，款项全部以垫富宝公司垫付的方式支付给了吉链公司；在中国裁判文书网上以“垫富宝公司”为关键词检索，得到数千个结果，案件分布在 27 个省级行政区，其中大部分为垫富宝公司与法人或自然人之间因垫付产生的纠纷；垫富宝公司在其网站中介绍“为全国卡车从业者提供无息贷款”，其开展的垫付业务模式类似信用卡业务，即先消费后还款；在本案中，垫富宝公司更以垫付为名直接向其会员吉链公司发放贷款。综合上述事实，足以认定垫富宝公司通过互联网平台向全国不特定社会公众开展垫付和以垫付为名的放贷业务。垫富宝公司开展的垫付业务，在还款期限内不向消费会员收取利息，但对每一笔垫付交易均从卖方会员处收取手续费，且在还款期限届满后向逾期还款的消费会员收取高额违约金，可以认定其经营放贷业务的营利性。综上，垫富宝公司开展放贷业务，未经金融监管部门批准，其与相对人发生的民间借贷行为应认定为无效。

编写人：江西省宜春市中级人民法院　徐斌

10

借款与委托理财之间的甄别

——李某春、廖某蓉诉谭某亮、雷某琳民间借贷案

【案件基本信息】

1. 裁判书字号

湖南省郴州市中级人民法院（2018）湘 10 民终 619 号民事判决书

2. 案由：民间借贷纠纷

3. 当事人

原告（上诉人）：李某春、廖某蓉

被告（被上诉人）：谭某亮、雷某琳

【基本案情】

李某春与谭某亮系多年朋友，彼此熟识。谭某亮的亲戚谭某洪开办投资公司，经常需要资金周转，曾以月息3分向谭某亮借钱，并能按时还本付息，有投资渠道。2013年3月11日，李某春从银行转账200000元至谭某亮账户，谭某亮在收到款项后，直接转给了谭某洪，并向李某春出具了收条一份："今收到李某春现金贰拾万元，月息2分，计每月肆仟元正，每月十一日付息，最多不超过一天付。谭某亮2013.3.11日。"2013年6月25日，谭某亮在收到廖某蓉以其兄弟廖某飞的银行账户转入的款项100000元后，向廖某蓉出具了《收条》："今收到廖某蓉现金壹拾万元，月利息贰分。（注：本月利息已付）谭某亮2013.6.25。"嗣后，谭某洪每月正常向谭某亮支付利息时，谭某亮均及时将属于李某春、廖某蓉的利息转付至李某春、廖某蓉的银行账户，直至2014年6月，谭某洪资金链断裂后，未再支付利息给谭某亮，谭某亮亦未再转付利息给李某春、廖某蓉。2015年谭某亮将谭某洪诉至法院，该案经法院判决后，进入执行程序，但因谭某洪已没有财产可供执行，谭某亮在谭某洪处的款项不能收回，也就无法向李某春、廖某蓉支付相应款项，谭某亮还款无望，故酿成纠纷。

【案件焦点】

1. 当事人是借款法律关系还是委托理财法律关系；2. 涉案款项是否属于夫妻共同债务；3. 本案是否已经超过诉讼时效；4. 本案的本金及利息应如何计算。

【法院裁判要旨】

湖南省郴州市北湖区人民法院经审理认为：本案应为民间委托理财合同纠纷。实践中，借条是指在借用关系中债务人向出借人开具的表明债务人有到期还款赎条义务的借款凭证。借条代表的是一种借款合同关系，借款人向出借人借款，出借人给付借款。欠条是交易过后应付账款的一方向债权人开具的证明其欠款事实同时表明开具人有到期还款赎条义务的凭证。欠条是对以往双方经济往来的一种结算，表明自欠条形成之日起双方之间形成一种新的纯粹的债权债务关系。而收条则是指在收到财物时接收人给送达人开具的证明这一交付事实的凭证。收条不会产生债权债务关系，当事人在开具收条时没有到期通过给付来赎条的意思表示。收条只能证明双方存在给付金钱和收到金钱的关系，究竟是依据什么给付金钱，需要收条持有人或出具人对基础合同关系作进一步证明。因此，收条不作为债权债务关系的凭证。《最高人民法院关于审理民间借贷案件适用法律若干问题的规定》第十七条规定，原告仅依据金融机构的转账凭证提起民间借贷诉讼，被告抗辩转账系偿还双方之前借款或其他债务，被告应当对其主张提供证据证明。被告提供相应证据证明其主张后，原告仍应就借贷关系的成立承担举证证明责任。本案中，李某春、谭某亮相熟，且谭某亮向李某春出具的是收条，并非借条或欠条，并能在谭某洪按期支付利息时，每月获取相应利息差额，符合委托理财合同系有偿合同的特性。综上所述，李某春诉请与谭某亮之间系民间借贷的法律关系不能成立。《中华人民共和国合同法》第四百零四条规定："受托人处理委托事务取得的财产，应当转交给委托人。"本案中，谭某洪因资金链断裂无法支付款项，谭某亮通过诉讼也未能追回涉案款项本息。根据前述规定，因谭某亮未收到涉案款项本息，故谭某亮无转交涉案款项本息的义务。因此，谭某亮、雷某琳的抗辩理由成立，对于李某春的诉讼请求，法院不予支持。

综上所述，湖南省郴州市北湖区人民法院根据《中华人民共和国民事诉讼法》第一百四十二条，《最高人民法院关于民事诉讼证据的若干规定》第二条、第七十六条之规定，判决如下：

驳回李某春、廖某蓉的诉讼请求。

李某春、廖某蓉不服一审判决，提起上诉。

湖南省郴州市中级人民法院经审理认为：《中华人民共和国合同法》第一百九十六条规定："借款合同是借款人向贷款人借款，到期返还借款并支付利息的合同。"第一百九十七条规定："借款合同采用书面形式，但自然人之间借款另有约定的除外。借款合同的内容包括借款种类、币种、用途、数额、利率、期限和还款方式等条款。"第三百九十六条规定："委托合同是委托人和受托人约定，由受托人处理委托人事务的合同。"谭某亮、雷某琳主张本案所涉的 30 万元款项为代李某春、廖某蓉出借给谭某洪以获取利息的委托理财款，双方之间系委托理财关系。李某春、廖某蓉对该主张不予认可，认为双方所形成的是借贷关系。法院认为，李某春、廖某蓉交付涉案款项后，谭某亮出具的虽然是《收条》，但该《收条》载明月息，约定了币种、数额、利率，不符合委托合同的要件，符合借款合同的要件。从合同的履行来看，谭某洪系向谭某亮而非李某春、廖某蓉出具《借条》，谭某洪未支付涉案款项本息后，谭某亮亦是以自己的名义以民间借贷纠纷起诉，即谭某亮系以自己的名义与谭某洪交易、向谭某洪主张权利，而非以李某春、廖某蓉委托人的名义。且谭某洪自2014年4月便停止向谭某亮支付利息，而谭某亮系自2014年6月之后才未向李某春、廖某蓉支付利息，表明谭某洪与谭某亮之间的借款关系和谭某亮与李某春、廖某蓉之间的借款关系是互相独立的。另外，谭某亮、雷某琳在诉讼过程中也未能提供相关的委托理财协议或者委托授权手续。故谭某亮、雷某琳关于本案系委托理财关系的主张不能成立，双方之间应认定为借贷关系。一审判决认定本案系委托理财关系错误，法院予以纠正。

雷某琳并未在涉案《收条》上签字，该借款不属于家庭日常生活需要所负的债务，李某春、廖某蓉亦未提供证据证实该借款系用于夫妻共同生活、共同生产经营或者基于夫妻双方共同意思表示，故该借款不属于夫妻共同债务，李某春、廖某蓉关于雷某琳应与谭某亮共同承担偿还责任的主张，法院不予支持。

《中华人民共和国合同法》第二百零六条规定："借款人应当按照约定的期限返还借款。对借款期限没有约定或者约定不明确，依照本法第六十一条的规定仍不能确定的，借款人可以随时返还；贷款人可以催告借款人在合理期限内返还。"本案李某春、廖某蓉向谭某亮出借涉案款项时并未约定还款期限，谭某亮应在李某春、廖某蓉要求履行还款义务的合理期限内归还借款。且谭某洪停止向谭某亮支付利息后，李某春与谭某亮就涉案款项的问题有过数次催讨或协商。故谭某亮、雷某琳关于本案已过诉讼时效期间的主张，没有事实和法律依据。

《中华人民共和国合同法》第二百条规定："借款的利息不得预先在本金中扣除。利息预先在本金中扣除的，应当按照实际借款数额返还借款并计算利息。"本案中，2013年3月11日李某春、廖某蓉在向谭某亮支付第一笔借款时预先在本金中扣除了4000元利息，2013年6月25日李某春、廖某蓉在向谭某亮支付第二笔借款时预先在本金中扣除了2000元利息，故应认定两次分别实际出借的196000元、

98000 元，合计 294000 元，为本案借款本金。关于本案借款利息，二审期间李某春、廖某蓉自愿要求谭某亮、雷某琳偿还利息 15 万元，系其对自身权利的自由处分，不违反法律规定，法院予以认可。

综上所述，李某春、廖某蓉的上诉请求部分成立，相应部分法院予以支持。湖南省郴州市中级人民法院依照《中华人民共和国合同法》第一百九十六条、第一百九十七条、第二百条、第二百零六条、第三百九十六条、第四百零五条，《中华人民共和国民事诉讼法》第一百七十条第一款第二项规定，判决如下：

一、撤销湖南省郴州市北湖区人民法院（2017）湘 1002 民初 3858 号民事判决；

二、谭某亮于本判决生效后十五日内向李某春、廖某蓉归还借款本金 294000 元，并支付利息 150000 元，本息合计 444000 元；

三、驳回李某春、廖某蓉的其他诉讼请求和其他上诉请求。

【法官后语】

本案涉及委托理财的定性及其与借贷之间的区别问题。当前委托理财行为非常普遍，但立法对此还不完善，对其性质的认识也是各执一词，实践中易与借款合同相混淆。因此，有必要将两者的法律关系进一步加以区别。

关于本案的性质认定，有两种意见：第一种意见认为，谭某亮、雷某琳向李某春、廖某蓉出具的是收条，并非借条或欠条，并能在谭某洪按期支付利息时，每月获取相应利息差额，符合委托理财合同系有偿合同的特性，应认定为委托理财关系。

第二种意见认为，出具的虽然是《收条》，但该《收条》载明月息，约定了币种、数额、利率，不符合委托合同的要件，符合借款合同的要件。且谭某亮、雷某琳系以自己的名义与谭某洪交易、向谭某洪主张权利，而非以李某春、廖某蓉委托人的名义，故应认定为借贷关系。

笔者同意第二种意见。理由如下：委托理财是指委托人将自己拥有的财产或财产权利委托他人管理、处分以获取收益，受托人获取报酬的行为。而借款是借款人向贷款人借款，到期返还借款并支付利息的合同。相比委托理财合同，借款合同双方的法律关系更为简单明了。

在我国，由于法律对委托理财缺乏明确的定性，所以对两者的正确区分的确存在一定难度，但委托理财具有自己的特色：第一，委托投资的方向除部分资金流向国债二级市场外，主要将受托的资金投资于股票二级市场；第二，委托理财的具体方式普遍采用全权委托方式，或将委托资金打入受托方账号，或委托方自行开户，均由受托方操作；第三，委托方的风险控制大多采用保证金制度，兼有银行或证券公司进行资金托管或监控。

委托理财是一种独立的法律关系，它是一种新型的财产管理制度，它属于《中华人民共和国合同法》目前尚未规范的无名合同，兼有委托、信托、行纪、融资等类似合同的部分特征。鉴于目前它在法律上没有明确的法律地位，短期内在立法上对其进行单独规范和整治条件尚不成熟，为此，在司法实践中将委托理财作为一个独立的法律关系予以规范，才能跳出现有法律的羁绊。应当根据当前委托理财的主要特点和当事人之间约定，从平衡当事人之间的利益出发，以民商事法律的基本精神为依托，本着规范证券市场、维护交易安全出发，正确区分实践中的法律关系，对案件的性质作出准确判断。

委托理财和借款合同最大的区别在于：委托理财的收益存在不确定因素，而民间借贷的利息收益是固定的。

就本案而言，谭某亮出具的虽然是《收条》，但该《收条》载明月息，约定了币种、数额、利率，不符合委托合同的要件，符合借款合同的要件。从合同的履行来看，谭某洪系向谭某亮而非李某春、廖某蓉出具《借条》，谭某洪未支付涉案款项本息后，谭某亮亦系以自己的名义以民间借贷纠纷起诉，而非以原告委托人名义。且谭某洪自2014年4月便停止向被告支付利息，而被告自2014年6月之后才未向原告支付利息，表明谭某洪与谭某亮之间的借款关系和被告与原告之间的借款关系是互相独立的。另外，被告在诉讼过程中也未能提供相关的委托理财协议或者委托授权手续。故双方之间应认定为借贷关系。

编写人：湖南省郴州市北湖区人民法院　刘　斌

11

以民间借贷的合法形式掩盖非法目的的行为应被认定无效

——王某红诉陆某娟民间借贷案

【案件基本信息】

1. 裁判书字号

江苏省南通市中级人民法院（2018）苏06民终3455号民事判决书

2. 案由：民间借贷纠纷

3. 当事人

原告（上诉人）：王某红

被告（被上诉人）：陆某娟

【基本案情】

2017年10月9日，陆某娟向王某红出具格式借据一份，主要内容为：陆某娟因生意周转之需借到王某红人民币50万元，未书面约定利息及借款期限。次日，王某红驾驶自己的轿车带陆某娟一同前往建设银行海门三和支行，并通过王某红岳母账户向陆某娟汇款50万元。因王某红配偶吴某红事先与建设银行海门三和支行"打好招呼"，汇款结束后，陆某娟得以当即在银行柜面办理取现手续。取现后，王某红将陆某娟取出的50万元现金拿走放进其轿车内，随即驾车与陆某娟一同返回海门。

2018年5月15日，王某红以陆某娟向其借款50万元未能归还为由，向海门市人民法院提起民间借贷纠纷诉讼，陆某娟称该50万元系其前男友宋某春在王某红处赌博所欠的赌债，因陆某娟当时的工作是幼儿园老师而宋某春并无正当工作，故王某红要求陆某娟向其出具借条，将赌债转变为民间借贷的形式，陆某娟被逼无奈才写下借条，并未发生实际的借款。此外，王某红在向陆某娟账户汇入50万元后，当即要求陆某娟将50万元取出并交还于王某红，王某红随即将钱款全部拿走，陆某娟未曾实际拿到过50万元“借款”。

另查明，王某红自认其系从事放贷业务，且在向陆某娟“借款”之初，曾将陆某娟的奥迪车开走作为“抵押”，但没过几天，车辆就还给了陆某娟。

【案件焦点】

案涉借据中记载的50万元的借贷关系是否真实存在。

【法院裁判要旨】

江苏省南通市海门市人民法院经审理认为：当事人对支持己方诉讼请求或者反驳对方诉讼请求所依据的事实有责任提供证据加以证明，没有证据或者证据不足以证明当事人的事实主张的，由负有举证责任的当事人承担不利后果。本案中，王某红主张陆某娟归还借款，理应对案涉50万元款项的借贷合意及实际交付承担举证责任。综合双方当事人陈述及提交的证据，法院认为，虽然王某红举证了陆某娟出具的借条及其向陆某娟汇款的凭证，但不足以证明双方之间存在真实的借贷关系，具体理由如下：1. 案涉借款的形成过程存在诸多不合理之处。王某红以放贷为业，但在案涉借条上却不曾约定利息，也未约定违约金，且在与陆某娟不熟悉的情况下出借50万元巨额款项，不符合民间借贷一般交易习惯，也与其专门从事放贷业务人员应有的审慎不符。且根据王某红的陈述，借款需用车辆抵押，如案涉借款真实发生，其允许陆某娟在未偿还债务的情况下取走车辆，更是于理不通。加之，王某红关于陆某娟曾向其夫妇借款并及时还款，信誉较好的说法也无证据证明，故本案借款的真实性存疑。2. 王某红未对50万元现金交付充分举证。虽然陆某娟的银行账户收到了案涉50万元，但该款到账不久就被取出，根据王某红的陈述，系其帮助陆某娟提着现金拿到车上，但王某红未就后续将所提50万元现金交付给陆某娟进一步举证，陆某娟亦予以否认，故王某红关于现金交付的说法尚缺乏相应的证据加以证明。3. 案涉50万元现金的出借和取款过程亦存在较多疑点。按照一般借贷习惯，王某红作为出借人只要完成账户转账即履行完出借义务，剩余事项完全可以由借款人自行完成。但本案中王某红不仅联系了银行工作人员预约取款，还护送借款人到银行取现，甚至还帮助借款人提钱，而陆某娟与王某红又不熟悉，结合前述借款形成过程的不合理之处，法院难以认定王某红实际已向陆某娟交付借款。

综上所述，双方当事人间虽然在形式上出具了借据并交付了钱款，但王某红在与陆某娟不熟悉、对借款人基本情况及借款的真实意图等不了解的情况下，轻易出借50万元，且不求利息，有违常理，故不能认定双方存在真实的借款合意。而且，王某红在转账给陆某娟50万元后当即将陆某娟从银行取出的50万元拿走，在陆某娟抗辩其未实际取得钱款以及王某红未能证明其已向陆某娟交还50万元的情况下，不能认定其实际已向陆某娟履行了出借义务，50万元实际仅是在形式上走了一下流水而已。王某红将陆某娟用于质押的轿车在取款不久后返还给陆某娟，侧面印证了钱款已被王某红拿走而无需继续质押的事实，因而双方无履行出借义务之实。陆某娟关于案涉钱款为赌债的辩称，因现有证据尚不足以支持其辩称，法院对此暂难采信。据此，法院认为王某红主张借贷关系成立的依据不足，法院不予采信。

南通市海门市人民法院依照《最高人民法院关于审理民间借贷案件适用法律若干问题的规定》第十六条，《最高人民法院关于适用〈中华人民共和国民事诉讼法〉的解释》第九十条、第一百零五条、第一百零八条规定，判决：

驳回王某红的诉讼请求。

王某红不服一审判决，提起上诉。

南通市中级人民法院经审理同意一审法院裁判意见，判决：

驳回上诉，维持原判。

【法官后语】

多年来，如何甄别民间借贷案件中的虚假诉讼行为，并加以有效防范与规制，一直是民商事审判工作中的难点。审判人员在对民间借贷纠纷的审理中，应更多关注案件实体细节，而不应简单对借贷关系成立的形式要件进行核查。本案对“以合法形式掩盖非法目的”的民间借贷类案件审理进行了有益探索，值得推荐和借鉴。一是注重行为细节的审查。如果仅局限于对借条以及向陆某娟汇款的凭证等形式要件的审查，本案王某红主张借贷法律关系与事实成立的证据似乎确实无疑。但深入探究借贷行为的细节，案情便有了不同的结果。本案对王某红放债不图利、轻率出借、多余的帮忙取现、无理由放弃质押以及巨额钱款取向5个不同角度的行为细节进行了细致审查判断，发现其中的不合常理之处，进而得出不存在真实的借贷关系。二是紧扣证据规则的要求。对民事法律行为细节的审查范围必要时可适度拓展，但不能脱离法律规定的视野，仍需紧扣证据规则的要求。运用逻辑推理和日常生活经验法则判断证据必须公开理由和结果。本案在这方面有比较到位的阐释。如，既是银行转账交付，资金到达陆某娟账户，借贷关系即已成立。王某红过于热情地帮忙取现就显得多此一举，对此有必要审查。三是加强全面综合的判断。鉴于虚假诉讼案情的复杂性，法律与司法解释赋予法官较大的自由裁量权。《最高人民法院关于审理民间借贷案件适用法律若干问题的规定》第十六条第二款规定，被告抗辩借贷行为尚未实际发生并能作出合理说明，人民法院应当结合借贷金额、交易方式、交易习惯……等事实和因素，综合判断查证借贷事实是否发生，《最高人民法院关于适用〈中华人民共和国民事诉讼法〉的解释》第一百零五条、第一百零八条对证据运用的规定，也要求“全面、客观地审核证据”。本案较好地贯彻了该规定的要求。

编写人：江苏省南通市海门市人民法院　程炎

12

合法的债权依法受保护

——母某某诉林某某民间借贷案

【案件基本信息】

1. 裁判书字号

福建省宁德市中级人民法院（2018）闽09民终741号民事判决书

2. 案由：民间借贷纠纷

3. 当事人

原告（被上诉人）：母某某

被告（上诉人）：林某某

【基本案情】

2016年3月2日，母某某经其朋友李某介绍认识林某某。当日，母某某通过中国农业银行股份有限公司柘荣县支行其个人账户以转账方式将70000元借款打入林某某个人账户，同年3月6日，母某某以同样转账方式向林某某支付借款10000元，林某某两次向母某某借款共计80000元。林某某收到借款后，并未向母某某出具借款借据。之后，林某某未将该借款80000元返还母某某。

【案件焦点】

母某某和林某某之间80000元钱的借贷关系是否成立。

【法院裁判要旨】

福建省宁德市柘荣县人民法院经审理认为：母某某依据金融机构的转账凭证主张借贷事实并要求借款人林某某返还借款，林某某并未就其收取母某某转账款项是否属于借款或双方之间存在其他债权债务关系提出抗辩并进行举证，依照《最高人民法院关于审理民间借贷案件适用法律若干问题的规定》第十七条规定："原告仅依据金融机构的转账凭证提起民间借贷诉讼，被告抗辩转账系偿还双方之前借款或其他债务，被告应当对其主张提供证据证明。被告提供相应证据证明其主张后，原告仍应就借贷关系的成立承担举证证明责任。"母某某主张其与林某某之间存在民间借贷关系，法院予以确认。依照《中华人民共和国合同法》第二百一十条规定："自然人之间的借款合同，自贷款人提供借款时生效。"母某某举证证明其已履行了交付借款的义务，且双方的借贷行为并不违反相关法律、行政法规的强制性规定，属合法有效。母某某与林某某之间的借贷并未约定借款期限，依照《中华人民共和国合同法》第二百零六条规定，林某某可以随时返还借款，母某某可以催告林某某在合理期限内返还借款。母某某诉求林某某返还出借款项80000元，事实和法律依据充分，法院予以支持。母某某要求林某某从起诉之日至实际还款之日向其支付按银行同期同类贷款利率计算的借款利息，符合《最高人民法院关于审理民间借贷案件适用法律若干问题的规定》第二十九条第二款第一项的规定，其起诉之日应确定为林某某逾期还款之日，其借款利息可自逾期还款之日起按照年利率6%计算，由林某某向母某某支付资金占用期间的借款利息。

福建省宁德市柘荣县人民法院依照《中华人民共和国民法通则》第一百零八条，《中华人民共和国合同法》第二百零六条、第二百一十条，《最高人民法院关于审理民间借贷案件适用法律若干问题的规定》第十七条、第二十九条第二款第一项，《中华人民共和国民事诉讼法》第一百四十四条规定，判决如下：

林某某应在本判决生效之日起十日内偿还母某某借款80000元及利息（从2018年1月3日起至还款之日止，按年利率6%计算）。

林某某不服一审判决，提起上诉。

福建省宁德市中级人民法院经审理认为：银行转账记录和李某的证言能够相互印证证实母某某经过李某介绍将9万元借给林某某。林某某上诉称该款项系母某某通过其账户转给黄某某和李某，但其提供的证据无法证实其主张。且对于为何在母某某和林某某及黄某某均不相识的情况下，要通过林某某的账户转钱给黄某某而不是直接将钱转给李某或黄某某，林某某未能作出合理解释。故对于林某某的上诉意见不予采纳，母某某和林某某之间9万元的借贷关系已经成立。林某某结欠母某某9万元借款未偿还，母某某要求林某某偿还8万元借款本金及相应利息的请求，系当事人自愿处分其民事权利，应予支持。根据《最高人民法院关于适用〈中华人民共和国民事诉讼法〉的解释》第九十条的规定，当事人对自己提出的诉讼请求所依据的事实应当提供证据加以证明，未能提供证据或者证据不足以证明其事实主张的，由负有举证证明责任的当事人承担不利的后果。林某某主张涉案款项系黄某某和李某向母某某借钱，母某某通过其账户将借款转给黄某某，应由林某某承担证明责任，但其未能提供证据证实，故应承担不利的后果。

福建省宁德市中级人民法院依照《中华人民共和国民事诉讼法》第一百七十条第一款第一项之规定，判决如下：

驳回上诉，维持原判。

【法官后语】

借款合同是贷款人向借款人提供借款，借款人到期返还借款，并向贷款人支付利息的合同。借款合同主要包括两类，一是金融机构与自然人、法人和其他组织的借款合同关系；二是指自然人之间的借款合同关系，即民间借贷关系。

本案中所涉及的借款合同为民间借贷合同。自然人是民间借贷法律关系最为原始和传统的行为主体。民间借贷的最初发端也是自然人基于个人或家庭生活、生产等基本消费需求，而在存有血缘、地缘等密切关系的亲朋好友之间进行的少量资金借贷活动。这也是人类社会最初的民间借贷活动，当然自然人之间的借贷不仅包括自然人之间，广义上还应当包括发生在家庭之间的借贷。随着社会的不断进步和经济的发展，人类生活也发生了根本性变化，民间借贷的目的也从以往为基本生活而进行的借贷演变为以生产经营、风险投资等获取高额利润为目的的借贷。

在当今社会中，民间借贷活动较为普遍，一般发生在亲戚朋友间。民间借贷的发生往往是通过人情关系为其背书，操作流程中时常会缺少重要证据的固定。而自然人之间的借款合同，既可以采用书面形式，也可以采用口头形式，当事人可以根据合同是否有偿等具体情况选择订立合同的形式。自然人之间的借款如果没有采取书面形式，只要有证据能够证明借款事实的存在，即受法律保护。当然，为了避免发生纠纷，当事人之间最好还是采用书面形式。

本案中林某某主张其不是涉案款项的实际使用人，其认为事实上是母某某通过其账户转给黄某某和李某。依据《最高人民法院关于适用〈中华人民共和国民事诉讼法〉的解释》第九十条“当事人对自己提出的诉讼请求所依据的事实或者反驳对方诉讼请求所依据的事实，应当提供证据加以证明，但法律另有规定的除外。在作出判决前，当事人未能提供证据或者证据不足以证明其事实主张的，由负有举证证明责任的当事人承担不利的后果”的规定，林某某提供的证据不足以证明其主张，故其应承担举证不能的不利后果。依照民事诉讼的证明标准及证据规则，法院依法确认林某某与母某某之间成立民间借贷合同关系，林某某作为借款人理应承担案涉借款的清偿责任。林某某是否是案涉借款的实际使用人并不影响其对涉案债务清偿责任的承担。至于借款人与实际用款人之间的资金流转行为则属另一个层面的法律关系问题，林某某可以依法另行主张自己的合法权利。

在进行民间资金流转活动中，行为人应当充分注意自己行为的相关法律责任和后果，同时提高自己的证据意识，保存好债权凭证以及转账凭证等证据，最大程度地保证自己的合法权益不受侵犯。

编写人：福建省宁德市柘荣县人民法院　包松辉　周璇

二、夫妻共同债务认定

13

涉夫妻共同债务案件，应甄别是否存在恶意逃债企图

——喻某冻诉韩某等民间借贷案

【案件基本信息】

1. 裁判书字号

贵州省贵阳市中级人民法院（2018）黔01民终3361号民事判决书

2. 案由：民间借贷纠纷

3. 当事人

原告（被上诉人）：喻某冻

被告（上诉人）：韩某

被告（被上诉人）：夏某勋

被告：龙里县盛汇小额贷款有限公司（以下简称盛汇公司）

【基本案情】

2011年5月20日，喻某冻作为甲方、夏某勋作为乙方、盛汇公司作为丙方、见证方共同签订一份《借款合同》，主要约定：乙方向甲方借款300万元，借款期限自2011年5月20日至2012年5月20日，合同生效当日，甲方以银行转账或现金方式借出300万元给乙方，乙方收款后应出具收款收据；丙方自愿为乙方借款提供见证，承担连带还款责任，见证的范围为借款本金300万元、利息、债权人为实

现债权而发生的费用（含律师费）以及其他应付费用，见证期限为合同约定的还款期限届满后两年止，借款到期，乙方不展期续签合同，乙方应于借款到期后当日内全部归还甲方所借款项，逾期不还，乙方付给甲方相应利息，利息自逾期之日起计算，标准为四倍银行同期贷款利息，直至乙方全额还清借款为止，以及甲方为实现债权而发生的费用（含律师费）以及其他应付费用，乙方逾期归还借款，甲方有权通过法律途径解决，同时要求乙方及丙方连带归还借款本息及相关费用，并有权处置抵押物变现作为还款资金。同日，夏某勋向喻某冻出具一份《借条》，载明：今借到喻某冻现金人民币 300 万元整。2012 年 5 月 20 日，夏某勋与喻某冻签订一份《延期协议》，主要约定对上述借款 300 万元的还款期限延期至 2013 年 5 月 20 日。

2011 年 6 月 6 日，喻某冻作为甲方、夏某勋作为乙方、盛汇公司作为丙方、见证方共同签订一份《借款合同》，主要约定借款金额为 30 万元，其余约定同上。同日，夏某勋、盛汇公司共同向喻某冻出具一份《借条》，载明：今向喻某冻借款 30 万元，日期从 2011 年 6 月 6 日至 2012 年 6 月 6 日，借期十二个月。2012 年 6 月 6 日，喻某冻与夏某勋签订一份《延期协议》，主要约定对上述借款本金 30 万元延期至 2013 年 6 月 6 日。

2012 年 2 月 6 日，喻某冻作为甲方与夏某勋作为乙方共同签订一份《借款协议》，主要约定：就乙方向甲方借款一事，经商议，双方达成如下协议：借款金额 80 万元，借款方式为以现金方式支付给乙方，或以银行转账方式支付到乙方指定账户，乙方收到借款后出具借据，借款期限自 2012 年 2 月 6 日至 2013 年 2 月 6 日，乙方应在协议约定的还款时间 2013 年 2 月 6 日前全部归还借款本息；借款利息按资金实际占用时间、利率按中国人民银行规定的同期同类贷款利率四倍计算，借款利息应按月支付，支付时间为每月 6 日，若乙方未按协议约定的还款时间归还借款，逾期利率亦按中国人民银行规定的同期同类贷款利率的四倍计算，若乙方未按时支付利息或未按协议约定的还款时间归还借款，甲方可要求乙方一次性全部归还借款本息，并要求乙方承担违约责任；若乙方违约，除应一次性全部归还借款本息外，应赔偿甲方律师费、诉讼费、差旅费及其他损失。同日，夏某勋向喻某冻出具一份《借款借据》，载明：今借到喻某冻人民币 80 万元，注：支付方式为银行转账。同日，盛汇公司向喻某冻出具一份《担保函》，载明：就 2012 年 2 月 6 日你借款 80 万元给借款人夏某勋一事，我公司自愿为借款人夏某勋提供连带保证责任担保，若借款人夏某勋未在规定的还款时间归还借款本息，由我公司代为偿还。

2012年12月1日，喻某冻与夏某勋签订一份《借款协议》，主要约定借款金额为50万元，其余约定同2012年6月6日《借款协议》内容。同日，夏某勋向喻某冻出具一份借款借据，载明：今借到喻某冻人民币50万元，注：支付方式为银行转账。同日，盛汇公司向喻某冻出具一份《担保函》，载明：就2012年12月1日你借款50万元给借款人夏某勋一事，我公司自愿为借款人夏某勋提供连带保证责任担保，若借款人夏某勋未在规定的还款时间归还借款本息，由我公司代为偿还。

2015年3月30日，夏某勋向喻某冻出具一份《承诺书》，载明：本人于2015年3月30日向喻某冻承诺，本人欠喻某冻460万元借款，于2015年6月30日归还260万元，于2015年9月30日归还200万元整……

另查明，夏某勋与韩某于2011年7月14日登记离婚。盛汇公司成立于2011年5月23日。

【案件焦点】

1. 喻某冻是否已按合同约定履行出借460万元本金义务；2. 韩某应否对其中330万元承担共同还款责任。

【法院裁判要旨】

贵州省贵阳市云岩区人民法院经审理认为：夏某勋于2011年5月20日、6月6日、2012年2月6日、12月1日分别与喻某冻签订《借款协议》后，均出具了相应的借款本金为300万元、30万元、80万元、50万元的借条；且借款期限届满后，夏某勋均四次对上述借款与喻某冻签订《延期协议》及《承诺书》再次进行确认。对喻某冻庭后提交的《询问笔录》虽超过举证期限提出，但系其客观不能调取，且《询问笔录》内容与本案事实有关，予以采纳。夏某勋在公安机关所作陈述并再次向喻某冻出具《承诺书》，均对还款事实进行了确认。喻某冻应已向夏某勋实际履行出借借款本金460万元的义务。

夏某勋既已向喻某冻承诺在2015年9月30日全部归还完毕借款本金，现其未按约定履行义务，应承担相应违约责任，对喻某冻要求夏某勋自借款出借时按中国人民银行同期贷款利率四倍标准支付利息的诉请，根据喻某冻提供的银行流水及陈述，其自认收到夏某勋支付的2011年5月21日至2013年7月16日的利息，且夏某勋向喻某冻出具的《承诺书》承诺内容系对本金460万元的偿还，并未对利息的偿还重新作出承诺，喻某冻亦未对此提出异议，故对喻某冻主张的利息，应自逾期还款之次日即2015年9月30日起按年利率6%标准计算至本判决确定的履行期限届满之日止。

对于借款时间为2011年5月20日、6月6日的借款300万元、30万元，均发生在夏某勋与韩某婚姻关系存续期间，应属夫妻共同债务，属共同债务人。该两笔借款到期日分别为2012年5月20日、6月6日，借款到期时，夏某勋与喻某冻重新约定还款时间分别为2013年5月20日、6月6日，双方重新约定行为引发诉讼时效中断，应以此时计算诉讼时效三年，分别至2016年5月20日、6月6日，在此期间，夏某勋于2015年3月30日出具《承诺书》的行为，再次引发诉讼时效的中断，根据《最高人民法院关于审理民事案件适用诉讼时效制度若干问题的规定》第十七条第二款“对于连带债务人中的一人发生诉讼时效中断效力的事由，应当认定对其他连带债务人也发生诉讼时效中断的效力”的规定，诉讼时效的中断及于韩某，故韩某仍需对上述借款本金330万元及相应利息承担还款责任。韩某提供的证据，仅能证明其生活来源情况，但不能达到其并未使用涉案款项的目的，不予采信。

对喻某冻要求盛汇公司承担担保连带责任的诉请，根据双方四次约定，盛汇公司提供连带保证责任的时间分别为四次借款到期之日起两年，即分别为2014年5月20日、5月23日、2016年2月6日之前，现盛汇公司担保期间已过，因诉讼时效中断事由及于债务人而非保证人，故盛汇公司不应再承担保证责任，喻某冻该诉请于法无据，不予支持。

据此，贵州省贵阳市云岩区人民法院依据《中华人民共和国合同法》第六十条第一款、《中华人民共和国民法总则》第一百八十八条第一款、《中华人民共和国担保法》第二十六条第二款、《最高人民法院关于审理民事案件适用诉讼时效制度若干问题的规定》第十七条、《最高人民法院关于适用〈中华人民共和国婚姻法〉若干问题的解释（二）》第二十四条、《最高人民法院关于适用〈中华人民共和国民事诉讼法〉的解释》第一百零二条第二款、《中华人民共和国民事诉讼法》第六十四条第一款之规定，判决如下：

一、夏某勋于本判决生效之日起十日内一次性偿还喻某冻借款本金人民币460万元及相应利息（利息以年利率6%为标准，自2015年10月1日起计算至本判决确定的履行期限届满之日止）；

二、韩某对上述债务中的借款本金330万元及利息承担共同还款责任。

三、驳回喻某冻其余诉讼请求。

韩某不服一审判决，提起上诉。

贵州省贵阳市中级人民法院经审理同意一审法院裁判意见，依照《中华人民共和国民事诉讼法》第一百七十条第一款第一项、第一百七十五条之规定，判决如下：

驳回上诉，维持原判。

【法官后语】

《最高人民法院关于审理涉及夫妻债务纠纷案件适用法律有关问题的解释》明确了夫妻共同债务的认定标准，亦突出了债权人的举证责任。但在具体审判实践中，夫妻双方通过解除婚姻关系、转移隐匿财产等形式恶意逃避债务的现象层出不穷，夫妻一方通过与他人合谋伪造债权债务损害另一方权益的现象亦有之。而债权人往往难以举出直接有效的证据证明夫妻一方的举债系用于夫妻共同生活或共同生产经营，诸多债权人因此得到的是"空头"判决，合法债权难以实现。如何合理分配举证责任，如何合理确定证明标准，如何甄别夫妻双方是否通过解除婚姻关系、转移共同财产等手段恶意逃避债务，如何准确适用而又不机械运用此法律，仍是涉及夫妻共同债务案件审判实践的难点。

本案中，借款凭据无配偶方签字，借款金额亦明显超出家庭日常生活所需，显然债权人有责任举证证明该借款系用于夫妻共同生活或共同生产经营，但债权人很难出示直接有效的证据。结合当事人的陈述及举证质证情况，二审法院重点从三个方面进行审查：即非举债方的经济来源情况、离婚时的财产分配情况、离婚后的消费支出情况。通过综合审查夫妻双方婚内及离婚后的主要财产分配情况，生活收入来源情况，消费支出开销情况，经营活动受益情况，发现女方婚内经济收入主要缘于夫妻共同生产经营，离婚时约定有价值的主要财产归女方所有而债务却由男方承担，离婚后夫妻具有持续的共同高消费活动，据此认定本案借款虽系以个人名义所负债务，但实际用于并惠及于夫妻共同生产经营及共同生活消费，从而判令夫妻双方应对发生于婚姻关系存续期间的借款承担共同偿还责任。分析本案证据不难发现，夫妻双方是有明显的逃避债务意图的，若机械运用法律，苛求于债权人的举证责任，则将导致债权人的合法债权难以实现。

审理夫妻共同债务案件，应综合审查夫妻财产分配情况、生活消费支出情况及非举债方主要经济来源等情况，判断非举债方在何种程度上受益于举债方生产经营活动，甄别是否存在恶意逃债企图，从而依法作出相关债务是否属于夫妻共同债务的认定。本案的处理思路，对于正确理解和适用前述司法解释，合理认定夫妻共同债务具有参考意义。

编写人：贵州省贵阳市中级人民法院　彭攀

14

夫妻关系存续期间一方举债的债务如何认定

——郭某亢诉徐某丽、姚某喜民间借贷案

【案件基本信息】

1. 裁判书字号

陕西省渭南市中级人民法院（2018）陕05民终322号民事判决书

2. 案由：民间借贷纠纷

3. 当事人

原告（被上诉人）：郭某亢

被告（上诉人）：徐某丽

被告：姚某喜

【基本案情】

2015年5月5日姚某喜向郭某亢借款50000元，口头约定借款利息为月息3%，未约定还款期限，郭某亢将从别人处借的50000元以现金形式交付给姚某喜后，姚

某喜向其出具借条一张。另查明，姚某喜与徐某丽从2013年11月至2015年9月24日双方办理离婚手续其未共同生活。

【案件焦点】

案涉借款是否属于夫妻共同债务。

【法院裁判要旨】

陕西省渭南市蒲城县人民法院经审理认为：根据郭某亢提供的证据及姚某喜的自认，确认了涉案借款的真实性，对于郭某亢要求姚某喜偿还借款本金及利息的主张，应予支持，但月息3%违反了法律规定，应按年利率24%计算。姚某喜与徐某丽虽已办理离婚手续，但借款发生在夫妻关系存续期间。依照《最高人民法院关于适用〈中华人民共和国婚姻法〉若干问题的解释（二）》第二十四条第一款的规定，债权人就婚姻关系存续期间夫妻一方以个人名义所负债务主张权利的，应当按夫妻共同债务处理，且徐某丽在离婚时也分得超出其生活所需的夫妻共同财产，故对郭某亢请求姚某喜、徐某丽归还借款本金及支付利息的诉讼请求，予以支持。姚某喜、徐某丽虽在离婚协议中约定债务处理，但该部分约定系姚某喜、徐某丽对夫妻共同财产的约定，不能对抗郭某亢的债权。徐某丽在承担该部分债务后，可以另行向姚某喜主张其权利。综上所述，依照《中华人民共和国合同法》第二百零六条、《最高人民法院关于审理民间借贷案件适用法律若干问题的规定》第二十六条、《最高人民法院关于适用〈中华人民共和国婚姻法〉若干问题的解释（二）》第二十四条的规定，判决如下：

一、限在本判决生效后五日内，被告姚某喜、徐亚丽共同偿还原告郭某亢借款本金50000元及利息（利息按年利率24%从2015年5月5日起计算至本案执行终结之日止）；

二、驳回原告郭某亢其他诉讼请求。

徐某丽不服一审判决，提起上诉。

陕西省渭南市中级人民法院经审理认为：婚姻关系存续期间配偶一方对外借款并非推定为夫妻共同债务。本案中郭某亢完全有条件让徐某丽在借条上签名，或告知借款事宜，从而防范借款风险的情况下，其未作为，事后也未进行追认。从本案查明的事实及现有的证据来看，可以推定该借款没有用于姚某喜与徐某丽的家庭日常生活。郭某亢称该借款用于歌舞厅的经营及徐某丽、姚某喜共同经营歌舞厅，但并没有提供充足的证据证明。因此，本案借款为夫妻共同债务的证据不足，对郭某亢的此主张不予支持，徐某丽对本案借款不承担共同清偿责任。综上所述，徐某丽的上诉理由部分成立，对其相应上诉请求予以支持；一审适用法律错误，依法予以改判。依照《中华人民共和国民事诉讼法》第一百七十条第一款第二项规定，判决如下：

一、撤销陕西省潼关县人民法院（2017）陕0522民初154号民事判决；

二、姚某喜应于本判决发生法律效力之日起五日内，向郭某亢偿还借款50000元及利息（利息按年利率24%从2015年5月5日起计算至实际履行之日止）；

三、驳回郭某亢的其他诉讼请求。

【法官后语】

2018年1月18日《最高人民法院关于审理涉及夫妻债务纠纷案件适用法律有关问题的解释》颁布实施，为审理涉及婚姻案件中认定夫妻共同债务提供了最新的依据，需要我们认真的理解与实施。

一、夫妻共同债务中举证责任的分配

《最高人民法院关于审理涉及夫妻债务纠纷案件适用法律有关问题的解释》第三条规定："夫妻一方在婚姻关系存续期间以个人名义超出家庭日常生活需要所负的债务，债权人以属于夫妻共同债务为由主张权利的，人民法院不予支持，但债权人能够证明该债务用于夫妻共同生活、共同生产经营或者基于夫妻双方共同意思表示的除外。"这一规定将举债用于夫妻共同生活、共同生产经营或者基于夫妻双方共同意思表示的举证责任分配给债权人。而在2014年7月12日最高人民法院民一庭针对江苏省高院个案《关于婚姻关系存续期间夫妻一方以个人名义所负债务的性质如何认定问题的请示》作出（2014）民一他字第10号《关于婚姻关系存续期间夫妻一方以个人名义所负债务性质如何认定答复》："在债权人以夫妻一方为被告起诉的债务纠纷中，对于案涉债务是否属于夫妻共同债务，应当按照《最高人民法院关于适用〈中华人民共和国婚姻法〉若干问题的解释（二）》第二十四条规定认定。如果举债人的配偶举证证明所借债务并非用于夫妻共同生活，则其不承担偿还责任。"这一答复将举证责任分配给了夫妻的另一方（未具名方）。举证责任分配的变更，直接影响当事人的权益。债权人要主张夫妻共同债务，其举证责任明显加重。这也要求法官在庭审中，应向当事人进行必要的释明。

二、“家庭日常生活需要所负的债务”的理解与认定

《最高人民法院关于审理涉及夫妻债务纠纷案件适用法律有关问题的解释》第二条规定：“夫妻一方在婚姻关系存续期间以个人名义为家庭日常生活需要所负的债务，债权人以属于夫妻共同债务为由主张权利的，人民法院应予支持。”这里“家庭日常生活需要”应当理解为夫妻现实生活基础上的家庭日常生活需要。比如，夫妻双方生活基础生活条件差，没有共有房产，没有稳定的收入，生活负担很重，这种情况下家庭日常生活需要的评定标准应当为生计或改善目前生活水平所需要经济来源。如果家庭条件很好，举债人的配偶方有很稳定且高的收入，家庭长时间一直维持一种高的生活水平，此时家庭日常生活需要的认定就应当以一个较高水平的标准判断。如果仍以维持生计为生活需要标准，可能更多会认定为夫妻共同债务，举债人的配偶方将承担责任，显然是不合理的。所以，法官在具体的案件中，应当对“家庭日常生活需要”进行综合客观的判断和认定。

三、婚姻存续期间夫妻财产约定的效力

根据《中华人民共和国婚姻法》第十九条第三款规定：“夫妻对婚姻关系存续期间所得的财产约定归各自所有的，夫或妻一方对外所负的债务，第三人知道该约定的，以夫或妻一方所有的财产清偿。”这一条是夫妻约定财产制对内以及对外效力的规定，应当理解：只有出借人知道该约定时才对其产生效力，所负债务以个人财产清偿；出借人不知情的情况下，夫妻内部的约定不能对抗出借人。但出借人不知道情况下夫妻财产约定效力的认定，不应只作字面的理解。一方面，从《最高人民法院关于审理涉及夫妻债务纠纷案件适用法律有关问题的解释》的精神上看，更倾向于保护举债人的配偶方，对认定共同债务提出更为严格的标准和举证责任。另一方面，在具体案件的审理中，对出借人不知道情况下夫妻财产约定效力应综合从以下几个方面进行把握和认定：1. 夫妻双方约定婚内财产制的事实、时间；2. 夫妻双方在家中的地位；3. 债权人与夫妻双方的熟悉程度；4. 夫妻日常生活水平情况；5. 是否存在夫妻关系不和谐，如分居；6. 如果是举债用于经营，举债人的配偶方参与经营程度；7. 当事人提交的证据情况等。

从夫妻共同债务相关法律演化，能够感到夫妻共同债务是一个复杂的问题，需

要从个案出发，准确理解和适用最新法律规定，综合进行分析判断，以实现更为公正的裁决。

编写人：陕西省渭南市中级人民法院　亢俊谦　赵静

15

夫妻共同投资应承担共同还款责任

——黄某泽诉郭某、赵某民间借贷案

【案件基本信息】

1. 裁判书字号

江苏省无锡市中级人民法院（2018）苏02民终4105号民事判决书

2. 案由：民间借贷纠纷

3. 当事人

被告（被上诉人）：黄某泽

原告（上诉人）：郭某、赵某

【基本案情】

黄某泽方与郭某方共同投资“参芪扶正抗癌胶囊”项目。2010年1月31日，郭某等签订投资合作协议，该协议载明“一种治疗癌症的药物及其制备方法”已经申请专利（该专利的配方由郭某实际控制），申请人为赵某。当日，神洲公司（系投资“参芪扶正抗癌胶囊”项目的投资公司）相关人员黄某泽、郭某等签订重组方案，郭某新成立一家公司间接持有神洲公司25.056%股权。2010年3月17日，郭某控制的嘉圆丰公司成立，赵某为嘉圆丰公司法定代表人，职务为总经理和执行董事。2010年8月1日，神洲公司相关人员黄某泽、郭某等签订公司重组方案补充协议，约定嘉园丰公司股东主要为郭某及其妻子赵某，其继承郭某已签署的相关协议中所约定的权利义务。即神洲公司重组后，郭某为神洲公司的董事长，该公司的股东有代表黄某泽方的润洲公司以及代表郭某方的嘉圆丰公司等。2014年3月18

日，郭某向黄某泽借款100万元，借款用途为“抗癌胶囊临床试验”，并支付给了临床试验单位。关于“参芪扶正抗癌胶囊”项目临床试验费用的承担人，郭某和黄某泽方均认可“临床试验费用是由除黄某泽父子三人外的郭某及其利益相关方负担”。2016年6月1日。郭某再次因支付专家费为由向黄某泽借款10万元。嗣后，黄某泽要求郭某、赵某归还借款未果，并诉至法院。

【案件焦点】

本案借款赵某是否应承担共同还款责任。

【法院裁判要旨】

江苏省无锡市惠山区人民法院经审理认为：夫妻一方在婚姻关系存续期间以个人名义超出家庭日常生活需要所负的债务，债权人以属于夫妻共同债务为由主张权利的，人民法院不予支持，但债权人能够证明该债务用于夫妻共同生活、共同生产经营或者基于夫妻双方共同意思表示的除外。

本案中，神洲公司系参与“参芪扶正抗癌胶囊”项目的投资公司，郭某任神洲公司董事长，该公司的股东中代表郭某方的嘉圆丰公司由郭某和其妻子赵某任主要职务，并承担相应的权利义务，故上述投资行为赵某是知晓并参与的。因此，郭某、赵某作为投资方嘉圆丰公司的股东为抗癌项目实施临床试验筹集资金所负的110万元借款均系郭某夫妇在夫妻关系存续期间共同投资所负，应由郭某和赵某承担共同还款责任。

江苏省无锡市惠山区人民法院依照《中华人民共和国合同法》第二百零六条、第二百零七条，《中华人民共和国民法总则》第一百九十五条，《最高人民法院关于审理涉及夫妻债务纠纷案件适用法律有关问题的解释》第三条之规定判决：

郭某、赵某应于判决生效后十日内向黄某泽支付借款110万元及逾期利息（以100万元为基数，自2014年9月18日起至实际给付之日止；以10万元为基数，自2016年7月1日起至实际给付之日止，均按中国人民银行贷款基准利率标准计算）。

郭某、赵某不服一审判决，提起上诉。

江苏省无锡市中级人民法院经审理认为：本案中，两笔借款发生在郭某、赵某婚姻关系存续期间，郭某所借款用于对外投资，该对外投资属于夫妻共同对外投资，且该对外投资及借款用于投资事宜赵某应属明知，并且，赵某也享有投资收

益。故郭某、赵某上诉认为赵某不应承担责任，无法律依据，法院不予支持

江苏省无锡市中级人民法院依照《中华人民共和国民事诉讼法》第一百七十条第一款第一项的规定，判决如下：

驳回上诉，维持原判。

【法官后语】

本案涉及夫妻共同债务认定的问题。关于夫妻共同债务如何承担，司法实践已从倾向于保护债权人利益的“夫妻债务推定说”修正为倾向保护不知情的配偶方的“三共同说”即超出家庭日常生活需要所负的债务需用于“夫妻共同生活”“共同生产经营”或者“基于夫妻双方共同意思表示”的，才可以认定为夫妻共同债务。本案即从夫妻共同投资经营，共享投资收益的角度作出了上述判决。

超出家庭日常生活需要所负的债务，若认定为夫妻共同债务，一般应着重把握几个方面：

1. 若非共债共签或事后追认的情况下，共同债务必须为夫妻共同生活或共同生产经营所负债务。该共同生活或共同生产经营事实的认定不能仅凭借条载明的内容，而应结合其他综合证据如双方当事人的身份情况、家庭背景、工作收入情况、交易习惯等综合认定。

2. 配偶是否从债务、获得了利益或拟获得预期利益。夫妻在婚姻关系存续期间所得的财产，归夫妻共同所有，所负的债务应当共同偿还。譬如，夫妻双方共同进行商务投资活动，配偶一方为投资向外借款，只要有获得预期利益的期待，在配偶方对投资行为明知且参与的情况下，也应承担共同偿还责任。

3. 举证责任分配。举证责任分配应遵循债务是否属于家事范围。若债务属于家事代理范围，则由配偶方证明该债务不属于夫妻共同债务。若债务不属于家事代理范围，则由出借人证明该债务符合“三共同”的情形。

编写人：江苏省无锡市惠山区人民法院　徐培卿

16

夫妻共同债务司法裁判审查路径

——芦某亭等诉吴某民间借贷案

【案件基本信息】

1. 裁判书字号

天津市第二中级人民法院（2018）津02民终44号民事判决书

2. 案由：民间借贷纠纷

3. 当事人

原告（被上诉人）：芦某亭、张某、张某祥

被告（上诉人）：吴某

第三人：王乙

【基本案情】

芦某亭、张某祥系夫妻关系，张某系其二人之女。吴某与案外人王乙原系夫妻关系，双方于1996年10月8日登记结婚，于2011年9月14日协议离婚。芦某亭、张某与王乙系朋友关系，2008年8月至2011年8月间，王乙陆续从芦某亭及张某处借款。后经对账，王乙确认借款数额为540万元，因其未能归还上述借款，芦某亭、张某呈诉至天津市河东区人民法院（以下简称河东法院），以（2013）东民初字第1150号民事调解书结案，其中协议确认“被告王乙于2013年6月30日前偿还原告芦某亭、张某5400000元”。因王乙未按期履行给付义务，芦某亭、张某于2013年7月8日申请强制执行，王乙名下价值210万元财产被执行。后芦某亭、张某提出申请，河东法院作出执行裁定追加吴某作为被执行人，同时查封了其名下华悦大厦所属房产。后经本案当事人两次执行异议及复议，天津市第二中级人民法院（以下简称天津二中院）作出（2015）二中执复字第0001号执行裁定书，撤销河东法院执行裁定，认为涉及争议应通过诉讼程序予以确认。

在对涉诉调解书强制执行过程中，执行法官于2014年3月3日对吴某及王乙进行询问："问：本院于上周王乙与芦某亭、张某在本院达成和解，对于房屋予以解封，津南区赤龙街4－2号房屋（玫瑰庄园房屋）予以自行处理，吴某你清楚吗？答：我知道了，就让王乙与芦某亭、张某自行处理这房屋吧，但是我就明确一点，关于我现在居住的河西区紫金山路上苑小区××，现是由我、孩子、父母的共同居住，希望法院不要处理。问：还有什么？答：没有，欠债还钱，天经地义，但是必须保证我居住权及其后的权利。问：有补充吗？答：没有，但是希望卖房后给我一年缓冲期，在此年内我保证每月一万元。"在该笔录落款处签有"同意"字样，王乙、吴某分别在该笔录落款处签字。

另查，王乙因涉嫌合同诈骗罪，于2014年3月4日被贵州省安顺市公安局列为网上追逃人员，至今下落不明。

【案件焦点】

涉案款项是否为夫妻共同债务，吴某是否应当承担还款责任。

【法院裁判要旨】

天津市河东区人民法院经审理认为：虽然芦某亭与张某在之前的诉讼中，除欠条外，未提供相应的银行转账记录，但于本案中其已将该项证据补足，且能作出合理解释，可以认定借贷事实的存在。就针对涉案款项吴某是否应当承担还款责任而言，虽然吴某现已与王乙离婚，但根据《中华人民共和国婚姻法》第四十一条及《最高人民法院关于适用〈中华人民共和国婚姻法〉若干问题的解释（二）》第二十四条之规定，本案王乙与芦某亭、张某的借款关系发生在王乙与吴某婚姻关系存续期间，若吴某认为该借款为王乙个人债务，应举证证明借款或借款用途所产生的经营收益均未用于夫妻共同生活，但庭审中吴某未提交相应证据予以证实，因此应承担举证不能的不利后果，本案所涉借款应按照夫妻共同债务处理。另，王乙于2011年8月4日在出具借条后，于2011年9月14日与吴某办理协议离婚手续，且在明知尚欠芦某亭、张某巨额债务的情形下，将婚姻关系存续期间内购买的家庭优质资产即两套房产协议约定归由吴某所有，而将欠芦某亭、张某的债务由其个人承担。此举明显具有转移财产以逃避共同债务的故意。依据《最高人民法院关于适用〈中华人民共和国婚姻法〉若干问题的解释（二）》第二十五条之规定，即使吴某与王乙离婚时约定债务由王乙偿还，该约定也仅对其二人具有法律效力，并不能以此对抗债权人，吴某对于本案借贷之债仍具有共同偿还的义务。判决吴某对于（2013）东民初字第1150号民事调解书中未履行的欠款330万元及利息与王乙承担共同还款责任。驳回张某祥的诉讼请求。

吴某不服一审判决，提起上诉。

天津市第二中级人民法院经审理认为：关于吴某应否承担还款责任问题，通过在案证据可以认定本案所涉借贷关系发生在吴某与王乙婚姻关系存续期间。在芦某亭、张某对本案涉诉调解书申请强制执行案件中，执行法官2014年3月3日对吴某及王乙进行询问，在该笔录中吴某同意王乙与芦某亭、张某处理玫瑰庄园房屋以偿还芦某亭、张某部分债务，并表示“欠债还钱，天经地义，但是必须保证我居住权及其后的权利”。该笔录载明的事实应视为吴某同意与王乙共同偿还芦某亭、张某本案涉诉调解书中的债务，依据《最高人民法院关于审理涉及夫妻债务纠纷案件适用法律有关问题的解释》第一条之规定，应认定本案涉诉调解书中的债务为吴某与王乙夫妻关系存续期间的共同债务，吴某应当予以偿还。判决：

驳回上诉，维持原判。

【法官后语】

夫妻共同债务认定问题，在司法审判实践的厘定分析中存在着诸多难点。司法审判实践中，应加强对夫妻共同债务认定的司法审查路径思维方式的梳理总结，笔者以夫妻共同债务认定法律规定为基础，综合司法审判实践，认为在审查夫妻债务问题时，应大体分为以下三个审查步骤：

1. 债务是否实际发生，及由夫或妻一方或者双方举证该案件是否为非法债务。当然债务的实际发生是所有涉及夫妻债务划定问题讨论的前提，但在司法审判实践中此问题一般不为审判难点。其中难点往往是审查该债务是否涉及非法债务，若能明确认定为涉及包括赌博、吸毒等违法犯罪的非法债务，应判定不予保护；若能够查证涉案债务涉嫌包括非法集资犯罪在内有经济犯罪嫌疑的，应当按照《最高人民法院关于在审理经济纠纷案件中涉及经济犯罪嫌疑若干问题的规定》第十一条及《最高人民法院关于审理民间借贷案件适用法律若干问题的规定》第五条的规定处理，将有关材料移送公安机关或检察机关。2. 审查夫妻双方举债的合意，此处应审查（1）债权债务凭证中是否有夫妻双方二人签字；（2）是否存在夫或妻一方对债务的事后追认；（3）是否存在夫妻财产约定，债权人是否知晓该约定。举债的合意系对当事人内心真意的考察，此步骤的审查应尤为注重，因为相较于后一步骤而言，该步骤当事人的举证能力相对充足，且就民事审判而言，此步骤为表示行为，对真意的考察较为容易。值得说明的是，在存在双方签字的情况下，因为已经包含了夫妻双方共同对债权债务凭证上举债数额的认定，至于是否超出夫妻日常生活开支等，该控制行为已经不为也不应为债权人控制，因此应认定为夫妻共同债务；在夫或妻一方对债务事后追认的情况下，因为夫或妻一方已经知晓债务的发生情况，此处则亦不应再对夫妻债务是否超出家庭日常生活开支等进行举证式审查。3. 在以上两个步骤之后，应审查举债的原因为何以及钱款的实际用途等（个人名义下的家庭日常生活所需、夫妻共同生活、共同生产经营），该步骤中包含着对夫妻双方家庭生活开支等情况的判断，就当事人举证而言存在相对较大的困难，此时应判断夫或妻举债后如购房等财产状况的变化、收入水平与消费情况以及钱款划转情况等，由于该步骤涉及当事人的个人生活日常及生存利益，且在司法审查中存在着较大困难，宜将当事人本人传唤到庭以作审查。这里应当强调的是，在以上步骤二基本明确的情况下，该步骤作参考性审查即可。

就本案而言，在审查夫妻共同债务时充分遵循了以上审查步骤，从而得出确定结论。本案债务业已经过（2013）东民初字第1150号生效民事调解书确认，且在本案审查中对债权债务是否发生再次进行了核实，确认该债务确实际发生。本案中虽然王乙涉嫌集资诈骗，但公安机关就本案款项并未有立案事实，且吴某亦未对该债务系涉及赌博、吸毒等违法犯罪的非法债务进行充分举证及抗辩，因此第一个步骤审查结束。在第二个步骤的查证中，发现在针对（2013）东民初字第1150号民事调解书的执行阶段已经对作为案外人王乙的原配偶即吴某进行关于债务履行的询问，二审对该询问笔录内容进行充分查证辨识，并结合《最高人民法院关于审理涉及夫妻债务纠纷案件适用法律有关问题的解释》第一条规定认定针对（2013）东民初字第1150号民事调解书中王乙所负债务为系作为妻一方的上诉人吴某事后追认，因此将本案债务认定为夫妻共同债务。本着对当事人利益的保护，二审将吴某本人传唤到庭进行询问，并结合王乙和吴某的收入水平、消费水平以及购房情况等，对以上夫妻债务审查的第三步骤进行了参考性审查，合议庭对本案夫妻债务的判定形成内心确认。

需要指出的是，吴某在一审审结后提起上诉，二审于2018年1月3日立案，适值《最高人民法院关于审理涉及夫妻债务纠纷案件适用法律有关问题的解释》实施，因此在一审判决尚未生效的情况下，上述法律规定适用于本案，因此本案系在充分综合适用涉及夫妻共同债务认定法律规范适用体系的前提下而做出的裁判，充分确保了各方利益。

编写人：天津市第二中级人民法院　郑全超　吴文琦

17

夫妻有共同经营企业，或用双方账户进行借款、还款的，应认定案涉债务为夫妻共同债务

——冯某诉于某刚、朱某彬民间借贷案

【案件基本信息】

1. 裁判书字号

山东省淄博市中级人民法院（2018）鲁03民终1078号民事判决书

2. 案由：民间借贷纠纷

3. 当事人

原告（被上诉人）：冯某

被告（上诉人）：于某刚、朱某彬

【基本案情】

于某刚、朱某彬于2000年登记结婚。2016年5月29日，于某刚出具借条，载明："今借到人民币贰佰伍拾万元正（￥2500000），其中银行转账壹佰肆拾肆万元正（￥1440000），现金壹佰零陆万元正（￥1060000），以上款项本人均已收到。双方约定利息为月息贰分。"款项于2014年5月29日支付给于某刚。2016年5月10日，于某刚出具借条，载明："今借到人民币贰佰万元正（￥2000000），其中银行

转账壹佰捌拾捌万元正（￥1880000），现金壹拾贰万元正（￥120000），以上款项本人均已收到。双方约定利息为月息贰分，2017年6月底前归还全部本息。”款项于2014年6月18日支付给于某刚。2016年5月16日，于某刚出具借条，载明：“今借到人民币贰佰壹拾万元正（￥2100000），其中银行转账壹佰玖拾柒万肆仟元正（￥1974000），现金壹拾贰万陆仟元正（￥126000），以上款项本人均已收到。双方约定利息为月息贰分。”款项于2014年9月1日支付给于某刚。于某刚、朱某彬称上述三份借条形成于2017年8月，并非借条上载明的时间。冯某自认于某刚、朱某彬支付利息至2017年第一季度。冯某主张的所欠利息为2017年5月19日至2017年9月30日，计134天，按月利率2%计算，应为589600元。冯某只主张58.8万元。

于某刚、朱某彬提供一组银行转账凭证，时间自2014年8月22日至2017年9月29日，共计456.5万元，付款人有朱某彬、于某刚及两家公司；收款人除两笔是案外人外，其余均为冯某。于某刚、朱某彬以此证明向冯某还款情况。冯某对证据的真实性没有异议，但不能证明是偿还给冯某涉案款项；认可收到其中2017年9月29日的30万元是利息。

朱某彬提交齐商银行活期存款账户历史明细查询9张，拟证明通过其兴业银行账户向冯某偿还的款项均系于某刚担任法定代表人的淄博和昇矿产品有限公司转入朱某彬齐商银行账户，再由朱某彬齐商银行账户转入兴业银行账户，该款项来源朱某彬之前完全不清楚，朱某彬没有偿还过冯某任何款项，该两张银行卡在朱某彬领取一审开庭传票之前均由于某刚掌握。朱某彬提供的淄博和昇矿产品有限公司工商查询信息显示该公司的法定代表人为于某刚；朱某彬系该公司的股东及监事。

【案件焦点】

涉案借款是否属于夫妻共同债务。

【法院裁判要旨】

山东省淄博市张店区人民法院经审理认为：借款发生在于某刚、朱某彬婚姻存续期间，且从于某刚、朱某彬提供的还款证据看，朱某彬参与了涉案借款的偿还，故朱某彬应当与于某刚共同承担还款责任。依照《中华人民共和国民法通则》第一百零八条，《最高人民法院关于审理民间借贷案件适用法律若干问题的规定》第二条第二款、第二十六条，《最高人民法院关于适用〈中华人民共和国婚姻法〉若干问题的解释（二）》第二十四条的规定，判决如下：

一、被告于某刚、朱某彬于本判决生效之日起十日内偿还原告冯某借款本金660万元；

二、被告于某刚、朱某彬于本判决生效之日起十日内支付原告冯某利息28.8万元及自2017年10月1日至实际给付之日按月利率2%计算的利息；

三、驳回原告冯某的其他诉讼请求。

朱某彬、于某刚不服一审判决，提起上诉。

山东省淄博市中级人民法院经审理认为：于某刚主张涉案借款其均用于投资淄博和昇矿产品有限公司，而朱某彬提供的淄博和昇矿产品有限公司工商查询信息显示，朱某彬系该公司的股东及监事。且朱某彬提供的银行活期存款账户历史明细亦证实淄博和昇矿产品有限公司多次向其账户转款，朱某彬亦通过其账户向冯某还款。上述事实足以证实涉案借款于某刚及朱某彬系用于共同生产经营，且系双方共同意思的表示。故原审认定于某刚与朱某彬对涉案借款承担共同还款责任，并无不当。依照《中华人民共和国民事诉讼法》第一百七十条第一款第一项、第一百七十五条规定，判决如下：

驳回上诉，维持原判。

【法官后语】

本案涉及的主要问题在于，在民间借贷纠纷中，如何认定涉案债务是否系夫妻共同债务。

夫妻共同债务是在婚姻关系存续期间，夫妻双方或其中一方基于夫妻家庭共同生活的需要，以及对共有财产的管理、使用、收益和处分而产生的债务。既包括生活性债务，如抚养子女、赡养老人、医疗治病、购置房屋等引起的债务；也包括经营性债务，如夫妻一方或双方处于共同生活的目的，从事经营活动所负的债务。

如何认定第三人主张的债务是否为夫妻共同债务，一直是司法实践中的难点。最高人民法院2018年1月8日通过的《最高人民法院关于审理涉及夫妻债务纠纷案件适用法律有关问题的解释》第一条规定，夫妻双方共同签字或者夫妻一方事后追认等共同意思表示所负的债务，应当认定为夫妻共同债务。夫妻一方在婚姻关系存续期间以个人名义为家庭日常生活需要所负的债务，债权人以属于夫妻共同债务为由主张权利的，人民法院应予支持。夫妻一方在婚姻关系存续期间以个人名义超出家庭日常生活需要所负的债务，债权人以属于夫妻共同债务为由主张权利的，人民法院不予支持，但债权人能够证明该债务用于夫妻共同生活、共同生产经营或基于夫妻双方共同意思表示的除外。《最高人民法院关于适用〈中华人民共和国婚姻法〉若干问题的解释（二）》中规定，夫妻一方与第三人串通，虚构债务，第三人主张权利的，人民法院不予支持。夫妻一方在从事赌博、吸毒等违法犯罪活动中所负债务，第三人主张权利的，人民法院不予支持。

由此，婚姻关系存续期间，夫妻一方借款用于生产经营，而另一方亦为该经营企业股东，或参与企业经营的；或夫妻一方借款，而用另一方账户进行转账、还款或借款的，应视为该债务用于夫妻共同生产经营或基于夫妻双方共同意思表示。夫妻一方主张其仅为挂名股东，或账户由另一方掌管、使用，其并不知情的，不应予以支持。本案中，于某刚主张涉案借款其均用于投资其公司经营，而朱某彬则是该公司的股东及监事。且朱某彬提供的银行账户明细亦证实该公司多次向其账户转款，朱某彬亦通过其账户向冯某还款。因此，涉案借款于某刚及朱某彬系用于共同生产经营，且系双方共同意思的表示。原审认定涉案借款是于某刚与朱某彬的共同债务并无不当，二审法院予以维持。

编写人：山东省淄博市中级人民法院　陈燕萍

18

夫妻一方未在借款合同上签字的夫妻共同债务认定

——魏某敏诉孙某全等民间借贷案

【案件基本信息】

1. 裁判文书字号

云南省楚雄彝族自治州中级人民法院（2018）云23民终852号民事判决书

2. 案由：民间借贷纠纷

3. 当事人

原告（上诉人）：魏某敏

被告（被上诉人）：孙某全、毛某莲、和某荣

【基本案情】

魏某敏与孙某全、毛某莲、和某荣系朋友关系，毛某莲系孙某全的妻子。2015年9月20日，魏某敏（出借人，乙方）与孙某全（借款人，甲方）、和某荣（担保人，丙方）签订借款合同，约定孙某全向魏某敏借款1500000元，借款期限为1个月，自2015年9月21日起至2015年10月20日，月利率为银行同期最高利率的4倍计算。若不按期归还借款，逾期部分月利率按银行同期最高利率的10倍计算利息。在合同中约定和某荣为连带责任保证，保证责任的保证期间自本合同生效之日起，直至甲方在本合同所有债务全部清偿完毕止，保证担保的范围包括因违约方发生的律师费，合同自签订之日起生效，魏某敏、孙某全均在合同上签名捺印。2015年9月21日，魏某敏通过建设银行将1500000元转账给孙某全，后孙某全于2015年12月29日偿还魏某敏500000元、2016年5月4日偿还魏某敏100000元，之后就再未偿还借款，故魏某敏诉至法院。

【案件焦点】

1. 孙某全已经归还的借款600000元应先扣除利息还是应当视为归还的借款本金；2. 本案借款是否应当认定为夫妻共同债务由毛某莲与孙某全承担共同还款责任；3. 和某荣在本案中应否承担担保责任。

【法院裁判要旨】

云南省楚雄彝族自治州牟定县人民法院经审理认为：魏某敏与孙某全签订的借款合同合法有效，孙某全应当按照合同约定的期限返还借款，由于孙某全未按期返还借款，故对魏某敏要求孙某全返还借款的主张予以支持。魏某敏、孙某全对借款期间的利率和逾期利率均作了约定，但对逾期利率的约定不符合法律规定，魏某敏在本案诉讼请求中主张的利率不违反法律规定，予以确认。对于孙某全已经返还的600000元，应该视为偿还本金，而不应先计算利息扣除后再计算本金。故认定孙某

全应返还魏某敏借款本金为 900000 元、支付借期内利息 21750 元、支付逾期利息 437156 元。毛某莲没有在借款合同上签名，孙某全在和毛某莲婚姻关系存续期间，以孙某全的名义向魏某敏借款 1500000 元，该债务明显超过家庭日常生活所需，而魏某敏又没有提供证据证明该债务用于夫妻共同生活、共同生产经营或基于双方意思表示，因此毛某莲不应承担该借款的还款责任。魏某敏与孙某全签订的借款合同中约定和某荣为连带责任保证，保证责任的保证期间自本合同生效之日起，直至甲方在本合同所有债务全部清偿完毕止，因此和某荣的保证期间为该借款履行期限届满之日起二年，即从 2015 年 10 月 21 日至 2017 年 10 月 21 日。在该保证期间内，魏某敏未要求和某荣承担保证责任，故和某荣免除保证责任。

云南省楚雄彝族自治州牟定县人民法院依照《中华人民共和国合同法》第一百九十六条、第二百零五条、第二百零六条，《最高人民法院关于审理涉及夫妻债务纠纷案件适用法律有关问题的解释》第三条，《中华人民共和国担保法》第二十六条第二款，《最高人民法院关于适用中华人民共和国担保法若干问题的解释》第三十一条、第三十二条第二款，《最高人民法院关于审理民间借贷案件适用法律若干问题的规定》第二十六条第一款、第二十九条第一款，《中华人民共和国民事诉讼法》第一百四十四条之规定，作出如下判决：

一、由孙某全偿还魏某敏借款本金 900000 元，并支付计算至 2018 年 4 月 4 日的利息 458906 元，款限判决书生效后十日内交云南省牟定县人民法院；

二、驳回魏某敏对毛某莲、和某荣的诉讼请求；

三、驳回魏某敏的其他诉讼请求。

魏某敏不服一审判决，提起上诉。

云南省楚雄彝族自治州中级人民法院经审理认为：《最高人民法院关于适用〈中华人民共和国合同法〉若干问题的解释（二）》第二十一条规定："债务人除主债务外还应当支付利息和费用，当其给付不足以清偿全部债务并且当事人没有约定时，人民法院应当按照下列顺序抵充：（一）实现债权的有关费用；（二）利息；（三）主债务。"因此，孙某全归还的 600000 元款项，应先扣除其应支付的借款利息，剩余部分再抵扣本金。故本案中孙某全还应归还魏某敏借款本金 1036528 元，并支付 2016 年 5 月 5 日至 2018 年 4 月 4 日的利息 377469 元。本案借款发生在孙某全与毛某莲夫妻关系存续期间，本案二审魏某敏提交的 2018 年 3 月 17 日其与毛某莲的通话录音，能够证明毛某莲对其丈夫孙某全向魏某敏借款事宜知情并愿意承担共同还款责任，毛某莲对该证据亦无异议，故依法认定毛某莲应与孙某全承担共同还款责任。保证期间为两年除斥期间，本案保证期间自主债务履行期届满之日起算，即自2015年10月21日起计算至2017年10月20日。魏某敏一审提交2018年2月2日、2018年3月11日两份其与和某荣的通话录音，即便这两份录音里魏某敏已要求和某荣承担保证责任，但和某荣的保证期间已届满，和某荣的保证责任已免除，结合本案现有证据，亦不能确认魏某敏在保证期间要求和某荣承担过保证责任，和某荣在本案中不应再承担担保责任。综上，一审认定事实清楚，但适用法律不当，应予以纠正。

云南省楚雄彝族自治州中级人民法院依照《中华人民共和国民事诉讼法》第一百四十四条、第一百七十条第一款第二项之规定，判决如下：

一、撤销云南省牟定县人民法院（2018）云2323民初349号民事判决；

二、由孙某全、毛某莲于本判决生效后十日内共同归还魏某敏借款本金1036528元，并支付2016年5月5日至2018年4月4日的利息377469元；

三、驳回魏某敏的其他诉讼请求。

【法官后语】

本案是具体适用2018年1月18日起施行的《最高人民法院关于审理涉及夫妻债务纠纷案件适用法律有关问题的解释》认定民间借贷纠纷中的债务是否属于夫妻共同债务的案例。一审、二审法院理解适用存在分歧，对于该案的分析，能够为准确适用《最高人民法院关于审理涉及夫妻债务纠纷案件适用法律有关问题的解释》认定夫妻共同债务提供样本。

近年来随着经济社会的高速发展，城乡居民的家庭经济收入、家庭财产构成、家庭成员的投资理念等较之此前绝对共同共有的情形有了很大改变。同时，民间资本的快速流通，导致民间借贷纠纷案件数量日渐增多、借款类型趋于复杂化，民间债务回收风险加剧，甚至出现了夫妻为规避共同债务假离婚，或是夫或妻一方与他人串通制造夫妻共同债务损害另一方利益的情形，法院审理涉及夫妻共同债务认定的案件难度也随之加大。《最高人民法院关于审理涉及夫妻债务纠纷案件适用法律有关问题的解释》的出台进一步细化和完善了夫妻共同债务认定的标准和举证证明责任的分配。

总结实务中的经验，笔者认为，适用《最高人民法院关于审理涉及夫妻债务纠纷案件适用法律有关问题的解释》认定夫妻共同债务，可分为三个步骤：

第一步，落实“共债共签”基本原则，即认定债务是否属于夫妻基于共同意思表示所负的债务，原则上看借款凭证上是否有双方签字，例外情形是要注意未签字一方事后追认的情形。追认的形式可以有多种，如书面确认、电话、短信、微信、邮件确认等皆可认定为对共同举债意思表示的追认。债权凭证或另一方事后追认的证据能够证实共同举债的意思表示的，认定为夫妻共同债务。

第二步，若在案证据无法证实共同举债，则进行“家庭日常生活所需”因素的认定。即指虽是以夫妻一方名义负债，但确系通常情况下必要的家庭日常消费，如家庭日常消费、日用品购买、子女抚养教育、老人赡养等正常生活必要开支，此类债务认定为夫妻共同债务。

第三步“超出家庭日常生活所需”因素的认定。即当夫妻一方以个人名义负债，尤其是数额较大的债务，超出了家庭日常生活所需的范畴时，原则上不再直接推定为夫妻共同债务。但存在例外情形，即当夫妻一方以个人名义负债，债务超出家庭日常生活所需时，债权人能够举证证明债务用于夫妻共同生活或者共同生产经营，或者债务的负担系基于夫妻双方共同的意思表示的，认定为夫妻共同债务；反之，若债权人不能举证证明则不认定为夫妻共同债务。尤其要注意，仅在该情形中才存在将证明夫妻共同债务的举证责任分配至债权人一方。

以上三个步骤应按先后顺序进行，本案中，一审法院越过了第一个步骤，忽视了“事后追认”因素，直接进行第二、三个步骤的推断，故而认定债务不属于夫妻共同债务，属于适用法律错误。二审法院通过对债权人提交的“未在借款合同上签字的妻一方事后追认的证据”进行认证，遵循“共债共签”原则，认定夫妻共同债务，有效避免债权人因事后无法举证证明债务属于夫妻共同债务而遭受不必要的损失。人民法院应正确适用《最高人民法院关于审理涉及夫妻债务纠纷案件适用法律有关问题的解释》认定夫妻共同债务，以维护交易安全，同时引导民事商事主体主动规范交易行为，加强风险防范。

编写人：云南省楚雄彝族自治州中级人民法院　李佳岭

19

夫妻之间的资金在保管和使用方面高度混同的，夫妻一方对外所负债务应认定为夫妻共同债务

——叶某永诉肖某卿、朱某艳民间借贷案

【案件基本信息】

1. 裁判书字号

福建省泉州市中级人民法院（2018）闽05民终6964号民事判决书

2. 案由：民间借贷纠纷

3. 当事人

原告（被上诉人）：叶某永

被告（上诉人）：肖某卿、朱某艳

【基本案情】

2013年5月9日，肖某卿向叶某永借款20万元，双方约定借款利息按月利率3%计算，借款期限自2013年5月9日至2015年5月9日，后双方协商一致将借款期限延至2016年12月，叶某永在扣除首月利息后将借款19.4万元通过银行转账给肖某卿，由肖某卿出具借条一份交给叶某永收执；2013年6月15日，肖某卿向叶某永借款10万元，双方约定借款利息按月利率3%计算，借款期限自2013年6月15日至2015年6月15日，后双方协商一致借款期限延至2016年12月，叶某永在扣除首月利息后将借款9.7万元通过银行转账给肖某卿，由肖某卿出具借条一份交给叶某永收执；2014年5月30日，肖某卿向叶某永借款5万元，双方约定借款利息按月利率3%计算，借款期限自2014年5月30日至2014年6月30日，后双方协商一致借款期限延至2016年12月，叶某永在扣除首月利息后将借款4.85万元通过银行转账给肖某卿，由肖某卿出具借条一份交给叶某永收执；2016年5月17日，

肖某卿再次向叶某永借款现金6.77万元，双方没有约定借款期限及利息，但约定，若逾期还款，每逾期一日，按逾期借款金额的0.1%支付违约金，并由肖某卿出具借条一份交给叶某永收执。以上四张借条均载明：若因本借款产生纠纷的，由出借人住所地人民法院管辖，届时实现本债权的费用（包含但不限于诉讼费、保全费、律师费）等均由借款人承担。借款后，肖某卿支付了前三笔借款自借款之日起至2016年1月16日止的利息。借款期限届满后，肖某卿至今未能还清上述款项。叶某永于2017年5月3日向法院提起诉讼。叶某永因本案支付律师费7500元。

另查明，肖某卿与朱某艳于2000年1月18日登记结婚。自2013年5月（即本案首笔借款发生时）起，肖某卿陆续转入朱某艳账户共计80多万元的款项。

【案件焦点】

1. 借款金额如何认定；2. 67700元是否有约定利息；3. 诉争债务是否属肖某卿夫妻共同债务。

【法院裁判要旨】

福建省泉州市安溪县人民法院经审理认为：叶某永与肖某卿之间的借贷关系合法有效，应受法律保护。经叶某永多次催讨，肖某卿作为借款方，至今未能全部履行还款义务，系违约行为，依法应承担偿还借款及利息的民事责任。现叶某永请求肖某卿偿还借款本金及利息，不违反法律规定，予以支持。叶某永在履行交付借款义务时，预先在本金中扣除首月利息，依法认定实际借款本金为40.72万元。其中前三笔借款合计33.95万元约定的利率部分超出法律保护，超出部分不予保护，但叶某永请求肖某卿按月利率2%计算利息，不违反法律规定，予以支持。因肖某卿已支付前三笔借款自借款之日起至2016年1月16日止的利息，故前三笔借款之利息均应自2016年1月17日起开始计算。2016年5月17日的借款6.77万元双方没有约定借款期限及利息，但约定，若逾期还款，每逾期一日，按逾期借款金额的0.1%支付违约金，根据《最高人民法院关于审理民间借贷案件适用法律若干问题的规定》第三十条的规定，出借人与借款人既约定了逾期利率，又约定了违约金或者其他费用，出借人可以选择主张逾期利息、违约金或者其他费用，也可以一并主张，但总计超过年利率24%的部分，人民法院不予支持。本案叶某永请求自起诉之日（即2017年5月3日）起按月利率2%计算利息，不违反法律规定，依法予以支持，故该借款6.77万元的利息应自起诉之日（即2017年5月3日）起按年利率24%计算。借款时双方约定若发生纠纷，实现债权的费用由借款人负担，不违反法律规定，叶某永请求肖某卿支付律师费7500元，不违反法律规定，予以支持。肖某卿所欠的上述债务系其与朱某艳夫妻关系存续期间所负债务，应当按夫妻共同债务处理，叶某永请求朱某艳承担共同还款责任，不违反法律规定，依法予以支持。

福建省泉州市安溪县人民法院依照《中华人民共和国合同法》第二百零六条、第二百零七条，《最高人民法院关于适用〈中华人民共和国婚姻法〉若干问题的解释（二）》第二十四条，《最高人民法院关于审理民间借贷案件适用法律若干问题的规定》第二十六条、第二十七条、第三十条及《中华人民共和国民事诉讼法》第一百四十四条规定，作出如下判决：

一、肖某卿、朱某艳应于本判决生效之日起十日内偿还叶某永借款40.72万元及利息（其中借款33.95万元的利息自2016年1月17日起按年利率24%、借款6.77万元的利息自2017年5月3日起按年利率24%，均计算至本判决确定的履行期限届满之日止）；

二、肖某卿、朱某艳应于本判决生效之日起十日内支付叶某永律师费7500元；

三、驳回叶某永的其他诉讼请求。

肖某卿、朱某艳不服一审判决，提起上诉。

福建省泉州市中级人民法院经审理认为：关于借款金额如何认定的问题，争议在于6.77万元的借条是借款还是尚欠利息结算而来的，肖某卿主张系利息结欠所得，但又承认现已记不得是如何计算出来的；二审法院要求其将6.77万元是如何形成的，在开庭后三天内提供书面说明，但肖某卿至今未能提供，应承担举证不能的法律后果。肖某卿作为完全民事行为能力人，自愿出具借条交债权人收执，且所使用的借条格式与无争议的前三笔借款所使用的借条完全一致，故认定该6.77万元应已实际借到。但6.77万元这笔借款所体现的借条既未约定借款期限，也未约定借款利率，因此，即使约定了逾期违约金的计算方式，也因未约定借款期限而不能确定是否逾期及逾期的起算时间，因此，叶某永关于该笔借款的利息请求，不应予以支持。二审审理期间，双方均围绕诉争债务是否为夫妻共同债务提供了新证据，朱某艳虽然提供了其有稳定的工作收入来源证明，但根据叶某永提供的肖某卿名下的农业银行卡及建设银行卡的交易明细，可证实自2013年5月（即本案首笔借款发生时）起，肖某卿陆续转入朱某艳账户共计80多万元的款项，足以说明肖某卿与朱某艳夫妻之间的资金在保管和使用方面已高度混同，因此，本案肖某卿的对外债务应认定是夫妻共同债务。至于一审的律师费用7500元，是为实现债权而支出的合理费用，该款项的性质与借款付出的成本不同，不受最高不能超过年利率24%的限制。肖某卿、朱某艳关于6.77万元未约定利息的上诉主张成立，予以支持；其他上诉主张，因缺乏事实和法律依据，不予支持。由于双方当事人对于6.77万元的借款并未约定逾期利率，而是仅约定了违约金的计算方式，原审法院对此适用法律有误，依法予以改判。

泉州市中级人民法院依照《中华人民共和国民事诉讼法》第一百七十条第一款第一项、第二项规定，作出如下判决：

一、维持福建省安溪县人民法院（2017）闽0524民初2195号民事判决第二项；

二、撤销福建省安溪县人民法院（2017）闽0524民初2195号民事判决第一项、第三项；

三、肖某卿、朱某艳应于本判决生效之日起十日内偿还叶某永借款33.95万元及利息（利息自2016年1月17日起按年利率24%，计算至判决确定的还款之日止）；

四、肖某卿、朱某艳应于本判决生效之日起十日内偿还叶某永借款6.77万元，并自2017年5月3日起按年利率6%，计付利息至判决确定的还款之日止；

五、驳回叶某永一审的其他诉讼请求。

【法官后语】

本案的难点是，肖某卿向叶某永所借的款项是否属于肖某卿、朱某艳夫妻共同债务。造成这一审案难点，缘于2018年1月18日起施行的《最高人民法院关于审理涉及夫妻债务纠纷案件适用法律有关问题的解释》第三条“夫妻一方在婚姻关系存续期间以个人名义超出家庭日常生活需要所负的债务，债权人以属于夫妻共同债务为由主张权利的，人民法院不予支持，但债权人能够证明该债务用于夫妻共同生活、共同生产经营或者基于夫妻双方共同意思表示的除外”的规定。本案在《最高人民法院关于审理涉及夫妻债务纠纷案件适用法律有关问题的解释》公布施行前作出一审判决，一审法院适用《最高人民法院关于适用〈中华人民共和国婚姻法〉

若干问题的解释（二）》第二十四条；二审期间，《最高人民法院关于审理涉及夫妻债务纠纷案件适用法律有关问题的解释》已正式施行，这无疑给二审法院正确理解和适用法律带来审案的难度。

夫妻共同债务认定是一个异常复杂的法律问题。现实生活中，夫妻双方串通“坑”债权人，或者夫妻一方与债权人串通“坑”另一方等典型案例时有发生。夫妻共同债务的认定，不仅与夫妻双方的财产权利息息相关，也影响债权人利益和交易安全，因此历来受到最高人民法院的高度重视。2003年，最高人民法院起草制定《最高人民法院关于适用〈中华人民共和国婚姻法〉若干问题的解释（二）》时，实践中反映较多的是一些夫妻“假离婚、真逃债”的问题。最高人民法院在对债权人利益和夫妻另一方利益衡量后，结合当时的经济社会生活和审判实践情况，根据婚姻法规定的原则和精神，通过该解释第二十四条，确定了夫妻共同债务认定的裁量标准。随后的司法实践表明，这条规定有效遏制了当时存在的一些夫妻恶意逃债损害债权人利益的现象，较好地维护了市场交易安全。十多年来特别是近年来，各级人民法院以及妇联等组织经常接到反映或者投诉，出现夫妻一方与债权人恶意串通损害夫妻另一方权益，适用《最高人民法院关于适用〈中华人民共和国婚姻法〉若干问题的解释（二）》第二十四条判令未举债一方配偶共同承担虚假债务、非法债务等极端案例。为及时有效解决这一问题，最高人民法院在2017年2月28日出台了《最高人民法院关于适用〈中华人民共和国婚姻法〉若干问题的解释（二）》的补充规定和《关于依法妥善审理涉及夫妻债务案件有关问题的通知》，对虚假债务、非法债务予以否定性评价，在司法实践中起到了积极作用。近年来因民间借贷案件高发，有关夫妻债务的认定出现了一系列新情况、新问题。因配偶一方超出家庭日常生活需要大额举债，“被负债一方”在毫不知情的情况下背上沉重债务的问题日益凸显，人民群众强烈呼吁进一步规范和明确夫妻共同债务认定标准，在此背景下，最高人民法院制定出台了上述《最高人民法院关于审理涉及夫妻债务纠纷案件适用法律有关问题的解释》。

本案中，关于肖某卿对外所负的债务是否属于夫妻共同债务问题。若机械片面理解《最高人民法院关于审理涉及夫妻债务纠纷案件适用法律有关问题的解释》第三条，可能得出这样的结论：1. 肖某卿对外所负的债务数十万元已明显超出家庭日常生活需要，不应认定为夫妻共同债务；2. 债权人在二审中提供的证据即肖某卿名下的农业银行卡及建设银行卡的交易明细，尚不能充分证明该债务用于夫妻共同生活、共同生产经营或者基于夫妻双方共同意思表示，不应认定为夫妻共同债务。如何有效解决当前争议较大的债权人权益保护和未举债夫妻一方权益保护的两难问题，就是既不能让夫妻一方承担不应该承担的债务，也不能让本该承担债务的夫妻一方逃避责任。对此，二审法院认定，朱某艳虽然提供了其有稳定的工作收入来源证明，但根据叶某永提供的肖某卿名下的农业银行卡及建设银行卡的交易明细，可证实自2013年5月（即本案首笔借款发生时）起，肖某卿陆续转入朱某艳账户共计80多万元的款项，足以说明肖某卿与朱某艳夫妻之间的资金在保管和使用方面已高度混同。二审法院据此作出本案肖某卿的对外债务应认定是夫妻共同债务的结论和判决。该判决以“本案首笔借款发生时起……肖某卿与朱某艳夫妻之间的资金在保管和使用方面已高度混同”这一事实，得出“本案肖某卿的对外债务应认定是夫妻共同债务”的结论，虽缺乏完全对号入座的法律条文，但符合《最高人民法院关于审理涉及夫妻债务纠纷案件适用法律有关问题的解释》第三条的立法原意，在当前“被负债”呼声一片的浪潮中，二审判决突出规则意识、诚实信用、公平正义的立法意图，依法认定本案肖某卿的对外债务为夫妻共同债务。

编写人：福建省泉州市安溪县人民法院　黄田中

20

超出夫妻家庭日常生活需要的债务，不应认定为夫妻共同债务

——卢某明诉乔某等民间借贷案

【案件基本信息】

1. 裁判书字号

广西壮族自治区南宁市中级人民法院（2018）桂01民终字7577号民事判决书

2. 案由：民间借贷纠纷

3. 当事人

原告（上诉人）：卢某明

被告（被上诉人）：黎某

被告：乔某、李某

【基本案情】

2014年10月15日，乔某向卢某明出具《收条》一张，载明收到卢某明出借款人民币叁拾贰万元整（￥320000元），其中银行转账人民币￥300800元，现金借款￥19200元。乔某在借款人处签名，李某在担保人处签名。次日，案外人周某辉代卢某明将300800元借款转账至乔某的银行账户。此外，卢某明与乔某等还签订《借条》一份，约定乔某向卢某明借款320000元，借期从2014年10月15日至2014年12月15日，如乔某未按约还款，则每日须按借款总额的5‰向卢某明支付违约金，并一次性支付补偿金20000元，并从逾期之日起按银行贷款利率的4倍支付利息至还清之日止。黎某在借款人配偶处签名。李某则在担保人处签名。2014年12月至2015年11月，乔某累计向卢某明还款72200元后未再还款，卢某明遂诉至法院。

【案件焦点】

1. 本案债务是否属于夫妻共同债务；2. 李某是否承担担保责任。

【法院裁判要旨】

广西壮族自治区南宁市青秀区人民法院经审理认为：第一，关于尚欠本金和违约金。卢某明提交的《借条》《收条》《银行转账凭证》等证据原件，能够形成证据链证实其主张，乔某逾期未还款，应依法清偿本息。双方在《借条》中载明的借款金额虽为32万元，但卢某明仅实际向乔某转账了300800元，卢某明主张其余19200元通过现金方式交付，但未能举证证明，不予采信，并认定本案的借款本金为300800元。乔某已还本金9600元，尚余本金291200元。乔某的其他还款应用于抵充违约金，双方约定的逾期利率为5‰/日，已超过年利率24%的标准，对于超过部分不予支持。截至2015年11月27日的违约金为3841.46元，此后的违约金以 291200 元本金为基数，按年利率 24% 计至本金清偿之日。第二，关于本案债务是否属于黎某与乔某的夫妻共同债务。卢某明虽主张本案债务发生于乔某、黎某夫妻关系存续期间，黎某应对本案债务承担共同偿还责任，但并未提交证据予以证明，故对其该项主张，不予支持。第三，关于李某是否应当承担保证责任。卢某明与李某在借条中约定，债务人不能履行债务时，由李某对借款本金产生的利息承担保证责任，故李某应为一般保证的保证人，且双方未约定保证期间，故保证期间应为主债务履行期限届满之日起六个月，本案主债务于 2014 年 12 月 15 日届满，因卢某明于 2016 年 11 月 24 日起诉，已超过保证期间，故李某的保证责任免除。判决：

一、乔某向卢某明偿还借款本金 291200 元；

二、乔某向卢某明支付逾期还款违约金（计算方式：截至 2015 年 11 月 27 日的违约金为 3841.46 元，此后的违约金以 291200 元本金为基数，自 2015 年 11 月 28 日起至乔某实际还清借款之日止，按年利率 24% 计付）；

三、驳回卢某明的其他诉讼请求；

四、驳回卢某明对黎某、李某的诉讼请求。

卢某明不服一审判决，提起上诉。

广西壮族自治区南宁市中级人民法院认为：乔某向卢某明借款 30 万元，借期仅为两个月，从借款的数额和期限，结合广西统计局发布的广西城镇居民人均消费数据来看，该笔款项已明显超出夫妻家庭日常生活需要。卢某明在一审庭审中亦陈述乔某告知其借款将用于农产品生意投资，而非夫妻家庭日常生活需要。根据《最高人民法院关于审理涉及夫妻债务纠纷案件适用法律有关问题的解释》第三条规定，夫妻一方在婚姻关系存续期间以个人名义超出家庭日常生活需要所负的债务，债权人以属于夫妻共同债务为由主张权利的，人民法院不予支持，除非债权人能够证明该债务用于夫妻共同生活、共同生产经营或者基于夫妻双方共同意思表示。现因卢某明没有证据证实本案借款债务用于夫妻共同生活、共同生产经营，同时本案借款亦是乔某以其个人名义所借，因此对卢某明主张本案借款为夫妻共同债务，要求黎某承担共同清偿责任，法院不予支持。依照《中华人民共和国民事诉讼法》第一百七十条第一款第一项的规定，判决如下：

驳回上诉，维持原判。

【法官后语】

本案二审只有一个争议焦点，即乔某的借款是否应认定为夫妻共同债务。《最高人民法院关于审理涉及夫妻债务纠纷案件适用法律有关问题的解释》第二条规定："夫妻一方在婚姻关系存续期间以个人名义为家庭日常生活需要所负的债务，债权人以属于夫妻共同债务为由主张权利的，人民法院应予支持。"如何界定家庭日常生活需要，最高人民法院民一庭编写的《〈关于审理涉及夫妻债务纠纷案件适用法律有关问题的解释〉的理解与适用》一文中，司法解释的起草者、最高法院的法官们参考了国家统计局有关统计资料，将其界定为八种类的家庭消费，而且特别强调指出，这些消费立足点在于"必要"。因此像休闲娱乐、奢侈品消费等是不应包括在家庭必要消费中的。国家统计局包括下属各地分支机构，每年都会向社会公布上一年度本地区居民人均消费支出的统计数据，既然司法解释的起草者都参考国家统计局的资料，那么，直接将统计局公布的该数据作为裁判尺度，我们认为是完全可行的。本案中，经查阅广西壮族自治区统计局发布的《2017年广西国民经济和社会发展统计公报》，2017年广西城镇居民人均消费支出为18349元，一个家庭（以5口人计）年均消费支出应不超过10万元。而本案债务数额30万元，借期只有两个月，这显然远远超出一个家庭的日常生活需要。而且卢某明出借款项时，亦清楚知晓借款人乔某将借款用于农产品生意投资，而非其夫妻家庭日常生活需要。因此，根据《最高人民法院关于审理涉及夫妻债务纠纷案件适用法律有关问题的解释》第三条规定，夫妻一方在婚姻关系存续期间以个人名义超出家庭日常生活需要所负的债务，债权人以属于夫妻共同债务为由主张权利的，人民法院不予支持。故本案借款不应认定为夫妻共同债务，对上诉人的上诉请求予以驳回。

编写人：广西壮族自治区南宁市中级人民法院　李帮

21

父母出资为子女购买大宗财产时对该出资的认定

——黄某平、廖某华诉廖某文、彭某眉民间借贷案

【案件基本信息】

1. 裁判书字号

广东省珠海市中级人民法院（2018）粤04民终2075号民事判决书

2. 案由：民间借贷纠纷

3. 当事人

原告（上诉人）：黄某平、廖某华

被告（被上诉人）：廖某文、彭某眉

【基本案情】

廖某文与彭某眉于2009年3月12日登记结婚。黄某平与廖某华系夫妻关系，廖某文系黄某平、廖某华的儿子。廖某文、彭某眉婚姻关系存续期间，黄某平、廖某华多次通过银行转账的方式向廖某文、彭某眉转账汇款，2017年3月20日，廖某文与黄某平、廖某华签订《借款对账单》一份，确认从2013年3月起至2015年9月，廖某文因购买其本人和彭某眉名下的房屋、车位和汽车，向父母廖某华、黄某平借款共计2059078元。廖某文于2017年10月31日向法院提起离婚诉讼，2018年1月16日，法院判决不准廖某文与彭某眉离婚。

【案件焦点】

1. 黄某平、廖某华为廖某文、彭某眉购买房屋和车辆及生活等所支付的2059078元是赠与款还是借贷款；2. 若上述为借贷款，是否属于廖某文、彭某眉的夫妻共同债务。

【法院裁判要旨】

广东省珠海市香洲区人民法院经审理认为：首先，黄某平、廖某华提交的转账汇款凭证虽然能证明相关款项划付给了廖某文和彭某眉，但缺乏与汇款凭证相对应的原始借条，故不足以证明涉案款项支付时双方存在借贷合意。其次，黄某平、廖某华提交的《借款对账单》形成于 2017 年 3 月 20 日，而黄某平、廖某华主张的款项发生于 2013 年 3 月至 2015 年 9 月期间，在两年多的时间内，黄某平、廖某华从未向廖某文、彭某眉主张过涉案款项的借贷权益，而该份事后出具的《借款对账单》上仅有廖某文的签名，并没有彭某眉的签名，因此该份《借款对账单》不能证明双方存在借贷合意。最后，由于廖某文系黄某平、廖某华的儿子，存在特殊身份关系，黄某平、廖某华提起本案的时间发生在廖某文与彭某眉离婚诉讼的特殊期间，且根据（2017）粤 0402 民初 10052 号民事判决书判决不准廖某文与彭某眉离婚。廖某文出具的《借款对账单》认可黄某平、廖某华主张的 2059078 元款项为借款的时间发生于廖某文与彭某眉夫妻关系破裂边缘及离婚诉讼之前，彭某眉对上述《借款对账单》明确不予认可。由于黄某平、廖某华所提交的证据不足以证明涉案款项的性质是借款，黄某平、廖某华对此应承担举证不利的后果。

广东省珠海市香洲区人民法院依照《最高人民法院关于适用〈中华人民共和国婚姻法〉若干问题的解释（二）》第二十二条第二款，《最高人民法院关于适用〈中华人民共和国民事诉讼法〉的解释》第九十条、第九十一条第一项的规定，作出如下判决：

驳回黄某平、廖某华的全部诉讼请求。

黄某平、廖某华不服一审判决，提起上诉。

广东省珠海市中级人民法院经审理认为：首先，《最高人民法院关于适用〈中华人民共和国婚姻法〉若干问题的解释（二）》第二十二条第二款规定："当事人结婚后，父母为双方购置房屋出资的，该出资应当认定为对夫妻双方的赠与，但父母明确表示赠与一方的除外。"系基于父母有赠与意思表示的前提下，赠与对象不明确时的认定依据，并不适用于本案的情况。在当前高房价的背景下，部分子女经济条件有限，父母在其购房购车等购买大宗财产时给予资助虽为常事，但子女万不能以为父母出资乃天经地义，须知父母养育子女成人已经不易，儿女成年之后尚要求父母继续无条件付出实为严苛，亦为法律所不能支持。因此，在父母出资时没有明确表示出资系赠与的情况下，基于父母应尽抚养义务，应认定该出资款为对儿女的临时性资金出借，目的在于帮助儿女渡过经济困窘期，儿女理应负担偿还义务。至于事后父母是否要求儿女偿还，属于父母行使自己债权或者放弃自己债权的范畴，与债权本身的客观存在无关。一审判决适用该条款属于适用法律不当，予以纠正。

其次，赠与是一种合意，是双方的法律行为，需要当事人双方一致的意思表示才能成立。而黄某平、廖某华从未明确有过赠与的意思表示，且 2017 年 3 月 20 日黄某平、廖某华与廖某文对 2013 年 3 月至 2015 年 9 月廖某文因买房、买车、买车位向黄某平、廖某华所借款项签订了《借款对账单》，该《借款对账单》确认的借款金额与银行转账凭证相互印证。彭某眉提出《借款对账单》是虚假的，涉案的款项系赠与，彭某眉应对该主张负有举证责任，彭某眉所提供的证据不足以证实其主张。根据《最高人民法院关于适用〈中华人民共和国民事诉讼法〉的解释》第九十条规定："当事人对自己提出的诉讼请求所依据的事实或者反驳对方诉讼请求所依据的事实，应当提供证据加以证明，但法律另有规定的除外。在作出判决前，当事人未能提供证据或者证据不足以证明其事实主张的，由负有举证证明责任的当事人承担不利的后果。"

最后，本案中，虽然廖某文个人在《借款对账单》上签字，彭某眉没有签字，但本案的涉案款项人民币 2059078 元发生在彭某眉、廖某文夫妻关系存续期间，系为购房、购车及生活所需所用，且所购买的房屋登记在彭某眉名下，故本案的涉案款项人民币 2059078 元属于彭某眉、廖某文的夫妻共同债务，廖某文、彭某眉应承担连带清偿义务。黄某平、廖某华请求廖某文、彭某眉连带偿还借款本金人民币 2059078 元并按同期人民银行贷款利率支付从起诉起至还清之日止的利息有事实和法律依据，法院予以支持。综上，原判决适用法律有误导致判决错误。黄某平、廖某华的上诉请求成立，予以支持。

广东省珠海市中级人民法院依据《最高人民法院关于适用〈中华人民共和国婚姻法〉若干问题的解释（二）》第二十四条、《最高人民法院关于审理民间借贷案件适用法律若干问题的规定》第二十九条第二款第一项、《中华人民共和国民事诉讼法》第一百七十条第一款第二项规定，作出如下判决：

一、撤销广东省珠海市香洲区人民法院（2018）粤 0402 民初 2000 号民事判决；

二、被上诉人廖某文、彭某眉于本判决生效之日起七日内偿还上诉人黄某平、廖某华借款本金2059078元和利息（按银行同期贷款利率支付自2018年3月5日起至实际全部清偿之日止）。

【法官后语】

在当前高房价的背景下，父母资助子女购买房屋已经成为社会的普遍现象。在家庭关系和谐的情况下，对于父母这种出资性质的认定无关紧要，但是，一旦家庭关系不和谐，子女的夫妻关系破裂，对于父母出资的认定就成了双方争议的问题。在生活中，父母出资为子女购买房屋时对于父母的出资系赠与或借款的认定模糊。通过本案例，可以解决当前大多数涉及父母出资为子女购买大宗财产时，对于父母出资的认定以及夫妻债务承担的问题。

在本案中，双方当事人身份关系特殊，父母出资帮助儿子、儿媳购买房屋、汽车等大宗财产，现父母主张其资助系借款，要求儿子、儿媳共同偿还。关于该类出资的认定，《最高人民法院关于适用〈中华人民共和国婚姻法〉若干问题的解释（二）》第二十二条第二款规定：当事人结婚后，父母为双方购置房屋出资的，该出资应当认定为对夫妻双方的赠与，但父母明确表示赠与一方的除外。但是需要注意的是，该条规定基于父母有赠与意思表示的前提下，赠与对象不明确时的认定依据。

实践中，对于父母出资为子女购买大宗财产是赠与或借贷应当紧密结合案情本身分析，在这种具有特殊身份关系的案件中，不能简单机械地适用某一法条，还应当结合案件的具体情况和当下的社会背景。在当前的高房价背景下，父母出资帮助子女购房是十分常见的，但是不能理所当然地认为该出资就是父母对子女的赠与，除非双方已经明确达成了赠与的合意。在很多情况下，父母的资金系来源于他们一辈子的积蓄或者他们向自己的亲戚朋友所借，如果简单认为该出资系赠与，父母的权益又当如何保障。所以，在父母没有明确表示该出资系赠与的情况下，应当认定为对儿女的临时性资金出借，儿女应当承担相应的偿还义务。至于事后父母是否行使自己的债权与该债权本身存在并无关系。

编写人：广东省珠海市中级人民法院　游美婷　马艳

22

民间借贷中夫妻共同债务的认定

——郑某蓓诉翟某涛、高某楠民间借贷案

【案件基本信息】

1. 裁判书字号

北京市第一中级人民法院（2018）京01民终9243号民事判决书

2. 案由：民间借贷纠纷

3. 当事人

原告（被上诉人）：郑某蓓

被告（被上诉人）：翟某涛

被告（上诉人）：高某楠

【基本案情】

翟某涛与高某楠系夫妻关系，翟某涛与郑某蓓系朋友关系。2017年11月1日，翟某涛以经营需要为由，向郑某蓓提出借款300万元。双方签订《借款协议书》一份，约定郑某蓓将300万元借给翟某涛，翟某涛于2018年5月31日前偿还，到期未还翟某涛须向郑某蓓按每日3%的标准（每日9万元）支付违约金。

同日，翟某涛向郑某蓓出具一份《借款收据》，载明翟某涛从郑某蓓处借款300万元，已于2017年11月1日收到，均为工商银行转账。翟某涛保证每月10号前支付利息，并于2018年5月31日前还清本金。

另查，郑某蓓向翟某涛给付情况如下：2017年11月1日50万元；2017年11月6日30万元；2017年11月7日30万元；2017年11月9日两笔共40万元；2017年11月10日10万元；2017年11月13日20万元；2017年11月16日两笔共20万元；2017年11月22日30万元；2017年11月23日70万元，以上共计300万元，均以汇款方式给付。庭审中，郑某蓓自认，翟某涛已偿还利息2.75万元。

郑某蓓、翟某涛、高某楠三人于2017年11月1日签订一份《私人借款协议》，协议中再次明确了借款本金及还款期限，并约定借款利率为月利率2%，即每月6万元。该《私人借款协议》除郑某蓓与翟某涛签字之外，抬头“担保人”及落款“丙方”处有高某楠的签字。

【案件焦点】

郑某蓓向翟某涛出借的300万元借款，是否为翟某涛与高某楠的夫妻共同债务。

【法院裁判要旨】

北京市石景山区人民法院经审理认为：翟某涛以经营需要为由向郑某蓓提出借款，郑某蓓同意出借并向陆续向翟某涛给付借款，翟某涛与郑某蓓签订《借款协议书》《私人借款协议》并出具《借款收据》，双方对借款金额、还款期限、借款利息等相关事宜达成一致，且不违反法律法规相关规定，构成合法有效的民间借贷法律关系。《中华人民共和国合同法》第二百一十条规定：“自然人之间的借款合同，自贷款人提供借款时生效。”本案中，郑某蓓分多次向翟某涛给付款项，翟某涛未依约按期还款，应以每次给付款项的时间作为利息起算的时间，按照月利率2%的标准，向郑某蓓支付利息。故郑某蓓要求翟某涛偿还借款本金及自2017年11月1日开始支付利息的合理部分，有事实及法律依据，予以支持。郑某蓓自认翟某涛已偿还2.75万元，按照我国相关法律规定，应当按照实现债权的有关费用、利息、主债务的顺序进行抵充。关于违约金，根据我国法律规定，出借人主张逾期利息、违约金或者其他费用，总计超过年利率24%的部分，人民法院不予支持。本案中，双方约定月利率2%已达法律规定上限，郑某蓓另行主张30万元违约金，于法无据，故不予支持。

关于高某楠是否应与翟某涛共同承担还款责任，法院认为，《最高人民法院关于审理涉及夫妻债务纠纷案件适用法律有关问题的解释》第三条规定：“夫妻一方在婚姻关系存续期间以个人名义超出家庭日常生活需要所负的债务，债权人以属于夫妻共同债务为由主张权利的，人民法院不予支持。但债权人能够证明该债务用于夫妻共同生活、共同生产经营或者基于夫妻双方共同意思表示的除外。”本案中，通过高某楠的庭审陈述可知，其对郑某蓓代其夫妻二人向典当行还款一事应当完全知晓，且高某楠当庭认可其本人曾因此事向郑某蓓出具过一份借款协议，且一直等待郑某蓓放款。结合郑某蓓提交的录像内容，翟某涛、高某楠当着郑某蓓的面在房产证复印件上签字，法院认为郑某蓓之陈述更具有合理性。高某楠称签字是翟某涛告知其为了配合解除房产抵押，无其他证据予以佐证且不符合一般常理，对其该项抗辩意见，法院难以采信。故涉案300万元借款应属翟某涛、高某楠二人的“夫妻双方共同意思表示”，高某楠是否在《私人借款协议》“担保人”处签字并不影响其与翟某涛共同向郑某蓓承担还款责任，高某楠所提之鉴定申请与其是否承担责任并无关联性。故本案300万元借款应属翟某涛与高某楠的夫妻共同债务，郑某蓓主张翟某涛、高某楠共同偿还借款，于法有据，予以支持。

高某楠不服一审判决，提起上诉。

北京市第一中级人民法院经审理同意一审法院裁判意见，判决：

驳回上诉，维持原判。

【法官后语】

在民间借贷纠纷中，经常会遇到夫妻共同债务承担问题。如何认定借款属于夫妻共同债务是该类纠纷争议的焦点，以下对夫妻共同债务认定问题进行阐述。

一、认定为夫妻共同债务的几种情形

（一）基于共同意思表示所负债务

《最高人民法院关于审理涉及夫妻债务纠纷案件适用法律有关问题的解释》第一条规定：“夫妻双方共同签字或者夫妻一方事后追认等共同意思表示所负的债务，应当认定为夫妻共同债务。”该规定从夫妻共同债务形成的角度，明确了夫妻双方共同签字或夫妻一方事后追认等共同意思表示形式所负的债务，应认定为夫妻共同债务的基本原则。该条规定强调夫妻共同债务形成时“共债共签”原则，一方面从债务形成源头上尽可能减少夫妻一方“被负债”现象发生，另一方面也有效避免债权人因事后无法举证证明债务属于夫妻共同债务而受损失。

（二）用于家庭日常生活需要

《最高人民法院关于审理涉及夫妻债务纠纷案件适用法律有关问题的解释》第二条规定：“夫妻一方在婚姻关系存续期间以个人名义为家庭日常生活需要所负的债务，债权人以属于夫妻共同债务为由主张权利的，人民法院应予支持。”该条表明，在夫妻双方未实行分别财产制或者有约定但债权人不知情的情况下，夫妻一方以个人名义为家庭日常生活需要所负的债务，都应认定为夫妻共同债务。而对家庭日常生活的范围认定，可以参考国家统计局有关统计资料显示的我国城镇居民家庭消费种类来认定：食品、衣着、家庭设备用品及维修服务、医疗保健、交通通信、文娱教育及服务、居住、其他商品和服务。

（三）夫妻共同生活、共同生产经营

《最高人民法院关于审理涉及夫妻债务纠纷案件适用法律有关问题的解释》第三条规定："夫妻一方在婚姻关系存续期间以个人名义超出家庭日常生活需要所负的债务，债权人以属于夫妻共同债务为由主张权利的，人民法院不予支持，但债权人能够证明该债务用于夫妻共同生活、共同生产经营或者基于夫妻双方共同意思表示的除外。"该条所指需要债权人举证证明的夫妻共同生活的范围，是指超出家庭日常生活需要的部分。对于夫妻共同生产经营的范围，主要指由夫妻双方共同决定生产经营事项，或者虽由一方决定但另一方进行了授权。判断生产经营活动是否属于夫妻共同生产经营，要根据经营活动的性质及夫妻双方在其中的地位作用等综合认定。

二、举证证明责任分配

根据《中华人民共和国民事诉讼法》第六十四条第一款"当事人对自己提出的主张，有责任提供证据"以及《最高人民法院关于适用〈中华人民共和国民事诉讼法〉的解释》第九十条第一款"当事人对自己提出的诉讼请求所依据的事实或者反驳对方诉讼请求所依据的事实，应当提供证据加以证明，但法律另有规定的除外"的规定，对于基于共同意思表示所负债务，举证证明责任在债权人，夫妻双方共同签字的借款合同、借据，夫妻一方事后追认的电话、短信、微信等体现共同举债意思表示的有关证据，都可作为债权人用以证明债务系夫妻共同债务的有力证据；对于债务用于家庭日常生活需要的情形，原则上应推定为夫妻共同债务，债权人仅需证明债权债务关系存在，债务符合当地一般认为的家庭日常生活范围即可，如债务人配偶一方认为不属于夫妻共同债务，则由其举证证明；对于债务用于夫妻共同生活、共同生产经营的情形，债权人必须证明债务人以一方名义对外所负数额较大的超出家庭日常生活所需的债务是用于夫妻共同生活或共同生产经营，或者该笔债务基于夫妻双方共同意思表示，若债权人不能证明，则不能认定为夫妻共同债务。

编写人：北京市石景山区人民法院　周涵

23

单方出具借条的债务是否能认定为夫妻共同债务

——许某顺诉贺某、王某民间借贷案

【案件基本信息】

1. 裁判书字号

新疆维吾尔自治区乌鲁木齐市中级人民法院（2018）新01民终1674号民事判决书

2. 案由：民间借贷纠纷

3. 当事人

原告（上诉人）：许某顺

被告（被上诉人）：贺某、王某

【基本案情】

2015年10月27日，贺某向许某顺借款2000000元，并出具借条一张，载明："今有贺某借许某顺现金2000000元整，利息按每月1.6%计算，借款时间为2015年10月27日到2015年11月27日。到期归还，利息一个月按32000元整。"贺某在借条上签字并加盖了手印。同日，许某顺通过郑金龙的中国工商银行账户向贺某个人账户汇款1968000元。庭审中，许某顺陈述贺某向其支付了10个月的利息共计320000元，贺某对此予以认可。

另查明，贺某与王某系夫妻。本案所涉借款系用于偿还新疆金脉钢铁有限公司基于银行贷款所产生的债务。新疆金脉钢铁有限公司系贺某出资600万元、王某出资900万元共同设立的公司，王某任该公司的法定代表人。

【案件焦点】

贺某向许某顺借款用于偿还公司贷款并单方出具借条的债务是否能认定为夫妻共同债务。

【法院裁判要旨】

新疆维吾尔自治区乌鲁木齐市头屯河区人民法院经审理认为：民事主体依照法律规定和当事人约定，履行民事义务，承担民事责任。本案中，贺某向许某顺借款，并出具借条，双方债权债务关系成立，故贺某应当按照借条约定的日期归还许某顺的借款及利息。关于许某顺要求贺某支付借款1968000元的请求，经法院庭审核实，许某顺实际给贺某借款1968000元，故贺某应当归还许某顺借款1968000元；关于许某顺请求贺某支付借款利息576000元的请求，法院认为，贺某给许某顺出具的借条中约定了借款月利息为1.6%，该约定没有超出法律规定，自2015年10月27日计算至2018年2月27日，利息应为881664元，扣减庭审中许某顺与贺某均认可的贺某向许某顺支付的利息320000元，贺某应向许某顺支付的利息为561664元；关于许某顺要求王某对上述借款及利息承担还款责任的请求，根据法律规定，夫妻一方在婚姻存续期间以个人名义超出日常生活需要所负的债务，债权人以属于夫妻共同债务为由主张权利的，人民法院不予支持，但债权人能够证明该债务用于夫妻共同生活、共同生产经营或者基于夫妻双方共同意思表示的除外。本案中，许某顺诉称本案借款贺某用于夫妻共同经营的公司，应属夫妻共同债务。法院认为，夫妻共同生产经营主要指由夫妻双方共同决定生产、经营事项，或者虽由一方决定但得到另一方授权的情形，现许某顺只举证了向贺某出具的借条及转款凭证，不能证实本案债务用于夫妻共同生活或者基于夫妻双方共同意思表示，故许某顺举证不足，其要求王某承担责任的请求法院不予支持。王某经法院合法传唤未到庭参加诉讼，视为放弃答辩、质证等相关诉讼权利。综上所述，依照《中华人民共和国民法总则》第一百七十六条，《最高人民法院关于审理民间借贷案件适用法律若干问题的规定》第二十六条第一款、第二十七条，《最高人民法院关于审理涉及夫妻债务纠纷案件适用法律有关问题的解释》第三条，《中华人民共和国民事诉讼法》第一百四十四条之规定，判决：

贺某支付许某顺借款1968000元、利息561664元；驳回许某顺要求王某承担责任的诉讼请求。

许某顺不服一审判决，提起上诉。

新疆维吾尔自治区乌鲁木齐市中级人民法院经审理认为：本案当事人双方对借贷事实无争议。双方争议的问题在于涉案借款是否属于夫妻共同债务，王某是否应承担共同还款责任。对此，《最高人民法院关于审理涉及夫妻债务纠纷案件适用法律有关问题的解释》第三条规定，夫妻一方在婚姻关系存续期间以个人名义超出家庭日常生活需要所负的债务，债权人以属于夫妻共同债务为由主张权利的，人民法院不予支持。但债权人能够证明该债务用于夫妻共同生活、共同生产经营或者基于夫妻双方共同意思表示的除外。本案中，所涉借款系用于偿还基于银行贷款所产生的债务。银行贷款系新疆金脉钢铁有限公司的贷款。该公司系贺某出资 600 万元、王某出资 900 万元共同设立的公司，王某任该公司的法定代表人。王某虽辩称其从未参与该公司的经营。但王某作为该公司的法定代表人及大股东，公司营业手续的审验、公司申请贷款等重大事项离不开王某的确认或授权。故王某称其从未参与公司的经营与事实不符。并且，王某名下的财产及其与贺某的共同财产远超其个人收入水平。故王某在家庭生活中亦享有了公司经营的收益。故王某参与了公司的经营并享有了公司的收益，涉案债务应确认为夫妻共同债务，王某应承担共同还款责任。

综上所述，上诉人主张涉案债务系夫妻共同债务，王某应承担共同还款责任的上诉主张符合事实及法律规定，应予支持。一审判决认定事实清楚，适用法律有误，应予纠正。依照《中华人民共和国民事诉讼法》第一百七十条第一款第二项之规定，判决如下：

一、维持乌鲁木齐市头屯河区人民法院（2018）新 0106 民初 2005 号民事判决第一、二项即：贺某支付许某顺借款 1968000 元；贺某支付许某顺借款利息 561664 元；

二、撤销乌鲁木齐市头屯河区人民法院（2018）新 0106 民初 2005 号民事判决第三项即：驳回许某顺要求王某承担还款责任的诉讼请求；

三、王某对上述款项与贺某承担共同还款责任。

【法官后语】

本案的案情虽不复杂，但涉及民间借贷的夫妻共同债务问题。在民间借贷纠纷案件中，许多案件所涉债务是否系夫妻共同债务在实践中难以认定。《最高人民法院关于适用〈中华人民共和国婚姻法〉若干问题解释（二）》第二十四条规定，债权人就婚姻存续期间夫妻一方以个人名义所负债务主张权利的，应当按照夫妻共同债务处理。但夫妻一方能够证明债权人与债务人明确约定为个人债务，或者能够证明属于《中华人民共和国婚姻法》第十九条第三款规定情形的除外。《中华人民共和国婚姻法》第十九条第三款规定，夫妻对婚姻关系存续期间所得的财产约定归各自所有的，夫或妻一方对外所负的债务，第三人知道该约定的，以夫或妻一方所有的财产清偿。根据婚姻法的规定，对于夫妻一方抗辩在婚姻存续期间形成的债务不属于夫妻共同债务的，举证责任主要在债务人夫妻一方。《最高人民法院关于审理涉及夫妻债务纠纷案件适用法律有关问题的解释》第三条规定，夫妻一方在婚姻关系存续期间以个人名义超出家庭日常生活需要所负的债务，债权人以属于夫妻共同债务为由主张权利的，人民法院不予支持。但债权人能够证明该债务用于夫妻共同生活、共同生产经营或者基于夫妻双方共同意思表示的除外。根据该条规定，主张夫妻共同债务的举证责任又在债权人一方。而债权人对债务人的家庭生活及支出情况进行举证是相当困难的。该两条法律规定的举证责任不一致，认定夫妻共同债务的角度不同，故在审判实践中，对于夫妻共同债务的认定和把握存在很大困难。本案中，借条系贺某对外出具，所负债务用于偿还公司贷款。但公司股东系贺某与王某夫妻二人，王某系所占股份较多的大股东，并担任公司法定代表人。尽管王某称其未参与公司经营，但其大股东及法定代表人身份均证明其与公司的关系，公司的经营管理尤其是贷款融资等重大事项均需法定代表人的签字认可。故王某与公司的关系不可否定，且王某名下拥有数套房产包括别墅，已远远超出其工资水平，故王某已实际享有了公司的盈利。故本案债务应认定为夫妻共同债务。在此种情况下，如将本案债务认定为个人债务，则可能发生债务人名下无财产，而债务人的配偶一方拥有因公司盈利获取的资产却不能得以执行，最终导致债权人权利无从保障的后果，不利于维护债权人的合法权利，不符合法律的公平原则。该案例对今后的审判工作类似问题有一定的参考价值。

编写人：新疆维吾尔自治区乌鲁木齐市中级人民法院　王宏

三、借款主体认定

24

对填空式格式借据中债权人资格异议的司法审查

——李某诉张某民间借贷案

【案件基本信息】

1. 裁判书字号

浙江省温州市中级人民法院（2018）浙03民终5087号民事裁定书

2. 案由：民间借贷纠纷

3. 当事人

原告（被上诉人）：李某

被告（上诉人）：张某

【基本案情】

李某持有张某于2016年9月23日出具的金额为80000元的借条及李某于2016年9月24日向张某转账71000元的银行汇款凭证诉至法院，要求张某归还借款71000元及赔偿利息损失。张某称其并不认识李某，债权人系案外人刘某梅，且其已经归还借款至刘某梅账户。张某所出具的借条系填空式的格式合同，出借人等要素均系手书形成，李某承认张某出具借条时借条上并未注明出借人身份。刘某梅作为连带保证人在借条上签字。

【案件焦点】

填空式格式借据中债权人身份为事后添加，被告对该债权人资格提出异议的，应如何审查处理。

【法院裁判要旨】

浙江省温州市鹿城区人民法院经审理认为：李某持有张某于2016年9月23日出具的借条，张某对该借条上“张某”签字的真实性无异议，且张某已于2016年9月24日收到李某通过中国工商银行账户支付的借款款项71000元。故对李某主张的张某向其借款80000元，实际支付借款款项71000元的事实予以确认。张某出具借条时，出借人处虽系空白，李某收到借条后，在出借人处追加签字并按指纹确认的事实并未违反法律的禁止性规定，张某用此抗辩李某与其不存在民间借贷的事实，不予采信。张某称其系与担保人刘某梅之间存在民间借贷，应追加刘某梅为本案共同被告。该院认为李某只要求借款人履行偿还借款义务，未向担保人主张担保责任并未违反法律的禁止性规定。张某庭审中称其与刘某梅间存在经济借贷往来，本案实际系张某与刘某梅之间存在民间借贷，且张某已经向刘某梅偿还借款，本案已经涉及套路贷，其已经向杭州当地公安机关报案，但张某在审理过程中并未提交证据证实杭州当地公安机关已经立案，且张某称其已经还款，但借条原件却仍在李某处保留，这亦与常理不符，故张某的抗辩理由不能推翻李某提交的借条及打款凭证的证明力，张某与刘某梅间的纠纷，张某与刘某梅可另行处理。由于涉案的借条并未书面约定利息情况，应视为不支付利息，现李某主张利息损失从起诉之日即2018年1月2日起按年利率6%计算至履行完毕之日止，予以支持。故判决：

张某于判决生效之日起十日内偿付李某借款71000元及利息（从2018年1月2日起至债务履行完毕之日止，按年利率6%计算）。

张某不服一审判决，提起上诉。

浙江省温州市中级人民法院经审理认为：李某所提供的借条系出借人身份等要素采取填空式方式的格式合同，且经该院审查李某涉案较多，具有职业放贷人迹象，本案系存在“套路放贷行为”表象的案件。本案诉争的借款虽由李某汇至张某账户，但张某一审中提供了未载明出借人身份的借条照片，且李某亦确认其所持借条中的出借人身份是在事后所填写，在张某出具借条时借条上并未载明债权人，因此，李某原所持有的借条是没有载明债权人的债权凭证，现张某主张本案的债权人系刘某梅而非李某，并提供了相应的证据予以佐证，故张某提出债权人资格异议成立盖然性高，予以支持。另，若本案存在违法犯罪行为，应由公安机关进行处理。综上，依照《最高人民法院关于审理民间借贷案件适用法律若干问题的规定》第二条第二款、《最高人民法院关于适用〈中华人民共和国民事诉讼法〉的解释》第三百三十条规定，裁定如下：

一、撤销浙江省温州市鹿城区人民法院（2018）浙0302民初49号民事判决；

二、驳回李某的起诉。

【法官后语】

采用填空式借据是民间职业放贷的常见套路。职业放贷人常常存在许多“马甲”，利用填空式的格式合同在起诉前任意添加债权人，需要防范的是：一是规避法院对职业放贷群体管理；二是实际放贷人自身负债累累，借用“清洁马甲”起诉，目的是逃避债务承担；三是实现收付错位，即债权人或借款给付与还款收息经手人往往不是同一人，从而否认涉案借款实际收取高息及还款事实。此类案件中，若原、被告不存在熟人关系或其他客观借贷表象，被告又提供了其与案外人的借贷合意、还款付息、催款记录等相应证据印证的，可认定被告提出的债权人资格异议成立盖然性高，以达到让实际的债权人来起诉有利债务准确决算的目的。填空式格式合同背离合同一次性形成原则，出现争议由合同提供人或保管人承担举证不利后果，具有举证责任分配的合理性，有利于民间借贷合同行为规范化。此类案件在作出民事裁判的同时，应及时与公安机关进行沟通，并将相关民事裁判文书送达公安机关，由公安机关对原告的行为是否涉及套路贷类犯罪进行甄别处理。

编写人：浙江省温州市中级人民法院　高兴兵　李劼

25

正确适用《中华人民共和国合同法》第四十九条，严格把握表见代理认定标准

——陈某海诉郑某、四川万胜建设工程有限公司民间借贷案

【案件基本信息】

1. 裁判书字号

四川省宜宾市中级人民法院（2018）川1521民再5号民事判决书

2. 案由：民间借贷纠纷

3. 当事人

原告（上诉人）：陈某海

被告（被上诉人）：郑某、四川万胜建设工程有限公司（以下简称万胜公司）

【基本案情】

2014年2月18日，万胜公司与宜宾市南溪区大观镇牟家村民委员会、全福村民委员会、立仓村民委员会签订了建设工程合同书，承包了南溪区2013年中央财政小型农田水利重点县建设十标段建设工程，合同书中载明万胜公司的法定代表人是胡某，委托代理人是陈甲。2014年5月26日，万胜公司与陈甲签订了项目管理合同，约定：万胜公司将该工程交由陈甲实施项目施工管理，陈甲自主经营、独立核算、自负盈亏、单独承担项目的全部法律责任；陈甲不得利用合同进行借贷、抵押、融资、筹款、赊款、贷款等各类经济活动；陈甲按工程总造价2%向万胜公司交纳管理费，按业主付款分期扣除。万胜公司承担符合建设主管部门和项目业主需要的全部真实合法有效的资质证书、安全生产许可证等法律文件、手续和项目监督服务；未经万胜公司（书面）允许，陈甲对所有工程款必须要求建设单位按万胜公司指定银行账户转账支付，否则，公司不出收款凭证，给万胜公司和项目单位造成

的损失由陈甲承担责任。在工程施工过程中，该工程的实际出资人即郑某因资金紧张，经他人介绍向陈某海提出借款60万元用于解决民工工资和材料款。在陈某海同意后，2014年10月15日，郑某向陈某海出具了借条，借条记载：关于万胜公司2014年大观镇“小农水田工程”九、十标段，曾将劳务委托给马某才从事具体操作，由于工程未及时验收，造成该工程资金无法及时到位；为了及时解决农民工工资，今借到陈某海现金人民币陆拾万元整，用于支付该标段农民工工资及相应材料费；经公司集体研究，决定于2014年12月16日之前归还，否则，按2分计息（即29%），并用转移支付给大观政府该项工程专项资金作担保（直接扣除）。借款人：郑某，2014年10月15日，郑某名字上加盖万胜公司公章。见证人：赵某彬。同时，郑某还出具了一份扣款委托书，扣款委托书记载：为了及时解决农民工工资，我公司曾经先期借到陈某海现金人民币陆拾万元整，用于支付农民工工资及相应材料费；经公司集体研究决定，如果我公司对陈某海该笔借款未能按期归还，委托大观政府直接将该项工程专项资金直接扣除所欠资金，转交陈某海。委托人：郑某，2014年10月15日，郑某名字上加盖万胜公司公章。见证人：赵某彬、刘某高。2014年10月16日，陈某海通过银行转账向郑某的个人账户打入570000元。

2017年1月20日，万胜公司法定代表人陈乙向宜宾市公安局南溪区分局报案，称有人私刻其公司公章进行经营活动。调查中，赵某彬陈述郑某是上述工程项目实际出资人，南溪区仲裁委员会授权委托书是郑某授意制作，法定代表人签名是其代签，加盖的公司印章是郑某让陈甲交给其保管的，该印章在郑某向陈某海借款时用过，借款目的是支付民工工资，其还作为见证人在借条上签了字，但有无支付民工工资其并不知道。再审中，万胜公司申请对公章真伪进行鉴定，陈某海以万胜公司报案后知道该公章是假的而同意不再鉴定，万胜公司撤回了鉴定申请。

【案件焦点】

1. 案涉借款金额的认定；2. 郑某是否是该工程的实际出资人；3. 案涉借款是否用于支付该工程的民工工资和材料款；3. 郑某采用加盖伪造公章的方式以万胜公司名义借款，其行为是否构成表见代理。

【法院裁判要旨】

四川省宜宾市叙州区人民法院再审认为：虽陈某海只提供了转账570000元的

证据，但郑某对陈某海主张600000元借款未作抗辩，故认定本案借款金额为600000元；根据在案证据，法院综合认定郑某是该工程的实际出资人；本案借款用于支付该工程民工工资和材料款的证据不足。且本案借款是否为建设工地实际使用，不能作为判断出借人是否构成善意无过失的决定性因素，即便陈某海能提供充分证据证明涉案借款用于支付该工程的民工工资和材料款，也不能据此认定陈某海相信郑某有代理权出于善意无过失；本案中，借款时郑某在借条和扣款委托书上加盖伪造的万胜公司公章，虽陈某海没有对公章真伪进行实质审查和鉴定的义务，但郑某借款时向陈某海提供的建设工程合同中万胜公司的法定代表人是胡某、委托代理人是陈甲，均未显示万胜公司及该工程与郑某有关，在无其余书面材料证明的情况下，仅凭郑某持有公章不足以证明郑某的无权代理行为具有有权代理的权利表象。且陈某海在明知万胜公司在该工程的委托代理人是陈甲、郑某仅持有万胜公司公章而无其他手续的情况下，与郑某签订借款合同并将借款打入郑某个人账户而非万胜公司账户，陈某海作为借款合同的相对人未尽到合理注意义务，陈某海不是善意无过失的合同相对人。故郑某采用加盖伪造公章的方式以万胜公司名义借款的行为不构成表见代理。因陈某海主张的表见代理不成立，故对其要求万胜公司对该借款承担偿还责任的请求，法院不予支持。原审中，陈甲在未得到万胜公司授权的情况下以万胜公司代理人名义参与原审调解，原审程序违法，原审民事调解书应当撤销。

四川省宜宾市叙州区人民法院依照《中华人民共和国合同法》第四十九条、第六十条第一款、第二百零六条、第二百零七条，《最高人民法院关于审理民间借贷案件适用法律若干问题的规定》第二十九条第一款，《中华人民共和国民事诉讼法》第六十四条第一款、第一百四十四条、第二百零七条第一款，《最高人民法院关于民事诉讼证据的若干规定》第二条之规定，作出如下判决：

一、撤销本院（2016）川1521民初700号民事调解书；

二、原审被告郑某在本判决生效后十日内偿还原审原告陈某海借款600000元及逾期利息，逾期利息按月利率2%自2014年12月17日起计算至本金付清之日止；

三、驳回原审原告陈某海的其他诉讼请求。

陈某海不服再审判决，提起上诉。

四川省宜宾市中级人民法院经审理认为：陈某海主张郑某对外的行为构成对万胜公司的表见代理的证据不充分，陈某海仅因借条和扣款委托书上加盖有万胜公司名称公章而未进一步核实就将款借出，陈某海有重大过错，陈某海主张郑某的行为构成表见代理的理由不成立。陈甲出具的委托扣款书系陈甲的个人行为，不能以此认定为万胜公司对郑某借款行为的追认。万胜公司中标后将工程变相转包给陈甲，与陈某海借款给郑某属不同的法律关系，不能成为陈某海主张万胜公司承担还款责任的理由。故陈某海借款给郑某系双方的个人行为，与万胜公司无法律上的关联，该款应由郑某个人偿还。陈某海的上诉理由与请求不能成立。原判认定基本事实清楚，适用法律正确，应予维持。

四川省宜宾市中级人民法院依照《中华人民共和国民事诉讼法》第二百零七条、第一百七十条第一款第一项之规定，作出如下判决：

驳回上诉，维持原判。

【法官后语】

当前，由于我国建筑市场施工挂靠、违法转包、非法分包的不规范现象普遍存在，再加上近年来大规模的房地产开发和公共基础设施建设，出现了大量以单位部门、项目经理、个人名义签订或实际履行合同的情形，并因合同主体和效力认定问题引发表见代理纠纷案件逐年增加。人民法院在此类案件的审判实务中应当正确适用《中华人民共和国合同法》第四十九条关于表见代理制度的规定，严格把握表见代理的认定标准，维护合同的相对性原则，防范虚假诉讼，遏制建筑市场挂靠、转包和分包的乱象。

1999 年颁布的《中华人民共和国合同法》第四十九条规定："行为人没有代理权、超越代理权或者代理权终止后以被代理人名义订立合同，相对人有理由相信行为人有代理权的，该代理行为有效。"此条规定标志着我国表见代理制度的正式设立，为维护市场交易健康安全、维护善意第三人的合法权益提供了必要的法律保障。表见代理实质是无权代理的一种特殊情形，只有在成立表见代理这一特殊情形时被代理人才承担无权代理行为引发的法律责任。近年来，与建设工程相关合同中如买卖、租赁、借款等涉及表见代理的案件逐年增加，几乎每一件案件都涉及对表见代理的认定，如果过宽地把握表见代理的认定标准，不仅会动摇代理制度的根基，还会破坏合同相对性原则，同时也可能引发虚假诉讼。对此，最高人民法院 2009 年出台的《关于当前形势下审理民商事合同纠纷案件若干问题的指导意见》

（法发〔2009〕40号），对民商事合同纠纷案件中表见代理的认定作出了进一步细化的规定，要求各级法院正确适用《中华人民共和国合同法》第四十九条关于表见代理制度的规定，严格认定表见代理行为。本案则是一起典型的涉及表见代理纠纷的案件，本案中郑某采用在借条和扣款委托书加盖伪造公章的方式以万胜公司名义借款的行为是否对万胜公司构成表见代理，直接关系到陈某海要求万胜公司对该借款承担偿还责任的诉讼请求能否得到法院支持。一审、二审法院在处理该案时，对郑某的借款行为是否对万胜公司构成表见代理，均严格按照《最高人民法院关于当前形势下审理民商事合同纠纷案件若干问题的指导意见》第十三条规定的标准进行了审查和认定。《最高人民法院关于当前形势下审理民商事合同纠纷案件若干问题的指导意见》第十三条规定："合同法第四十九条规定的表见代理制度不仅要求代理人的无权代理行为在客观上形成具有代理权的表象，而且要求相对人在主观上善意且无过失地相信行为人有代理权。合同相对人主张构成表见代理的，应当承担举证责任，不仅应当举证证明代理行为存在诸如合同书、公章、印鉴等有权代理的客观表象形式要素，而且应当证明其善意且无过失地相信行为人具有代理权。"根据上述规定，构成表见代理要同时具备两个条件，即代理人的无权代理行为客观上形成有权代理的表象以及合同相对人相信行为人有代理权在主观上是善意无过失，且若合同相对人主张构成表见代理则要承担举证责任。

编写人：四川省宜宾市叙州区人民法院　江琳

26

"倒手转借"人应承担债务人还款责任

——赵某诉王某芳民间借贷案

【案件基本信息】

1. 裁判书字号

北京市第二中级人民法院（2018）京02民终6191号民事判决书

2. 案由：民间借贷纠纷

3. 当事人

原告（被上诉人）：赵某

被告（上诉人）：王某芳

【基本案情】

赵某、王某芳系邻居，案外人常某向王某芳借款，王某芳因没有出借款，遂于2004年7月两次向赵某借款共计9万元，并以自己名义向赵某出具借条，后王某芳将8.7万元以更高利息出借给常某，常某以自己名义向赵某出具借条，两张借条均在王某芳手中持有。常某未清偿欠款，赵某起诉要求常某还款，法院判决支持赵某诉讼请求，但执行案件列入无财产积案。

后赵某起诉至法院要求王某芳还款，王某芳与赵某对9万元借贷事实不持异议，但王某芳认为9万元的实际借款人是常某，自己只是中间人，不是本案的债务人，且法院已经对9万元借贷纠纷作了判决处理。

【案件焦点】

如何认定“中间人”王某芳在本案借贷关系中的地位。

【法院裁判要旨】

北京市西城区人民法院经审理认为：根据赵某与王某芳是邻居，王某芳确实经手了涉案款项，且王某芳在两张借条落款处签字等情况可以认定，王某芳是以借款人身份在涉案两张借条上签字，故赵某有权依据借条向王某芳主张债权。生效民事判决判处常某承担还款责任，并不免除王某芳应当承担的民事责任，故王某芳所提同一笔款项不应两次起诉不同的人、其并非实际借款人的抗辩缺乏法律依据，法院难以采信。现涉案两张借条上载明借款数额共计9万元，双方当事人均对上述数额无异议，法院按照借条内容确定涉案借款本金为9万元。赵某主张的借款占用利息损失实为资金占用期间利息，两张借条约定的借款期限已届满，故王某芳应当按照法律规定偿还资金占用期间利息。

北京市西城区人民法院依照《中华人民共和国民法总则》第一百七十八条，《中华人民共和国合同法》第二百零五条、第二百零六条、第二百零七条，《最高人民法院关于审理民间借贷案件适用法律若干问题的规定》第二十五条、第二十九条，《中华人民共和国民事诉讼法》第一百三十条之规定，作出如下判决：

王某芳于本判决生效后十日内向原告赵某清偿 90000 元借款本金及资金占用期间利息。

王某芳不服一审判决，提起上诉。

北京市第二中级人法院经审理认为：王某芳向赵某出具的借条上明确表明王某芳系借款人，王某芳在一审中认可所涉款项经过他的手交给常某，二审中王某芳虽称部分款项是孙某直接交付给常某的，但孙某对此不予认可，王某芳未对其主张提交充分证据予以证明，故可以确认所涉款项由赵某交付给了王某芳。王某芳与赵某既有借款合意，又有款项交付，二者之间存在合法有效的借款关系。

虽然王某芳提交了常某给赵某出具的借条，但是该借条一直保存在王某芳处，如果王某芳不提供该借条，赵某不可能依据该借条向常某主张权利；且常某给赵某出具的借条与王某芳给赵某出具的借条的内容并不完全相同，二者在借款数额、利息承诺等方面存在明显差异，结合王某芳关于常某退回 3000 元直接给了王某芳的陈述可知，常某与王某芳具有直接的款项交接关系，尤其是根据王某芳关于二者约定利息差额部分是常某承诺给王某芳的款项的解释可知，常某虽然名义上向赵某出具借条，但是实际上该借条的利益由王某芳所享有。常某向赵某出具的借条，体现的并非赵某与常某之间的真实意思表示。虽然赵某在王某芳和王某世的协助下，在北京市朝阳区人民法院起诉了常某并获得了胜诉判决，但是不能免除王某芳在其向赵某出具的借条项下所负担的相应义务，尤其是赵某二审中已经明确放弃其在北京市朝阳区人民法院案件中的权利，赵某在该案中亦未实际获得任何执行款项，故赵某提起本案诉讼不存在获得双倍收益之虞。

王某芳的上诉请求不能成立，应予驳回。北京市第二中级人民法院依照《中华人民共和国民事诉讼法》第一百七十条第一款第一项之规定，作出如下判决：

驳回上诉，维持原判。

【法官后语】

随着民间借贷的活跃，自然人之间转借的现象日渐增多。在复杂的转借活动中，如何确定转借人的法律地位，成为处理民间借贷纠纷案件的重点。

本案的王某芳正是充当了转借人这一角色。笔者认为，王某芳之所以不能逃避债务责任，有如下几点原因：

首先，转借人并不等同中间人性质。中间人是指在出借方与借款方之间起介绍作用促成双方完成借贷的人。倘若存在先低息借入，后高息借出的模式，就存在两个独立的借贷关系：一是出借方与转借人间的借贷关系，二是转借人与借款方间的借贷关系，两个借贷彼此独立，出借方与借款方之间并不存在直接的借贷关系，此时的转借人就不是居间的中间人。

其次，借条内容决定了实际的借贷双方。合同系合同方当事人意思表示一致的协议。借贷关系中，借贷双方在借款数额、借款利息、借款期限、借款方式等合同主体内容上应意思表示一致，这是合同最基本的原则。因此，在转借的多重关系中，若多个借条的借款数额、约定利息并不相同，应当具体认定各借条承载的借贷关系，不能一概认定只要是一笔钱，就简单按照一笔借贷来处理。

最后，认定转借人为债务人利于衡平各方权利义务。一是保护出借方利益。实践中转借他人之钱款赚取利息差后，债务人不还款，转借人又以自己不是实际借款人逃避责任，此时认定转借人为债务人，不致使出借人利益受损；二是敦促转借人提升担责的法律意识。转借获利息差是转借人转借所获得利益，故承担清偿责任是其应有的义务。

结合本案来说，王某芳将向赵某借的钱转借给常某，这形成一种模式：即王某芳与赵某、常某分别建立了借贷关系，常某名义上向赵某借款，但与赵某不存在直接的借贷关系。王某芳正是以这种模式在中间赚取利息差。在赵某与常某的名义借贷关系中，真正的债权人是王某芳，而在王某芳与赵某的借贷中，真正的债务人是王某芳，因此，赵某以其与王某芳之间的借条起诉要求王某芳还款于法有据。

编写人：北京市第二中级人民法院　赵静　程欢欢

27

继承人在诉讼中自愿放弃继承的，可对被继承人的借款不负清偿责任

——王某诉贺某甲民间借贷案

【案件基本信息】

1. 裁判书字号

山东省淄博市中级人民法院（2018）鲁03民终1159号民事判决书

2. 案由：民间借贷纠纷

3. 当事人

原告（被上诉人）：王某

被告（上诉人）：贺某甲

【基本案情】

贺某乙于2015年至2016年6月22日期间，分多次向王某借款。2016年6月22日，双方对账后一致确认，截至对账当日，贺某乙共向王某借款80000元，贺某乙向王某出具借款金额为80000元的借条一份。双方就该借条涉及的借款并未约定借款利息，亦未约定具体的还款期限。出具该借条后，贺某乙未向王某返还借款。王某自认在上述借条出具之前，贺某乙已于2016年5月向其名下信用卡返还10000元，截至2016年6月22日对账当日，贺某乙实际欠其借款70000元。贺某乙在本案诉讼过程中死亡。贺某甲系贺某乙之子。贺某甲主张贺某乙的父母均先于贺某乙去世，贺某乙与贺某甲之母离婚后一直未再婚，且贺某乙只有贺某甲一名子女。

【案件焦点】

王某主张贺某甲在继承遗产范围内返还借款70000元应否予以支持。

【法院裁判要旨】

山东省淄博市博山区人民法院经审理认为：王某提供的证据与其陈述能够相互印证，证明王某与贺某乙之间存在真实的民间借贷法律关系。贺某乙向王某出具的借条载明的借款金额系80000元，王某自认截至借条出具当日，贺某乙实欠王某借款70000元，予以确认。王某与贺某乙就上述借款并未约定具体的还款期限。根据法律规定，对借款期限没有约定或者约定不明确，贷款人可以催告借款人在合理期限内返还。借款人贺某乙在诉讼过程中死亡，根据法律规定，贺某乙的遗产继承人应当在继承遗产范围内清偿贺某乙所欠的债务。贺某甲作为贺某乙唯一的第一顺序继承人，明确表示放弃继承贺某乙的遗产。根据相关规定，继承人因放弃继承权，致其不能履行法定义务的，放弃继承权的行为无效。虽然现有法律并未规定继承人应当继承债务人的遗产并参加诉讼，但根据庭审查明的情况来看，贺某甲系债务人贺某乙唯一的第一顺序继承人。在现有的法律框架内，若贺某甲放弃继承权，王某就丧失了债权实现的途径。贺某甲放弃继承遗产的行为违反了公序良俗原则，依法认定为无效。故对王某要求贺某甲在继承遗产范围内返还70000元借款的诉讼请求予以支持。综上，依据《中华人民共和国合同法》第二百零六条、《中华人民共和国继承法》第三十三条第一款、《最高人民法院关于贯彻执行〈中华人民共和国继承法〉若干问题的意见》第四十六条之规定，判决：

贺某甲在继承贺某乙的遗产范围内返还王某借款70000元。

贺某甲不服一审判决，提起上诉。

山东省淄博市中级人民法院经审理认为：《中华人民共和国继承法》第三十三条规定："继承遗产应当清偿被继承人依法应当缴纳的税款和债务，缴纳税款和清偿债务以他的遗产实际价值为限。超过遗产实际价值部分，继承人自愿偿还的不在此限。继承人放弃继承的，对被继承人依法应当缴纳的税款和债务可以不负偿还责任。"本案中，贺某甲作为贺某乙的继承人已明确表示放弃继承，故无论王某与贺某乙之间的借贷关系是否成立，贺某甲均不负偿还责任。一审法院对此认定错误，依法予以纠正。贺某甲的上诉请求成立，予以支持。依照《中华人民共和国继承法》第三十三条、《中华人民共和国民事诉讼法》第一百七十条第一款第二条规定，判决：

一、撤销山东省淄博市博山区人民法院（2017）鲁0304民初554号民事判决；

二、驳回王某的诉讼请求。

【法官后语】

本案涉及的主要问题在于，继承人在诉讼中自愿放弃继承的，可否免除对被继承人借款的清偿责任。

本案中的民间借贷发生在王某与贺某甲之父贺某乙之间。对于王某的借款债权而言，其债务人明显是贺某乙，而非贺某甲。本案一开始的被告也是贺某乙。但贺某乙在本案一审诉讼过程中死亡，即贺某乙在对王某的借款债权未予完全清偿前死亡。一审法院依法追加其子贺某甲作为被告参加诉讼。而贺某甲在诉讼过程中则明确表示自愿放弃继承并据此主张其对贺某乙的债务亦不应再承担清偿责任。本案一审认为贺某甲放弃继承权后王某就丧失了债权实现的途径，其放弃继承遗产的行为违反了公序良俗原则，故认定其放弃继承遗产无效并判决其向王某返还借款70000元。二审则认为贺某甲作为贺某乙的继承人已明确表示放弃继承，故无论王某与贺某乙之间的借贷关系是否成立，根据《中华人民共和国继承法》第三十三条第二款的规定，贺某甲均不负偿还责任，故改判驳回王某的诉讼请求。

综合本案一审、二审的判决理由来看，两审之所以判决结果截然相反，主要在于对继承人对债务承担的相关法律和司法解释的理解的不同。而这也直接牵涉到对继承人在诉讼中自愿放弃继承后可否免除对被继承人借款清偿责任的正确认定。关于该问题，《中华人民共和国继承法》第三十三条规定："继承遗产应当清偿被继承人依法应当缴纳的税款和债务，缴纳税款和清偿债务以他的遗产实际价值为限。超过遗产实际价值部分，继承人自愿偿还的不在此限。继承人放弃继承的，对被继承人依法应当缴纳的税款和债务可以不负偿还责任。"上述规定其实还是较为明确的，而且也坚持了权利义务对等原则。即继承人继承遗产的，继承人应首先以遗产范围内的财产来清偿被继承人依法应当缴纳的税款和债务；如继承人放弃继承遗产，则其不必清偿被继承人依法应当缴纳的税款和债务。当然对于放弃继承而言，其虽然是继承人自愿的行为，但在某些特定情形下也存在法律上的限制，具体则体现在《最高人民法院关于贯彻执行〈中华人民共和国继承法〉若干问题的意见》第四十六条："继承人因放弃继承权，致其不能履行法定义务的，放弃继承权的行为无效。"本案一审也是根据对这一规定的理解而认定贺某甲放弃本案继承的行为无效。但从该条的立法本意来看，一审对该条的理解其实是存在偏差的。该条中所说的"继承人因放弃继承权，致其不能履行法定义务"，从基本文意来理解显然是指继承人因其放弃继承权而导致其本人不能履行法定义务。既然是指继承人本人不能履行法定义务，那么这里的法定义务显然应当是指继承人本人所依法承担的法定义务，而不包括被继承人应承担的法定义务。换句话说，如果继承人本人欠他人借款，其放弃继承会导致其不能履行向他人还款义务的，则其放弃继承的行为是无效的。但是如果本来就是被继承人欠他人借款，那么该借款本身就是被继承人的债务，而非继承人的债务，继承人本身对该借款是没有法定义务的，除非继承人根据《中华人民共和国继承法》第三十三条第一款的规定选择继承遗产；而且即便继承人选择继承遗产，其根据《中华人民共和国继承法》第三十三条第一款的规定也只是以继承遗产的实际价值为限来偿还被继承人的债务，超出部分继承人并无法定偿还义务故可不必偿还，当然继承人若自愿偿还超出部分的，法律也不禁止。故本案中一审认为贺某甲放弃继承权后王某就丧失了债权实现的途径，从而认定其放弃继承遗产无效并判决其向王某返还借款，显然属于对《中华人民共和国继承法》第三十三条和《最高人民法院关于贯彻执行〈中华人民共和国继承法〉若干问题的意见》第四十六条的错误理解和适用。

综上所述，在不存在《最高人民法院关于贯彻执行〈中华人民共和国继承法〉若干问题的意见》第四十六条所规定的继承人因放弃继承权而致其不能履行其本人的法定义务的情形下，继承人在诉讼中明确表示放弃继承的行为是有效的，继承人因此对被继承人的债务可不再负有偿还责任。

编写人：山东省淄博市中级人民法院　荣明潇
山东省淄博市博山区人民法院　刘胜炅

四、债务偿还认定

28

约定的还款条件应对当事人有约束力且应对是否条件成就进行综合审查

——张某莉诉林某东等民间借贷案

【案件基本信息】

1. 裁判书字号

北京市第三中级人民法院（2018）京03民终12878号民事判决书

2. 案由：民间借贷纠纷

3. 当事人

原告（被上诉人）：张某莉

被告（上诉人）：林某东、林某水

被告（被上诉人）：吴某光

【基本案情】

2016年1月15日，林某东、林某水、吴某光签署《还款计划书》，主要内容为：兹有林某东向张某莉借款本息共计200万元（贰佰万元整），待宋庄土地卖后一次性还清。如果2016年3月1日前卖地则200万元利息不计。本息200万元一次性还清。2016年3月1日以后卖地则200万元按月息1.2%计至卖地后本息一次性还清。借款人：林某东；保证人：吴某光；只能地售后还款林某水。

林某东认可“宋庄土地”尚未出售，无法更名过户。吴某光认可土地尚未出售，并自述其曾经联系的购买人出价1300万元，但林某水未予同意。

【案件焦点】

1. 民间借贷纠纷中，当事人约定的还款条件效力如何认定；2. 约定还款条件是否成就的审查标准如何把握。

【法院裁判要旨】

北京市朝阳区人民法院经审理认为：《还款计划书》应属合法有效的合同，当事人应按照约定履行各自义务。张某莉已按约定支付借款，林某东作为借款人签署《还款计划书》，承诺借款本息“待宋庄土地卖后一次性还清”，但并无任何证据证明林某东采取措施积极履行出售土地的义务，现林某东亦认可该宗土地处于无法出售的状况，还款条件应认定为已成就，林某东应偿还相应借款本息，吴某光、林某水作为保证人，应承担连带偿还责任。

北京市朝阳区人民法院依据《中华人民共和国合同法》第六十条、《最高人民法院关于审理民间借贷案件适用法律若干问题的规定》第二条之规定，作出如下判决：

一、林某东于判决生效后七日内偿还张某莉借款200万元及利息（以200万元为基数，按照月利率1.2%的标准计算自2016年1月15日至实际给付之日）；

二、吴某光、林某水对林某东的上述债务承担连带保证责任；

三、驳回张某莉的其他诉讼请求。

林某东、林某水不服一审判决，提起上诉。

北京市第三中级人民法院经审理认为：《还款计划书》未违反法律、行政法规的强制性规定，应属合法有效。《还款计划书》中约定“待宋庄土地卖后一次性还清”，但林某东、林某水称二人对该土地均无处分权，也并无任何证据证明林某东或林某水采取措施积极履行出售土地的义务，故一审法院认定还款条件应认定为已成就，林某东应偿还相应借款本息，并无不当。同理，因林某水在《还款计划书》中签字确认在土地售后还款，法院认为其承担还款责任的条件亦成就，其主张不承担连带偿还责任缺乏依据，不予支持。

北京市第三中级人民法院依照《中华人民共和国民事诉讼法》第一百七十条第一款第一项规定，作出如下判决：

驳回上诉，维持原判。

【法官后语】

本案中，借贷双方约定债务人“待宋庄土地卖后一次性还清”借款本息，对于此类还款条件约定的法律效果如何认定。借款合同自出借人向借款人支付借款时便生效，关于还款期限或条件的约定，是对合同履行的约定内容，不影响合同效力，不属于附条件或附期限的民事法律行为，对此并无争议。但是，对于该约定本身的法律效果，存在不同观点。

观点一认为，所谓“还款条件”属于还款期限，即履行期的设定。还款是借款人的义务，应当严格履行，不能谈条件。因此，只要债权人的债权是合法的确定的，债务人的债务也就是确定的，只是偿还时间的认定问题。还款条件属于履行期限不明确的还款期限，对于履行期限不明确的，债权人可以随时要求债务人履行还款义务，不用考虑约定的条件是否成就的问题。

观点二认为，当事人约定的还款条件，是双方自愿达成的真实意思表示，若不违反法律、行政法规的强制性规定，该约定就合法有效。但是，对于条件是否成就，应当结合义务主体、履行情况、合理期限、诚实信用和公平原则等综合认定。

笔者同意第二种观点。第一，条件和期限是有区别的，即成就与否前者是不确定的，后者是确定的。将必成条件解释为期限，较为合理；但是将对不确定事件的约定解释为不确定期限，缺乏理论依据。

第二，对于合同条款设计，履行方式、履行条件的约定是当事人根据自身状况做出的利益安排，当事人是自己利益的最好判断者。合同的订立、履行包含多个环节，当事人由于个别环节产生纠纷，如果架空某一项条件，可能会断章取义地破坏合同当事人之间形成的“一揽子”的经济利益平衡。例如，厂家与经销商约定产品卖出达到一定比例后再支付货款，其中可能有为了推广风险较高的新型产品的考虑。根据《中华人民共和国合同法》第八条规定，依法成立的合同，对当事人具有法律约束力。故基于法律和私法自治的原则，在不违反法律、行政法规强制性规定的情况下，条款对当事人有约束力。

第三，虽认可当事人对于履行条件的约定，但并非没有限制。还款是借款人的义务，应当严格履行。第一种观点考虑到如果认可借贷双方约定的还款条件，那么借款人故意或消极不促成履行条件的成就，实际上能够被免除偿还借款的义务，无法保护债权人的利益。但是，还款条件本质上属于合同条款，认可当事人对于履行条件的约定，并不排斥依法对其进行规制，不排斥其受到合同目的、诚实信用原则、公平原则的限制。

对于还款条件是否成就取决于债务人意愿的情形，还款条件实际上是债务人履行合同的一部分，则债务人有义务依照合同约定积极履行该项义务。同时，我国合同法规定了当事人对合同的效力可以约定附条件，此处所附条件与还款条件引发的法律效果虽不同，但是作为“条件”，均是以将来不确定事件作为控制手段，具有相似性，因此关于条件本身成就与否的认定可以类推适用相关规定。《中华人民共和国合同法》第四十五条第二款规定：“当事人为自己的利益不正当地阻止条件成就的，视为条件已成就；不正当地促成条件成就的，视为条件不成就。”因此，对于取决于债务人意愿的还款条件，如果债务人不正当地阻止条件成就的，则可以视为条件已成就。

如果该条件的成就与否取决于案外人的意愿，则应当根据合同目的、公平原则予以考量。如果期限已经远远超过一般、合理履行期限，若无限期等待合同外第三人履行特定行为将导致明显不公平，则应当在已经给予合理的期限的基础上判令债务人履行合同义务。

对于缺乏实现的可能性的条件，依《最高人民法院关于贯彻执行〈中华人民共和国民法通则〉若干问题的意见（试行）》第七十五条规定，法律行为无效。该条规定系针对对合同效力约定附条件的情形，根据其法律效力，条件成就与否会对法律行为本身的效力发生影响；但是，还款条件本身是不影响法律行为的效力的，故对该条不能类推适用。在此情况下，关键在于对意思表示的解释，应当依据诚实信用原则，结合合同目的、合同内容，解释当事人所要达到的效果。

在本案中，债务人承诺“待宋庄土地卖后一次性还清”借款本息。首先，债务人无任何证据证明其曾采取过措施积极履行出售土地的义务；其次，债务人自称对该土地并无处分权，还款期限已经超过了合理的履行期限，若无限期等待土地出售将导致明显不公平，债权人的权利可能长期难以保障；最后，该还款条件的形成系债权人相信债务人能够从土地处分中获得价款而为债务清偿，并非土地买卖本身的行为对双方的权利义务内容有影响，且债务人以出卖土地作为条件在先、而后自称对该土地无处分权，也不符合诚实信用原则。综上，法院认定还款条件应认定为已成就，林某东、林某水应偿还相应借款本息，应当予以支持。

编写人：北京市第三中级人民法院　刘建刚　张雅霖

29

未按合同约定账户还款为支付对象错误不能视为向出借人还款

——德豪（扬州）房地产开发有限公司诉安徽蓝德集团股份有限公司、李某祥企业借贷案

【案件基本信息】

1. 裁判书字号

江苏省扬州市中级人民法院（2018）苏10民终1342号民事判决书

2. 案由：企业借贷纠纷

3. 当事人

原告（被上诉人）：德豪（扬州）房地产开发有限公司（以下简称德豪扬州公司）

被告（上诉人）：安徽蓝德集团股份有限公司（以下简称蓝德集团）

被告：李某祥

【基本案情】

2016年8月8日，德豪扬州公司与蓝德集团、案外人周某荣签订2号借款合同一份，约定蓝德集团向德豪扬州公司借款1100万元用于购买扬州新天地商业广场商铺，借款期限二十天，月利率1.5%，逾期还款，按0.3%/天承担滞纳金。借款由德豪扬州公司委托胡某琴支付给蓝德集团指定的收款人周某荣。本息还款支付至胡某琴在中信银行的账户。蓝德集团董事长李某祥及财务总监张某岗提供个人连带责任担保。变更合同事项需达成书面补充协议。同日，上述三方签订3号借款合同，约定借款金额为5750400元，借款由德豪扬州公司委托陈某鹭在中行开立的账户中支付给蓝德集团指定的收款人周某荣，本息还款支付至陈某鹭上述账户。合同

其他内容与2号借款合同约定一致。德豪扬州公司认可3号借款合同上公章的真实性，但认为对该笔借款并不知情。

2016年9月7日，蓝德集团出具借款借据一份，确认收到由胡某琴转账的借款1100万元。2016年11月28日，蓝德集团向2号借款合同约定的胡某琴银行账户电汇还款100万元。2016年9月至2017年1月，蓝德集团分别向3号借款合同约定的陈某鹭通过电汇和承兑汇票等方式共计付款1163万元，其中2017年1月26日100万元的收条由陈某鹭出具并注明“代胡某琴”。德豪扬州公司除上述100万元外，因未收到蓝德集团向胡某琴银行账户的其他还款，故诉至法院请求依法判令蓝德集团归还借款本金1000万元及相应利息。

【案件焦点】

蓝德集团向陈某鹭支付的款项能否视为归还德豪扬州公司的借款。

【法院裁判要旨】

江苏省扬州市邗江区人民法院经审理认为：2号借款合同明确约定借款应还至胡某琴的指定账户，蓝德集团第一笔100万元也是还至该账户，从蓝德集团提供的2017年1月26日的100万元承兑汇票收条中注明的“陈某鹭代胡某琴”，也可以看出其在合同履行过程中也明知应向胡某琴还款。蓝德集团法定代表人李某祥全程参与商铺买卖合同以及借款合同的签订，胡某琴与陈某鹭也分别单独作为合同一方出现，蓝德集团对两者系不同委托借款人的身份及关系应是清楚的。两份借款合同除金额外，唯一的不同就在于分别应向胡某琴和陈某鹭的指定账户还款，对此蓝德集团在还款时应负有高度的注意义务。陈某鹭虽然是德豪集团（控股）有限公司副总经理，但并非德豪扬州公司的法定代表人，其携带公章签订借款合同，但在合同签订后便无权随意更改合同内容。借款合同明确约定就变更事项达成的书面补充协议才与本合同具有同等法律效力，而蓝德集团在没有书面变更支付对象的情况下，没有充分的理由相信本应向胡某琴的还款可以还给陈某鹭。陈某鹭无权代表德豪扬州公司变更收款人，亦不构成表见代理。蓝德集团向陈某鹭还款属于支付对象错误，不能视为归还向德豪扬州公司的借款。蓝德集团关于通过陈某鹭向德豪扬州公司还款仅欠4120400元的辩称，缺乏事实和法律依据，依法不予采纳。

江苏省扬州市邗江区人民法院依照《中华人民共和国合同法》第二百零五条、

第二百零六条、第二百零七条,《中华人民共和国担保法》第十八条、第二十一条、第三十一条,《最高人民法院关于审理民间借贷案件适用法律若干问题的规定》第十一条、第二十九条,《中华人民共和国民事诉讼法》第六十四条之规定,作出如下判决:

一、被告蓝德集团于本判决生效之日起十日内向原告德豪扬州公司归还借款本金1000万元及利息;

二、被告李某祥对被告蓝德集团的上述给付义务承担连带清偿责任;

三、被告李某祥承担保证责任后,有权向被告蓝德集团追偿。

蓝德集团不服一审判决,提起上诉。

江苏省扬州市中级人民法院经审理同意一审法院裁判意见。依照《中华人民共和国民事诉讼法》第一百七十条第一款第一项的规定,判决如下:

驳回上诉,维持原判。

【法官后语】

双方在合同中明确约定还款账户,一方面可以有效防止具体经办人侵占相应款项,另一方面也有利于查明资金用途和流转情况。因此,合同中一旦约定了明确的还款账户,即成为关于付款约定的主要合同条款,付款方对此必须高度重视,应严格按照约定的账户还款。否则,付款方极有可能承担不利的法律后果。

对于因未按合同约定还款产生的纠纷,一般应遵循以下的审理思路:首先,应审查双方有无变更还款账户的书面约定,书面约定可以是纸质的、也可是传真或电子邮件等形式,但无论何种形式都要能反映出双方就还款账户变更达成一致意思表示;其次,在没有书面变更协议的情形下,应严格审查具体经办人要求变更合同约定还款账户有没有相应的权限,具有相应的权限的人包括公司法定代表人、公司章程明确授权的执行董事或持有书面特别授权的委托代理人。除此之外,即使是合同签订人或经办人也无权对包括还款账户在内的主要合同条款进行变更;最后,在经办人无权变更还款账户而私自变更的情形下,为保护合同相对方的合理信赖利益,则需进一步审查具体经办人的行为是否构成表见代理,即还款人有无充分理由相信向变更后的账户付款可以视为向出借人还款。对于表见代理的构成举证责任在于付款方,需结合合同签订及履行中的各相关因素,做出综合认定。该待证事实的证明标准较高，需达到能够排除合同怀疑的程度。本案中，双方当事人均为企业法人，属于典型的商主体，故在合同履行过程中对于合同变更应负有更高的注意义务。但对于普通的民事主体，可以适当降低其证明标准。

编写人：江苏省扬州市邗江区人民法院　曹保山

30

月息超过三分借款纠纷所还款项性质的认定

——戴某生诉胡某民间借贷案

【案件基本信息】

1. 裁判书字号

江西省吉安市中级人民法院（2018）赣08民终2401号民事判决书

2. 案由：民间借贷纠纷

3. 当事人

原告（被上诉人）：戴某生

被告（上诉人）：胡某

【基本案情】

戴某生自2016年1月起开始陆续向胡某“投资”，用于民间借贷投资，戴某生每投入一笔钱到胡某处，双方就约定该笔“投资款”的利息分红，由胡某按月支付给戴某生。至2016年6月6日止，戴某生共投入胡某处的资金达到415000元，由胡某向戴某生出具了收条，载明“今收到戴某生合伙做生意入股投资现金肆拾壹万伍仟元整（415000.00元）。今收人：胡某。2016.6.6”此后，胡某按月向戴某生支付利息至2017年4月底，2017年5月开始拖欠利息，戴某生遂多次通过手机短信和微信向胡某催讨利息，胡某在2018年1月和3月分两次支付给了戴某生60000元。之后，胡某以借出的钱未收回为由表示无钱支付。因胡某未按戴某生要求支付利息分红，戴某生遂诉至法院。

本案审理过程中，戴某生提出在2016年6月6日胡某出具415000元的收条之后，于2016年6月22日还追加了40000元现金投资用于放贷，总计455000元投资，胡某答应自2016年7月1日起每月支付戴某生19800元利息分红，并实际支付至2017年4月底。胡某则表示没有收到过戴某生所诉的40000元，双方也没有约定利息，胡某支付给戴某生的款项属于归还借款本金。

【案件焦点】

1. 本案的案由是合伙协议纠纷，还是民间借贷纠纷；2. 关于戴某生于2016年6月22日是否向胡某出借了款项40000元；3. 约定月息超过三分所还款项的性质。

【法院裁判要旨】

江西省吉安市泰和县人民法院经审理认为：戴某生出借款项给胡某用于民间借贷投资，虽然胡某在收条中约定该款为“合伙做生意投资”性质，但戴某生在出借款项给胡某时就约定了投资分红金额，且固定由胡某按月支付给戴某生，双方之间的“投资”行为实际为民间借贷关系，应按民间借贷关系处理。戴某生明知胡某对外从事高利贷行为，而提供资金给胡某放贷，自己也因此获取高额利润，该行为损害社会公共利益，对其获取的超过法定限额的利息收入法院不予支持，应予冲抵借款本金。戴某生陈述的每月19800元利息分红的计算方法以及胡某已支付利息的情况，均为胡某没有证据证实的自认，其自认的事实与双方的短信和微信聊天内容相吻合。对于戴某生主张2016年6月22日追加的40000元投资款以及约定每月19800元利息分红的事实，戴某生虽然没有证据证实，法院亦予以采信。综上，根据《中华人民共和国民法总则》第七条、第八条，《最高人民法院关于审理民间借贷案件适用法律若干问题的规定》第十四条第三项、第二十六条第二款、第二十九条第一款之规定，判决：

一、胡某归还戴某生借款393500元及利息（截至2017年12月31日为2960元，2018年1月1日起按月利率2%计算至还款之日），此款限于本判决生效后三十日付清；

二、驳回戴某生的其他诉讼请求。

胡某不服一审判决，提起上诉。

江西省吉安市中级人民法院经审理认为：戴某生于2016年6月22日是否向胡

某出借了款项40000元问题。戴某生作为出借人，其依法应就该事实的存在承担举证责任。否则，应承担举证不能的法律后果。现从戴某生提交的相关证据来看，并不能证明其已向胡某交付了该笔款项，且胡某对此亦予以否认，故戴某生依法应承担举证不能的法律后果。即一审法院认定戴某生于2016年6月22日向胡某追加了投资款40000元，属于认定事实错误，应予以纠正。因此，戴某生向胡某出借款项的本金应确定为415000元。综上所述，胡某的部分上诉请求成立，法院予以部分支持。依照《中华人民共和国民事诉讼法》第一百七十条第一款第二项之规定，判决：

一、维持泰和县人民法院（2018）赣0826民初1570号民事判决第二项；

二、变更泰和县人民法院（2018）赣0826民初1570号民事判决第一项为，上诉人胡某在本判决生效之日起十日内向被上诉人戴某生偿还借款本金341500元及利息42450元。

【法官后语】

根据《中华人民共和国合同法》第一百九十七条的规定，公民之间的民间借贷合同为不要式合同，当事人可以采用书面形式，也可以采用口头形式或其他形式。而在现实生活中，由于借贷关系的双方当事人之间多有亲属关系或同事、同乡、同学等社会关系，在借贷形式上表现出简单和随意性，不签订书面协议或仅仅由借款人出具一张内容简单的借据的情形较多。一旦发生纠纷，借贷双方都很难举出说服力很强的证据。

根据《最高人民法院关于民事诉讼证据的若干规定》第五条①第一款、第二款的规定，“在合同纠纷案件中，主张合同关系成立并生效的一方当事人对合同订立和生效的事实承担举证责任；主张合同关系变更、解除、终止、撤销的一方当事人对引起合同关系变动的事实承担举证责任。对合同是否履行发生争议的，由负有履行义务的当事人承担举证责任。”因此，在民间借贷纠纷中，出借方对双方之间存在借贷关系、出借方已将借款提供给借款人以及借款金额负有举证责任，而借款人则对于其已履行还款义务负有举证责任。

在适用证据规则上，常常忽视举证责任分配的一般规则。司法实践中，在借贷

① 本条已被2019年12月25日发布的《最高人民法院关于民事诉讼证据的若干规定》废止。

关系事实真伪不明时，相当多的民事判决直接引用《最高人民法院关于民事诉讼证据的若干规定》第二条①第二款“没有证据或者证据不足以证明当事人的事实主张的，由负有举证责任的当事人承担不利后果”作为法律依据，判决戴某生败诉。但实际上该法条仅明确了举证责任中结果责任的含义，并未规定该结果责任为何分配给戴某生承担。上述处理方法实际上是无因即果。因此，在借贷关系事实真伪不明时，应首先适用上述第五条第一款的规定，明确对借贷关系成立与否的事实应由戴某生承担举证责任，然后再适用第二条第二款，明确由于戴某生未能完成举证义务，应承担不利后果。此外，由于《最高人民法院关于民事诉讼证据的若干规定》属程序方面的司法解释，在适用时，应与《中华人民共和国民事诉讼法》中的相应内容同时引用。

在关键性证据的证明力上，不能客观地审核认定。根据《最高人民法院关于民事诉讼证据的若干规定》的规定，对案件的全部证据，应从各证据与案件事实的关联程度、各证据之间的联系等方面进行综合审查判断。但司法实践中，仍较多地发生片面认定证据的现象。如有些案件中，未能正确区分原始证据与传来证据之间证明力大小的差别，本案一审法官仅凭戴某生所提供的银行取款凭证就确认戴某生主张的出借事实成立，未能综合其他证据就草率认定存在借贷关系，导致事实认定错误。

本案中戴某生作为出借人，其依法应就该事实的存在承担举证责任。否则，应承担举证不能的法律后果。从戴某生提交的相关证据来看，只能证明戴某生的妻子刘某华于2016年6月22日取款21500元的事实，并不能证实戴某生向胡某交付款项40000元，故关联性不予采信。且胡某对此亦予以否认，故戴某生依法应承担举证不能的法律后果。即一审法院认定戴某生于2016年6月22日向胡某追加了投资款40000元，属于认定事实错误。

关于月息超过三分借款纠纷所还款项性质的认定，根据《最高人民法院关于审理民间借贷案件适用法律若干问题的规定》第二十六条第二款的规定，借贷双方约定的利率超过年利率36%，超过部分的利息约定无效，所还款项应当冲抵借款本金。一审、二审法院均严格适用了本条法律规定。

编写人：江西省吉安市泰和县人民法院　张建军

① 本条已被2019年12月25日发布的《最高人民法院关于民事诉讼证据的若干规定》废止。

31

对部分连带债务人的债务免除，效力及于其他连带债务人

——许某锋诉黄某群等民间借贷案

【案件基本信息】

1. 裁判书字号

福建省厦门市中级人民法院（2018）闽02民终1728号民事判决书

2. 案由：民间借贷纠纷

3. 当事人

原告（上诉人）：许某锋

被告（被上诉人）：黄某群、黄某珠、福建省麒麟建设工程集团有限公司（以下简称麒麟公司）

【基本案情】

2011年8月18日，许某锋与黄某群、麒麟公司签订《协议书》，约定麒麟公司系臻豪公司开发的“大洋雅苑”项目承包人、黄某群是该工程实际施工人。为推进工程完工，许某锋自愿提供借款，并由麒麟公司监督黄某群使用该借款，黄某群应负责推进工程项目直至最终完工；许某锋按下列期限提供借款并直接支付至麒麟公司的银行账户……若麒麟公司及黄某群针对臻豪公司提起的诉讼无法及时执行到工程款，许某锋同意根据工地实际情况再酌情考虑解决剩余款项……麒麟公司应负责监督借款的使用，确保黄某群将全部款项用于“大洋雅苑”项目施工；在麒麟公司收到臻豪公司支付的工程款后，优先清偿许某锋提供的上述借款。2011年10月20日，许某锋、麒麟公司、黄某群签订《补充协议》，约定诉讼执行得款的本金部分应优先保障“大洋雅苑”项目的施工尾款及诉讼过程中发生的全部费用，再清偿许某锋按照《协议书》提供的借款，若上述诉讼执行得款尚不足以清偿许某锋按协议书提供的款项，麒麟公司应继续通过强制执行措施追偿，但许某锋承诺不向麒麟

公司或黄某群追偿差额部分的款项。

签订协议后，许某锋先后转账支付借款合计1400万元。2016年3月14日，麒麟公司与许某锋协商约定，先还800万元，余款待与侯某水账目理清后支付。麒麟公司于2016年5月20日向许某锋付款500万元。2016年8月17日，许某锋与麒麟公司签订《和解协议书》，约定麒麟公司向许某锋支付700万元，许某锋在收到700万元后就本案借款不再向麒麟公司主张权利，但保留麒麟公司在本案中的诉讼地位，剩余款项向黄某群及其配偶黄某珠继续追讨。

【案件焦点】

在债权人许某锋免除共同债务人之一麒麟公司剩余债务的情况下，作为共同债务人的黄某群，是否还应对剩余债务承担清偿责任。

【法院裁判要旨】

福建省厦门市湖里区人民法院经审理认为：根据《协议书》《补充协议书》约定，许某锋直接向麒麟公司和黄某群提供款项，麒麟公司和黄某群以实际受偿的工程款扣除施工尾款后的余额承担还款责任。双方之间权利义务符合借贷关系法律特征，应认定许某锋与麒麟公司、黄某群之间形成借款合同关系。原审期间，许某锋与麒麟公司签订《和解协议书》，约定麒麟公司再向许某锋支付700万元，许某锋承诺就本案借款不再向麒麟公司主张权利，剩余款项向黄某群、黄某珠继续追讨。该《和解协议书》未征得黄某群、黄某珠同意，对二人不发生法律效力。而且，迟延还款的责任在麒麟公司，许某锋同意免除麒麟公司对剩余债务的还款责任，却要求无法控制和支配执行款的黄某群承担该部分债务，有违公平原则。许某锋自愿放弃对麒麟公司享有的部分债权，系对自身权利的合法处分，但在《补充协议》明确麒麟公司承担履行还款义务主体责任的情况下，对债务的豁免应及于其他共同借款人，即黄某群在许某锋放弃权利的范围内也应免除还款责任。因此，对许某锋要求黄某群、黄某珠偿还剩余借款、资金占用费及保全申请费的诉讼请求，依法不予支持。

福建省厦门市湖里区人民法院依照《中华人民共和国民事诉讼法》第十三条、第六十四条第一款规定，判决如下：

驳回许某锋的诉讼请求。

许某锋不服一审判决，提起上诉。

福建省厦门市中级人民法院经审理认为：许某锋承诺不向麒麟公司或黄某群追偿差额部分的款项，已经明确放弃了请求麒麟公司、黄某群除补充协议约定之外再另行还款的权利，也免除了麒麟公司、黄某群以诉讼执行得款之外的款项偿还讼争借款的义务。因此，许某锋提起本案诉讼请求黄某群偿还讼争借款本金 4240302 元及资金占用费，与三方《补充协议》约定不符，缺乏事实及法律依据。一审判决结果正确，应予以维持。

福建省厦门市中级人民法院依照《中华人民共和国民事诉讼法》第一百七十条第一款第一项之规定，判决如下：

驳回上诉，维持原判。

【法官后语】

依照《中华人民共和国民法通则》第八十七条规定，债权人或者债务人一方人数为二人以上的，依照法律的规定或者当事人的约定，享有连带权利的每个债权人，都有权要求债务人履行义务；负有连带义务的每个债务人，都负有清偿全部债务的义务，履行了义务的人，有权要求其他负有连带义务的人偿付他应当承担的份额。因此，债权人可以选择向部分连带债务人主张权利，但不得妨碍该部分连带债务人对超过其应当负担的份额依法行使追偿权。一旦债权人免除部分连带债务人的债务，势必导致其他连带债务人在承担债务后，不能向该债务人追偿，显然有悖于法律规定。而且，连带债务人对外均负有清偿全部债务的义务，一人的清偿行为对其他连带债务人发生效力。依照《中华人民共和国合同法》第九十一条第五项规定，债权人免除债务的，合同权利义务终止。因此，债权人对部分连带债务人免除债务的，其行为效力应当及于其他连带债务人，相应的债权债务关系归于消灭。

编写人：福建省厦门市湖里区人民法院　姚亮

五、利息与违约金认定

32

民间借贷纠纷中利息约定不明情形之认定及处理

——林某洪诉赵某钦民间借贷案

【案件基本信息】

1. 裁判书字号

广东省汕头市中级人民法院（2018）粤05民终1041号民事判决书

2. 案由：民间借贷纠纷

3. 当事人

原告（上诉人）：林某洪

被告（被上诉人）：赵某钦

【基本案情】

赵某钦于1998年2月前多次向林某洪借款，1999年6月27日，经双方确认，赵某钦向林某洪出具了《欠款条》，载明“1998年1月27日止结欠50000元（伍万元整），结至1998年8月27日止欠息壹万肆仟元整，合计￥64000元整（陆万肆仟元整），结至1999年6月27日止息壹万伍仟元整（本5万元计3点），另加息2400元，总共合计捌万壹仟肆佰元整，从1999年6月27日起计息款数（计柒万元整，其中壹万壹仟肆佰元不计息）”，并在《欠款条》的欠款人处签名后交林某洪存执。赵某钦出具《欠款条》后，没有归还借款本金及利息，林某洪经催讨未果，遂向法院起诉。

【案件焦点】

1. 借期内有无约定利息及利息是否能够明确；2. 利息约定不明情形下应如何处理。

【法院裁判要旨】

广东省汕头市潮南区人民法院经审理认为：林某洪与赵某钦之间的民间借贷关系依法成立，受法律保护。赵某钦向林某洪借款50000元，有赵某钦出具的《欠款条》为据，事实清楚，证据充分，可予认定。赵某钦虽辩称从未向林某洪借款，也未向林某洪出具《欠款条》，但未能提交证据证明林某洪不具有债权人资格，法院对其抗辩意见不予采纳。因双方没有约定还款时间，根据法律规定，林某洪有权随时催讨，赵某钦对借款应负归还责任。现林某洪请求判令赵某钦偿还其借款本金50000元，于法有据，可予支持。关于借款利息，《欠款条》载明的利息款可认定双方约定1998年2月23日起至1998年10月17日止的利息是按月利率4%计，从1998年10月18日起至1999年8月8日止的利息是按月利率3%计，对于上述期间的利息，林某洪自愿减免为按月利率2%计，符合自愿原则且不违反法律规定，可予照准。对于林某洪请求判令赵某钦支付1999年8月8日后至还清全部借款之日止的利息的问题，因《欠款条》载明的内容为“从1999年6月27日起计息款数（计柒万元整，其中壹万壹仟肆佰元不计息）”，可见林某洪与赵某钦虽有约定计息基数，但并没有约定计息利率，属对利息约定不明，故对林某洪主张赵某钦应按月利率2%计付1999年8月8日后借款利息的请求，不予支持；但由于林某洪与赵某钦没有约定归还期限，故对林某洪主张利息计至还清借款之日止，可视为其主张包括计付逾期利息，因此，可从其起诉主张权利之日起计付逾期利息，由于林某洪与赵某钦未约定借款期限内的利率，也未约定逾期利率，故依法应按年利率6%计付。

广东省汕头市潮南区人民法院依照《中华人民共和国合同法》第二百零五条、第二百零六条、第二百一十一条和《最高人民法院关于审理民间借贷案件适用法律若干问题的规定》第二条、第二十五条第二款、第二十六条、第二十九条之规定，作出如下判决：

赵某钦应于判决发生法律效力后十五日内返还林某洪借款50000元及利息（自1998年2月23日至1999年8月8日利息按月利率2%计，自2018年6月8日起至还清借款之日止按年利率6%计）。

林某洪不服一审判决，提起上诉。

广东省汕头市中级人民法院经审理认为：林某洪主张案涉借款自1999年8月9日起的利息应按月利率2%计付，并提供了赵某钦于1999年8月8日出具的《欠款条》作为计息凭据。根据《欠款条》确认的结息数额，可推定案涉借款月利率在1998年2月23日至同年10月17日期间和1998年10月18日至1999年8月8日期间分别为4%和3%；但自1999年8月9日起借贷双方只确认计息款数，对具体利息、利率均未予明确。据此，林某洪关于本案借款自1999年8月9日起存在利息约定的主张虽然成立，但根据《欠款条》的记载尚不足以证明双方当事人明确约定自1999年8月9日起的借款月利率为3%，故本案应视为借贷双方对利息有约定，但利率约定不明。根据《中华人民共和国合同法》第二百一十一条第一款“自然人之间的借款合同对支付利息没有约定或者约定不明确的，视为不支付利息”的规定，以及《最高人民法院关于审理民间借贷案件适用法律若干问题的规定》第二十五条第二款“自然人之间借贷对利息约定不明，出借人主张支付利息的，人民法院不予支持”的规定，林某洪主张自1999年8月9日起至起诉之日的利息，应不予支持。又根据《最高人民法院关于审理民间借贷案件适用法律若干问题的规定》第二十九条第二款第一项“既未约定借期内的利率，也未约定逾期利率，出借人主张借款人自逾期还款之日起按照年利率6%支付资金占用期间利息的，人民法院应予支持”的规定，赵某钦应偿还林某洪50000元借款本金自起诉之日起按年利率6%计至还清欠款之日止的逾期利息。

广东省汕头市中级人民法院依照《中华人民共和国民事诉讼法》第一百七十条第一款第一项之规定，作出如下判决：

驳回上诉，维持原判。

【法官后语】

本案属于典型的自然人之间的私人借款，债务人虽向债权人出具《欠款条》，但其中并未有明确的利率约定。不足200字的一纸《欠款条》信息量满满，既包含借贷双方先后两次结息的起止时间和利息计付方式，也包含两次结息之后双方再次约定的计息基数，且未约定还款日期。故《欠款条》虽系本案债权人的唯一书面证据，但据此可推定借贷双方在此前两次结息期间内均存在利息约定且利率明确，故该期间内利息可按债权人主张的利率予以支持。鉴于上述推定的借贷双方此前两次结息期间内关于利率的约定并不一致，故在双方第二次结息后至起诉前之期间内存在利息约定虽可予认定，但债权人未能进一步举证证明具体利率的情况下，该期间内利率约定难以查清亦无法推定，依法应视为未约定利息，对债权人关于该期间内的利息请求不予支持。又因本案借款未约定还款期限，依法可从起诉之日起按年利率6%计付逾期利息，不因借期内没有约定利息或利息约定不明而不予支持。

自然人之间借贷在借贷形式上往往表现出简单性和随意性，不签订书面借款合同或仅仅由借款人出具一张内容简单的借据、收条或欠条的情形较为常见，在借贷双方对利息没有书面证据证明或者约定不明确的情况下，出借人主张有利息约定，借款人抗辩没有利息约定，应根据《中华人民共和国合同法》的实体规定及《中华人民共和国民事诉讼法》的程序规定，按照高度盖然性原则对利息约定事实进行查明；进而结合《最高人民法院关于审理民间借贷案件适用法律若干问题的规定》中关于司法保护民间借贷利率上限以及逾期利率处理的规定进行裁判。

编写人：广东省汕头市中级人民法院　庄晓燕

33

民间借贷中超出法律保护范围利息的认定

——张某诉周某民间借贷案

【案件基本信息】

1. 裁判书字号：

北京市第一中级人民法院（2018）京01民终6264号民事裁判书

2. 案由：民间借贷纠纷

3. 当事人

原告（被上诉人）：张某

被告（上诉人）：周某

【基本案情】

2017年3月17日，周某向张某出具借条，载明，今有借款人周某经营需要，从出借人张某处借款人民币181万元，借款期限1个月（即2017年3月17日至2017年4月16日）；本人承诺：上述借款到期日之前，一定全额还清，若到期未能全额归还，按《借款协议》和相关联协议执行，同时本人自愿每天按借款总额的5‰向张某支付违约金。借款利息为借款总额的3.6%。如发生纠纷，由北京市海淀人民法院管辖。本借条由出借人和借款人在海淀区工商银行西区支行签署，借款以转账合计汇入借款人银行账户和现金收讫的总和计算。该协议下方写有“补充：本协议的181万元包含2016年7月18日周某欠张某的170万元，共欠181万元。周某”字样。同日，周某出具收条，载明：今本人周某已收到张某181万元整。特此证明。双方均认可，借条中约定的借款利息为月息3.6%。

根据中国工商银行转账凭证显示，2016年7月18日，张某向周某转账支付借款170万元；2017年3月17日，张某向周某转账支付借款110万元。双方均认可，上述170万元借款中有99万元已偿还。张某表示，周某多次向其偿还利息，具体数额如下：2017年3月17日21720元、3月28日21720元、4月6日21720元、4月16日41630元、5月16日41630元、5月18日12670元、5月28日12670元、6月17日36200元、7月8日18100元、7月23日18100元、8月16日15000元、11月10日50000元、2018年1月24日50000元。该银行对账单还显示，自2016年7月18日至2017年2月17日每月向张某转账39100元，2017年3月2日转账970900元，3月12日转账14200元。

【案件焦点】

1. 周某与张某重新结算181万元的借条是否存在计算错误或存在违反法律规定的情形；2. 对周某还款的认定是否存在未予抵扣或违反法律规定的情形。

【法院裁判要旨】

北京市海淀区人民法院经审理认为：依据张某提交的借条、收条及转账凭证，可以认定张某与周某之间存在民间借贷法律关系。根据我国相关法律规定，债务人除主债务之外还应当支付利息和费用，当其给付不足以清偿全部债务时，并且当事人没有约定的，人民法院应当按照下列顺序抵充：1. 实现债权的有关费用；2. 利息；3. 主债务。张某与周某于2017年3月17日重新签订了借条，确定借款金额为181万元，同时该借条中明确约定，181万元借款中包含2016年7月18日的170万元借款，因此，双方重新签订借条的行为，系对双方就此前的债权债务重新进行的确认，是双方真实意思表示，周某应依据2017年3月17日签订的借条履行还款的义务。现双方对于2017年3月17日后的还款数额并无异议，但周某主张其偿还的全部款项应当先行偿还本金，违反了法律规定，法院不予采信。

借贷双方约定的利率未超过年利率24%，出借人请求借款人按照约定的利率支付利息的，人民法院应予支持。借贷双方约定的利率超过年利率36%，超过部分的利息约定无效。借款人请求出借人返还已支付的超过年利率36%部分的利息的，人民法院应予支持。就周某在2017年3月17日前的还款行为，系基于170万元借款产生，且从双方实际履行的情况看，周某在170万元借款未结算前一直按月支付39100元，该数额恰为张某主张的170万元的2.3%，再结合双方就170万元还款进行结算后确定的本金数额，可以认定双方就之前的170万元借款，约定并实际履行了月息2.3%的利率标准，亦未超出法律规定的利息范围，故对于周某表示2017年3月17日的借款并未约定利息的抗辩不予采信。虽2017年3月17日借条中约定的借款利息为月息3.6%，但在实际履行过程中，双方就利息数额进行了调整，周某仅在2017年3月17日至4月16日按照月息3.6%的标准向张某支付了利息，其余已支付利息均未超出年利率36%的标准，对于超出法律规定的部分，张某同意按照月利率2%的标准抵扣未偿还利息，法院不持异议。结合周某已还款情况，认定周某偿已还利息至2017年10月21日。张某主张期限超出部分，不予支持。

据此，北京市海淀区人民法院依照《中华人民共和国合同法》第八条、第一百零七条、第二百零六条，《最高人民法院关于审理民间借贷案件适用法律若干问题的规定》第二十六条、第二十九条第一款之规定，判决：

一、周某于本判决生效之日起七日内返还张某借款181万元并给付相应利息（自2017年10月22日起至实际付清之日止，按照年利率24%的标准计算）；

二、驳回张某其他诉讼请求。

周某不服一审判决，提起上诉。

北京市第一中级人民法院经审理同意一审法院裁判意见，依照《中华人民共和国民事诉讼法》第一百七十条第一项规定，判决：

驳回上诉，维持原判。

【法官后语】

利率的规制是民间借贷的核心问题，对民间借贷利率的约束，要考虑到作为市场主体的借贷双方的真正需求。对于民间利率改革的管制尺度与市场化放任的观点之争，学术界和实务界也一直观点纷呈。部分学者从资金优化配置、避免金融或社会危机角度出发，认定应当对民间借贷利率严格规制，而另一些学者认为，利率应由资金市场定价的需求来调整，故不应当设定民间借贷利率的上限。西方国家金融市场以利率市场化为主流，但是次贷危机带来的大量经济泡沫也揭示了利率市场化有赖于一个稳定的宏观经济环境、完善的金融稳定机制和市场经济行为为主体理性等多种因素。在我国金融监管一向奉行国家垄断的底线，民间金融处于边缘化的角色，但不可否认的是，民间借贷有其自身特点，其交易对象、交易数额和模式也在不断扩大，因此，我国在制定民间利率管制的取向上应当考虑其自身优势，同时也要对高利率洗钱、恶意追债等问题进行防范。

年利率24%以下之民间借贷利率可申请司法强制执行。我国正规金融市场的贷款利率，正处于一个自由化变革的时代，经历了从国家统一贷款利率，到依据国家基准利率上下限浮动利率，再到2004年取消贷款利率浮动上限，2013年取消浮动下限的变迁过程。综观域外关于民间借贷利率合法上限的模式设计，可以发现一个规律，即对于采用分类规制利率管理模式的国家或地区而言，24%的利率上限总体而言略高于生活消费性民间借贷的利率上限，却远低于生产经营型民间借贷的利率上限；而对于采用统一规范利率管理模式的国家或地区而言，24%的利率上限总体上处于一个较低的水平。根据央行近十年的基准利率，基本保持在6%左右。依照“四倍红线”的计算原则，民间利率的最高限制为24%。事实上，尽管“四倍”算法的由来并未有一个官方的说明，但从司法实践上看，超过银行利率4倍的可以算高利贷。那么按照“四倍红线”的计算原则，民间借贷利率应则保持在20%～30%的范围之内。从央行近年来的基准利率来看，6%的贷款基准利率在较长一段时期内保持稳定，因而，可以将“四倍红线”原则确定的数额作为未来立法规定民间借贷利率上限之参考，认为利率在24%以下的民间借贷，其利息应受法律强制力之保障。

超过年利率36%的部分认定为无效。市场具有盲目性、自发性、滞后性的弊端，若完全实行利率自由化，则会导致放贷者为获得自身最大利益不断提高民间借贷之利率，从而不利于资金在金融市场内的优化配置和民间借贷市场的长远发展。因而，有必要以法律的形式对民间借贷利率上限进行一定的限制。这种限制在私法上的通常做法就是将高于上限的利率约定认定为无效，超过上限的给付的利息应当作为不当得利返还债务人。

年利率24%～36%的民间借贷利率拥有债权保持力但无执行力。债权的效力，从原理上观察，具有请求力、执行力和保持力。具体到民间借贷问题上，一旦借贷行为完成，利息也随即以法定孳息的形式而成为债权之一部分。对于年利率24%～36%之间的民间借贷利息应认定为自然之债，具体处理方案是：24%～36%之间的债权并无请求力，但约定也并非无效，但当债权人请求给付时，债务人得拒绝给付，并且债权人不得通过诉讼强制债务人履行而已。假如债务人任意给付，且债权人受领时，法院亦不得认定为不当得利。换言之，应享有债权之保持力，但不享有债权之执行力。这种处理思路是对我国现有实践的总结，也是实现国家强制和私人自治的协调，既有利于生产经营性借贷的进行，也有利于未来利率市场化后为民间借贷资本市场利率水平的调整预留了空间。

编写人：北京市海淀区人民法院　冯京晶

34

依结算凭证起诉之民间借贷案本息认定难点

——王某辉诉林某民民间借贷案

【案件基本信息】

1. 裁判书字号

福建省厦门市中级人民法院（2018）闽02民终1914号民事判决书

2. 案由：民间借贷纠纷

3. 当事人

原告（反诉被告、上诉人）：王某辉

被告（反诉原告、被上诉人）：林某民

第三人（反诉被告、上诉人）：王某明

【基本案情】

王某明和王某辉于2015年8月3日登记离婚。2013年1月10日至2014年12月10日期间，林某民通过银行转账陆续向王某辉交付借款合计309万元。2013年1月21日至2014年12月10日期间，王某辉通过本人和刘某玲的银行账户陆续向林某民转账还款1783500元。2014年12月16日至2016年12月8日期间，王某辉通过本人和刘某玲、郑某鸿、柯某鹏、杨某斌、纪某清等的银行账户陆续向林某民转账还款2006000元。2016年12月9日，王某辉和王某明作为借款人和林某民签订一份《借款合同》，约定：王某辉和王某明因资金周转需要向林某民借款80万元；月利息3%，按月收息；借款期限一年，自2016年12月9日至2017年12月9日。2016年12月19日至2017年1月26日期间，王某辉通过本人和杨某斌的银行账户陆续向林某民转账还款70000元。2017年1月28日，王某辉和王某明作为借款人和林某民签订一份《借款合同》，约定：王某辉和王某明因资金周转需要向林某民借款20万元；月利息3%，按月收息；借款期限三个月，自2017年1月28日至2017年4月27日。2017年2月11日至2017年3月27日期间，王某辉通过杨某斌的银行账户陆续向林某民转账还款100000元。后王某辉未再还款。

【案件焦点】

依结算凭证起诉之民间借贷，结算前已支付的超过年利率36%（法定最高标准）的利息如何区分不同情形作处理及该部分利息可以抵扣本金时的抵扣方式选择。

【法院裁判要旨】

福建省厦门市思明区人民法院经审理认为：合法的借贷关系受到法律保护。王某明经法院合法传唤无正当理由未到庭，视为放弃相应的权利。王某辉要求林某民向王某辉返还已支付的超过年利率36%部分的利息176942元、归还王某辉签名的2016年12月9日《借款合同》、2017年1月28日《借款合同》的原件并予以作废等诉讼请求，没有依据，法院不予支持。关于借款本金，王某辉和王某明尚欠林某民借款100万元。其中，20万元借款的借款期限已经届满；80万元借款的借款限期虽未届满，但王某辉和王某明未依约按月支付借款利息，根据《借款合同》的约定，林某民有权提前收回借款。故法院对林某民要求王某辉和王某明偿还100万元借款的诉讼请求予以支持。关于借款利息，80万元借款按年利率36%计算、自结算之日即2016年12月9日至2017年5月31日的利息为138400元，20万元借款按年利率36%计算、自结算之日即2017年1月28日至2017年5月31日的利息为24800元。因此，截至2017年5月31日，100万元借款的利息合计为163200元。而自第一次结算之日即2016年12月9日至2017年5月31日，王某辉共向林某民还款170000元。该还款扣除按年利率36%计算、受法律保护的利息163200元后，剩余6800元。林某民主张按年利率24%计算，自2017年6月1日起计算100万元借款的利息至实际还款之日止，不违反法律规定，法院予以支持，但上述结余的6800元应用于抵扣利息。关于律师费，林某民要求王某辉和王某明支付律师费25000元，有《借款合同》的约定为据，予以支持。

福建省厦门市思明区人民法院依照《中华人民共和国民法通则》第九十条、第一百零八条，《最高人民法院关于审理民间借贷案件适用法律若干问题的规定》第二十六条第二款、第二十九条，《最高人民法院关于适用〈中华人民共和国婚姻法〉若干问题的解释（二）》第二十四条，《中华人民共和国民事诉讼法》第六十四条第一款、第一百四十四条规定，判决如下：

一、王某辉、王某明应于判决生效之日起十日内向林某民偿还借款1000000元，并支付利息（利息以1000000元为基数，按年利率24%计算，自2017年6月1日起支付至实际还款之日止；已支付的6800元用于抵扣利息）；

二、王某辉、王某明应于判决生效之日起十日内向林某民支付律师费25000元；

三、驳回王某辉的诉讼请求。

王某辉、王某明不服一审判决，提起上诉。

福建省厦门市中级人民法院经审理认为：关于讼争两份《借款合同》的性质，

林某民主张系双方此前借款结算后形成的，王某辉、王某明则主张该两份《借款合同》系双方之间全新的尚未履行的合同，经查，该两份《借款合同》出具时间分别为2016年12月9日和2017年1月28日且均由林某民持有原件，先后签署两份均未履行的《借款合同》明显有悖常理，且上述《借款合同》签订后王某辉又陆续向林某民转款的行为亦与其所主张《借款合同》未实际履行相矛盾，而林某民对讼争两份《借款合同》的形成过程陈述翔实可信，且有双方之间的转账记录予以佐证，故一审法院采信林某民有关讼争《借款合同》系双方此前借款结算后形成的主张，并无不当，法院予以维持，王某辉、王某明有关该两份《借款合同》系双方之间尚未履行的新合同的主张缺乏事实依据，法院不予采纳。讼争《借款合同》系由王某辉、王某明共同出具给林某民的，林某民主张讼争借款由王某辉、王某明共同还款依法有据，王某明现以未收到款项及不是夫妻共同债务为由主张不承担还款责任，缺乏法律依据，不能成立，法院不予采纳。讼争两份《借款合同》借款本金共计1000000元，并不包含此前借款的利息，故王某辉、王某明主张讼争《借款合同》签订之前已支付利息中超过年利率36%的部分抵扣本案本金的意见，缺乏法律依据，法院不予支持，该部分已支付利息中超过年利率36%的部分王某辉依法可主张予以返还，王某辉一审起诉主张由林某民返还已支付利息超过年利率36%的部分为176942元，林某民于2016年12月9日之前已收到的利息超过年利率36%的部分已超过176942元，林某民二审期间对此亦予以确认，故王某辉有关返还176942元的诉讼请求依法有据，应予支持。自2016年12月9日起至2017年3月27日，王某辉共向林某民还款170000元，王某辉、王某明现主张该部分款项按年利率36%付利息后超出的款项应抵扣本金，符合法律规定，林某民亦表示同意，法院依法予以支持，经计算，至2017年3月27日王某辉、王某明尚欠林某民借款本金934960.9元且至2017年3月27日的利息已付清，而林某民主张王某辉已按年利率36%支付利息至2017年5月31日，因该部分对应款项被作为本金予以抵扣，故王某辉、王某明仍应依法按年利率24%的标准向林某民支付自2017年3月28日至2017年5月31日止的相关利息。综上，王某辉、王某明应返还林某民本金934960.9元，并自2017年3月28日起按照年利率24%的标准向林某民支付利息至还清欠款止，王某辉、王某明的相关上诉意见部分有理，予以支持，其余上诉意见缺乏事实和法律依据，不予支持。依照《中华人民共和国民事诉讼法》第一百七十条第一款第二项规定，判决：

一、维持厦门市思明区人民法院（2017）闽0203民初9232号民事判决第二项，即“王某辉、王某明应于判决生效之日起十日内向林某民支付律师费25000元”；

二、撤销厦门市思明区人民法院（2017）闽0203民初9232号民事判决第三项；

三、变更厦门市思明区人民法院（2017）闽0203民初9232号民事判决第一项为：王某辉、王某明应于判决生效之日起十日内共同偿还林某民借款本金934960.9元及利息（利息按年利率24%的标准，自2017年3月28日起计至实际还款之日止）；

四、林某民应于本判决生效之日起十日内向王某辉返还176942元；

五、驳回王某辉原审其他诉讼请求；

六、驳回林某民原审其他反诉请求；

七、驳回王某辉、王某明其他上诉请求。

【法官后语】

本案是典型的以结算凭证为依据起诉主张债权的民间借贷纠纷，处理此类案件，主要涉及理解与适用《最高人民法院关于审理民间借贷案件适用法律若干问题的规定》第二十六条及第二十八条的规定，此类案件中当事人主张对前期双方所有的借款本息均予以审查，并对超过法定标准的利息予以冲抵本金的，审理思路应为：

一、查明结算凭证所载本金是否包含前期借款的利息

1. 若本金不包含前期借款利息，则不需要适用上述第二十八条的规定，当事人主张已还利息超过年利率36%的标准，并主张在本案中抵减已结算本金的，应释明当事人依据上述第二十六条的规定另行主张返还并在判决基础上加以抵扣，而不能直接予以即时抵减结算所涉本金。2. 结算凭证所载本金包含前期借款利息的，则应依据上述规定第二十八条审查结算凭证所涉的前期借款利息是否高于法定标准年利率24%及整个借款期间的本息之和是否存在超标准的问题。同时，存在已支付利息超过年利率36%的，亦应区分是否是结算凭证所涉的本息范围，超过结算凭证所涉本息范围的则不予审查，应由当事人另行主张返还。

二、结算前已支付超过年利率36%部分利息的抵减本金方式

对于超过年利率36%部分利息冲抵借款本金，主要观点和做法如下：一是超出部分的利息以借款人最后还款时间为节点，先冲抵未还利息，再抵减本金；二是超出部分的利息即时冲抵本金，以还款当日为节点计算本金抵减数额；三是借款人每月按照借款本金归还利息系双方借款合意的结果，超出部分的利息逐月抵扣本金，本金逐月抵减。三种计算方式，第一种计算最为简单，第二种抵减方式最为精确，虽然计算较为烦琐，但对双方都更为公平，故本案中采用的是第二种抵减方式，但上述抵减方式在司法实践中都有存在，本案一审采用第一种方式抵减本金，且出借人主张的按36%年利率计算利息的期间已超过借款人最后还款时间，明显不妥，当事人对此计算方式不服提出上诉，故二审根据第二种计算方式予以改判。

编写人：福建省厦门市中级人民法院　陈丽英

35

律师费是否属于民间借贷司法解释第三十条中的其他费用

——戴某鹏诉张某才、于某坤民间借贷案

【案件基本信息】

1. 裁判书字号

北京市第三中级人民法院（2018）京03民终9039号民事判决书

2. 案由：民间借贷纠纷

3. 当事人

原告（被上诉人）：戴某鹏

被告（上诉人）：张某才

被告（被上诉人）：于某坤

【基本案情】

2016年5月19日，戴某鹏与张某才、于某坤签订《借款合同（续）》，约定：

"甲方（出借人）为戴某鹏，乙方（借款人）为张某才，丙方（证明人）为于某坤。乙方因甲方借款，丙方愿意为乙方借款向甲方提供连带保证担保。乙方应还甲方合计金额人民币：4117056元（肆佰壹拾壹万柒仟零伍拾陆元）考虑到乙方还款能力经由双方友好协商特订立此合同。八、逾期还款的处理：乙方如逾期还款，除应承担甲方实现债权之费用（包括但不限于甲方支出之律师费、诉讼费、差旅费等）外，还应按如下方式赔偿甲方损失：逾期还款期限在30日以内的部分，按逾期还款金额每日千分之贰（2‰）的比例赔偿甲方损失；超过30日以上部分，按照逾期还款金额每日千分之捌（8‰）的比例赔偿甲方损失。前款约定的损失赔偿比例，系各方综合各种因素确定。在主张该违约金时，甲方无须对其损失另行举证，同时双方均放弃《中华人民共和国合同法》第一百一十四条规定的违约金或损失赔偿金调整请求权。"

2017年11月28日，戴某鹏与北京平北律师事务所签订了《委托代理协议》。该协议载明："戴某鹏（以下简称甲方）因民间借贷纠纷一案，委托平北律师事务所（以下简称乙方）出庭代理，乙方接受甲方的委托，指派曾某辉、杜某奇律师为甲方诉讼纠纷案的第一审代理人。根据《律师业务收费管理办法及收费标准》的规定，甲方于协议签订之日向乙方缴纳代理费6000元，涉及财产关系的案件，甲方向乙方缴纳费用254000元。如一方要求变更协议条款，协议为：分二次付清，先付13万元，结案时付清全部代理费。"同日，戴某鹏通过中国工商银行向北京平北律师事务所转账13万元。北京平北律师事务所向戴某鹏开具了面额为5万元及8万元的增值税发票两张。

【案件焦点】

律师费是否属于《最高人民法院关于审理民间借贷案件适用法律若干问题的规定》第三十条中的"其他费用"。

【法院裁判要旨】

北京市怀柔区人民法院经审理认为：戴某鹏、张某才在《借款合同（续）》中约定，张某才若违约应承担戴某鹏实现债权之费用（包括但不限于甲方支出之律师费、诉讼费、差旅费等）。现戴某鹏主张的律师费13万元已经实际支付，且提交了相应的代理合同、转账凭证、发票等证据予以证明，张某才认为戴某鹏支出的律师费存在不合理之处，但并未提交证据予以证明，故本院对其该项抗辩不予采信。张某才应当按照合同约定支付戴某鹏因实现合同债权所支出的律师费13万元。

北京市怀柔区人民法院依照《中华人民共和国合同法》第八条、第二百零六条、第二百零七条，《中华人民共和国担保法》第十八条、第二十一条、第三十一条，《最高人民法院关于适用〈中华人民共和国合同法〉若干问题的解释（二）》第二十一条，《最高人民法院关于适用〈中华人民共和国担保法〉若干问题的解释》第三十条，《最高人民法院关于审理民间借贷案件适用法律若干问题的规定》第二十六条、第二十八条、第二十九条以及《中华人民共和国民事诉讼法》第六十四条之规定，判决：

一、张某才于判决生效后十日内返还戴某鹏借款本金2835611元；

二、张某才于判决生效后十日内给付戴某鹏利息（以236万元为基数，自2015年3月25日至2015年9月27日，按照年利率24%计算；以216万元为基数，自2015年9月28日起至2016年8月1日，按照年利率24%计算；以1795611元为基数，自2016年8月2日至2017年12月15日，按照年利率24%计算；以1785611元为基数，自2017年12月16日起至实际付清之日止，按照年利率24%计算；以105万元为基数，自2016年5月30日始至实际付清之日止，按照年利率24%计算）；

三、张某才于判决生效后十日内支付戴某鹏律师费13万元；

四、于某坤对上述确定的第一项、第二项、第三项确定的张某才的债务承担连带保证责任；

五、于某坤承担连带保证责任后，有权向张某才追偿；

六、驳回戴某鹏的其他诉讼请求。

张某才不服一审判决，提起上诉。

北京市第三中级人民法院经审理认为：在有偿的民间借贷关系中，借款人获得借款的成本主要以利息形式体现，为避免资金出借方利用资金优势向借款人索取高额利息，进而扰乱正常市场秩序，国家法律对借款利率标准设置了上限。实践中，部分出借人与借款人约定了服务费、咨询费、管理费等名目不一的“其他费用”，《最高人民法院关于审理民间借贷案件适用法律若干问题的规定》第三十条中的其他费用，是指双方约定的债务人违约时需承担的除逾期利息、违约金外的资金占用成本或融资成本，与借款金额密切相关。而律师费属于实现债权的费用，是出借人为追索借款所支付的诉讼成本，两者性质不同，产生的时间节点及条件亦不相同。如将律师费并入其他费用而设定上限，不利于维护守约方权益，亦纵容了违约方不及时清偿债务的行为，变相降低了违约方的违约成本，有违公平公正原则，也干预了当事人意思自治。只要借款人按约定履行还款义务，也就不存在所谓的为实现债权而支出的费用。本案律师费并非出借人为了规避利率上限而设定，亦非借款人为获取本案借款而必须支付的额外成本，故法院认为，律师费不应视为上述规定中的“其他费用”。现双方对于律师费负担有明确书面约定，而张某才确实存在逾期未还款的违约行为，故张某才应承担戴某鹏为实现债权而产生的律师费，一审法院在判决张某才按年利率24%标准支付利息外，另行判决张某才支付律师费并无不当，法院予以维持。依照《中华人民共和国民事诉讼法》第一百七十条第一款第一项之规定，判决：

驳回上诉，维持原判。

【法官后语】

《最高人民法院关于进一步加强金融审判工作的若干意见》中提到：“2. 严格依法规制高利贷，有效降低实体经济的融资成本。金融借款合同的借款人以贷款人同时主张的利息、复利、罚息、违约金和其他费用过高，显著背离实际损失为由，请求对总计超过年利率24%的部分予以调减的，应予支持，以有效降低实体经济的融资成本。规范和引导民间融资秩序，依法否定民间借贷纠纷案件中预扣本金或者利息、变相高息等规避民间借贷利率司法保护上限的合同条款效力。”其中意见明确提到了“其他费用”的表述，并提到“显著背离实际损失、变相高息，规避利率上限”，印证了“其他费用”系变相高息之意。最高人民法院印发的《关于依法妥善审理民间借贷案件的通知》中提到：“依法严守法定利率红线。人民法院在民间借贷纠纷案件审理过程中，对于各种以‘利息’、违约金、服务费、中介费、保证金、延期费等突破或变相突破法定利率红线的，应当依法不予支持。”根据前述若干司法意见可知，人民法院规制的是变相利息，否定的是规避利率上限条款效力，对于当事人约定律师费的合同效力并未予以否定，对于“其他费用”不应做绝对文义解释。

从出借人的角度，“其他费用”接近于可通过出借行为直接产生的利益形式，而从借款人角度，“其他费用”则接近于围绕借款本身支付的成本，如服务费、咨询费、管理费等。与上述费用相比，首先，律师费不属于借款成本，而是债权人为实现债权所产生的损失；其次，律师费是实际发生的积极损失，而非可得利益损失；最后，律师费是否发生具有不确定性，前提是债务人违约后债权人提起诉讼。

借款人不仅要继续履行偿本付息的合同义务，同时还要赔偿出借人因其违约导致诉讼而产生的实际损失。借款人这一赔偿行为只是对出借人因诉讼所产生损失的填补，出借人并未因此获利，捍卫了古老罗马法“任何人不因其过错行为而获利”的原则，并未导致出借人逾期收益的增加。因此，律师费是出借人因借款人违约产生的损失，双方又有约定，应当由借款人赔偿。

逾期利息、违约金、其他费用的金额产生于借贷发生之时，往往是依据出借资金计算而来，且具有一定的惩罚性，目的在于确保出借资金的收益，对出借人而言是可得利益，对借款人而言则是融资成本。律师费虽然往往也是在借款之时进行了约定，但金额并不确定，实际产生于诉讼阶段，目的在于保障出借人启动司法程序实现债权。律师费属于对已支出费用的风险转移，而非对固定借款本金的额外收益。律师费对出借人而言是收回出借资金产生的实际成本，其实质是财产的减少，与出借资金没有关系，对出借人自己的逾期收益增减并不产生实际影响。可见，律师费与“其他费用”明显不同，不应在年利率24%的限定范围内计算。

另外，《中华人民共和国民法通则》第二十一条第二款规定中也有过“其他费用”的表述，《最高人民法院关于贯彻执行〈中华人民共和国民法通则〉若干问题的意见（试行）》第三十一条对此作出了解释：“民法通则第二十一条第二款中的‘其他费用’，包括赡养费、扶养费、抚育费和因代管财产所需的管理费等必要的费用。”而《中华人民共和国民法总则》第四十三条沿用了《中华人民共和国民法通则》“其他费用”的表述。如狭义理解上述条文文义，则与社会生活实践需求和维护当事人合法财产权益宗旨相悖。

编写人：北京市第三中级人民法院　龚勇超　程惠炳

36

民间借贷案中的金额认定

——叶某芳诉广西碧海房地产开发有限公司、范某亮民间借贷案

【案件基本信息】

1. 裁判书字号

广西壮族自治区钦州市中级人民法院（2018）桂07民终1067号民事判决书

2. 案由：民间借贷纠纷

3. 当事人

原告（被上诉人）：叶某芳

被告（上诉人）：广西碧海房地产开发有限公司（以下简称碧海公司）

被告：范某亮

【基本案情】

2012年5月13日，叶某芳和碧海公司签订了《借款协议》，协议约定：碧海公司向叶某芳借款人民币10000000元，借款期限自2012年5月13日至2012年12月13日，借款月利率为3%，在每月13日前支付本月利息；碧海公司以其名下坐落于钦州市永福西大街27号碧海盛世国际大厦×号商铺为该笔借款向叶某芳提供让与担保，并签订一份商品房买卖合同。2012年7月18日，碧海公司将上述商铺办理《商品房买卖合同登记备案证明》至叶某芳名下，并向叶某芳出具《收条》，叶某芳于2012年7月19日分两次向碧海公司指定的范某亮银行账户汇入了借款人民币9400000元。碧海公司于2012年8月22日起分14次还款给叶某芳，还款时间及金额分别是：2012年8月22日还款330000元，转账到叶某芳指定的米某琼的农行钦州分行账户（用途注明是借款），2012年9月26日还款300000元，2012年11月26日还款300000元，2012年12月24日还款300000元，2013年3月8日还款300000元，2013年5月6日还款300000元，2013年5月24日还款600000元，

2013年7月26日还款300000元，2013年9月17日还款300000元，2013年10月23日还款300000元，2014年6月13日还款800000元，2015年2月17日还款200000元，2016年3月15日还款600000元（当天分两次转账共600000元，收款人是叶某芳，用途注明是演出费等劳务收入）。

范某亮于2013年11月16日向叶某芳出具《承诺书》，将10000000元借款续借至2014年6月30日，承诺于2013年12月向叶某芳结清。2015年4月15日，叶某芳与碧海公司签订《补充协议书》，约定碧海公司于2015年12月30日前向叶某芳付清2015年12月30日前的利息，于2016年12月30日前向叶某芳还清借款本金及2016年度的借款利息。碧海公司又于2016年9月5日向叶某芳出具《承诺书》，承诺于2016年12月31日前向叶某芳偿还借款本金，并约定如碧海公司不履行承诺则将本借款本息偿还的争议提交钦南区人民法院处理，但碧海公司均未按续借协议和《承诺书》约定履行义务。

另查明，2012年5月10日，叶某芳与碧海公司签订了《协议书》，该协议书约定由叶某芳于2012年5月9日前出资20000000元用于支持碧海公司承包的来宾市文化发展投资有限公司创业管BT项目工程，以证明碧海公司具有投资实力，碧海公司须于2012年7月10日前向叶某芳一次性支付600000元差旅费。叶某芳于2012年5月9日将20000000元转至其名下的另一账户。

【案件焦点】

1. 如何确定民间借贷中的本金数额；2. 民间借贷案件中归还的款项应如何认定。

【法院裁判要旨】

广西壮族自治区钦州市钦南区人民法院经审理认为：第一，关于叶某芳于2012年5月9日转账20000000元至叶某芳名下与本案是否关联的问题。叶某芳主张其与碧海公司于2012年5月10日签订的《协议书》有关来宾的项目与本案借款是两个不同的合同，来宾项目合同双方是否履行无证据证明，也无证据证明该合同与本案有关。况且叶某芳于2012年5月9日转账20000000元至自己名下而不是转到碧海公司名下，本案的借款合同也没有条款提及本案借款合同与来宾的项目有关。因此，法院认为叶某芳于2012年5月9日转账20000000元至自己名下与本案无关，法院对于叶某芳主张借款当天扣除600000元是归还来宾项目的借款利息不予采信。

第二，关于本案借款本金是多少及碧海公司尚欠叶某芳本息多少的问题。《最高人民法院关于审理民间借贷案件适用法律若干问题的规定》第二十七条规定："借据、收据、欠条等债权凭证载明的借款金额，一般认定为本金。预先在本金中扣除利息的，人民法院应当将实际出借的金额认定为本金。"借款合同签订后，叶某芳于2012年7月19日转账给碧海公司9400000元，根据上述法律规定，借款本金应当是9400000元。碧海公司认为叶某芳2012年7月19日出具的收据收到碧海公司利息600000元，应当扣减本金，双方之间的借款本金应当是8800000元的主张，由于没有银行转账记录，法院不予采信，法院认定双方之间借款本金为9400000元。

根据《最高人民法院关于审理民间借贷案件适用法律若干问题的规定》第二十八条规定，碧海公司第一次还款330000元，除了归还利息310200元外应当包含归还本金19800元，之后碧海公司又陆续支付了部分利息，至2016年3月15日，碧海公司尚欠叶某芳借款本金9380200元，利息7444176.8元。

第三，关于范某亮是否应承担连带还款责任的问题。法院认为，《中华人民共和国民法总则》第六十条规定："法人以其全部财产独立承担民事责任。"第六十一条第一款、第二款规定："依照法律或者法人章程的规定，代表法人从事民事活动的负责人，为法人的法定代表人。法定代表人以法人名义从事的民事活动，其法律后果由法人承受。"碧海公司是股份有限公司，范某亮是公司的董事长。叶某芳与碧海公司之间签订的借款合同，借款人是碧海公司，范某亮只是作为公司的法定代表人与叶某芳签订借款合同，还本付息的责任应由碧海公司承担，因此，叶某芳要求范某亮承担还款义务无事实和法律依据。双方之间签订的房屋买卖合同，标的物是碧海公司建造的钦州市永福西大街27号碧海盛世国际大厦×号商铺，碧海公司也已将该房屋预登记在叶某芳名下，该合同名为买卖合同实为借款合同的担保合同。

广西壮族自治区钦州市钦南区人民法院依照《中华人民共和国民法通则》第八十四条、第一百零八条，《中华人民共和国民法总则》第六十条、第六十一条，《最高人民法院关于审理民间借贷案件适用法律若干问题的规定》第二十七条、第二十八条的规定，判决如下：

一、被告碧海公司归还叶某芳借款本金9380200元及利息（以本金9380200元为基数，年利率24%，从2016年3月16日起至还清款项之日止）；

二、被告碧海公司归还叶某芳借款利息7444176.8元（至2016年3月15日的利息）；

三、驳回叶某芳的其他诉讼请求。

碧海公司不服一审判决，提起上诉。

广西壮族自治区钦州市中级人民法院经审理认为：第一，关于双方所发生的借款本金应为多少的问题。虽然双方所签订的《借款协议》中约定借款的本金为1000万元，但根据范某亮于2012年7月18日书写的《收条》所记载的内容，双方的借款本金以实际打入范某亮的账户为准，结合叶某芳所提供的转账记录，其实际转账入范某亮账户的金额为940万元，一审法院据此认定双方所发生的借款本案实际为940万元是正确的，法院予以维持。碧海公司主张其于叶某芳转账的当天向叶某芳支付的60万元属于借款，应在本金中予以扣除，但根据该《收款收据》所记载的内容为借款利息，与碧海公司的主张并不相符，且双方的借款、还款均为银行转账，之间往来的款项均属于大额交易，根据交易习惯，一般会采取转账的方式履行，但碧海公司并无法提供证据其已履行了60万元的支付义务，因此，对于碧海公司的主张，法院不予采信。

第二，对于碧海公司已归还给叶某芳的数额及其性质应如何认定的问题。

1. 对于已偿还数额的认定问题。根据一审法院所确认的碧海公司已归还叶某芳14笔款项共493万元，碧海公司主张一审法院遗漏了2012年10月26日转入米某琼账户的30万元，叶某芳对此予以否认，当事人对于其自己所提出的主张应当提供证据予以证实，无法提供证据的，由其承担举证不能的法律后果，现碧海公司无法提供证据证实其在2012年10月26日已归还了30万元给叶某芳，应由其承担举证不能的法律后果，对其该主张法院不予支持。针对叶某芳对2012年8月22日所转账的33万元所提出的异议，因本案中碧海公司所归还的部分款项都是通过米某琼的账户进行交易的，在没有其他证据证实该笔转款不属于碧海公司的还款，且叶某芳未提出上诉的情况下，对其主张法院不予采信。因此，一审法院根据现有的证据确认双方的借款本金为940万元是正确的。

2. 对于碧海公司已归还的493万元的性质以及利息应如何认定的问题。对于已支付的款项，碧海公司主张均是归还本金，叶某芳主张是归还利息；法院认为，根据《最高人民法院关于审理民间借贷案件适用法律若干问题的规定》第二十六条“借贷双方约定的利率未超过年利率24%，出借人请求借款人按照约定的利率支付利息的，人民法院应予支持。借贷双方约定的利率超过年利率36%，超过部分的利息约定无效。借款人请求出借人返还已支付的超过年利率36%部分的利息的，人民法院应予支持”的规定，在本案中，因双方在《借款协议》中已经约定的借期内的利息为月利率3%，且双方对此均无异议，那么，对于碧海公司在借期内已归还的款项，应先按照月利率3%的标准计算利息，剩余的作为归还本金处理，若已归还的款项无法足额支付利息的情况下，因其所约定的利率标准已经超过了法律所保护的年利率24%的规定，对超过的部分，应不予支持。据此，按照以上的处理规则，碧海公司于2012年8月22日归还的33万元，应认定为先归还自2012年7月19日至8月22日共1个月零3天的利息即31.02万元，剩余的1.98万元冲抵本金；2012年8月23日之后以938.02万元为基数，按照月利率3%的标准计算利息，因此，碧海公司2012年9月26日归还的30万元，应认定为归还自2012年8月23日至2012年9月26日共1个月零3天的利息即30.95万元，以此类推进行计算，碧海公司截止至2016年3月15日所归还的款项只足以支付至2014年1月2日的利息，因双方所约定的月利率3%已超过了法律所规定的利率标准，在2014年1月4日之后，已经无其他的款项可以抵扣双方所约定以月利率3%为标准进行计算得出的利息时，只能按照月利率2%的标准计算利息，因此，自2014年1月4日之后，应以938.02万元为基数，按照月利率2%的标准计算利息，且叶某芳在一审诉讼过程中，请求支付利息按照年利率为24%的标准从2013年9月19日起开始计算，一审法院适用《最高人民法院关于审理民间借贷案件适用法律若干问题的规定》第二十八条的规定，确认碧海公司截至2016年3月15日尚欠叶某芳的利息按照月利率3%的标准进行计算从而得出的最终数额为7518885.60元是错误的，法院予以纠正。据此，碧海公司应归还叶某芳的本金应为938.02万元，利息计算的期限应以938.02万元为基数从2014年1月3日开始按照年利率24%的标准计算至还清款项之日止。

广西壮族自治区钦州市中级人民法院依照《中华人民共和国民事诉讼法》第一百七十条第一款第一项之规定，作出如下判决：

一、维持钦州市钦南区人民法院（2018）桂0702民初574号民事判决第三项；

二、撤销钦州市钦南区人民法院（2018）桂0702民初574号民事判决第二项；

三、变更钦州市钦南区人民法院（2018）桂0702民初574号民事判决第三项为：上诉人碧海公司归还被上诉人叶某芳借款本金9380200元及利息（利息计算方式：以9380200元为基数，从2014年1月3日起按年利率24%为标准计算至实际清偿之日止）。

【法官后语】

本案中，叶某芳与碧海公司之间签订《协议书》在前，签订《借款协议》在后，之后，由于碧海公司无法按时归还叶某芳的借款，双方又签订了《补充协议书》与《承诺书》进一步约定还款期限，由于碧海公司最终没能归还借款，双方由于借款纠纷最终诉争到法院。

本案争议的焦点主要有两个，焦点一是关于双方所发生的借款本金应为多少的问题；焦点二是对于碧海公司已归还的493万元的性质以及利息应如何认定的问题。综合本案整体案情，笔者认为：

1. 双方所发生的借款本金应为940万元。《最高人民法院关于审理民间借贷案件适用法律若干问题的规定》第二十七条规定："借款、收据、欠条等债券凭证载明的借款金额，一般认定为本金。预先在本金中扣除利息的，人民法院应当将实际出借的金额认定为本金。"在民间借贷中，这种做法又被称为"砍头息"，指的是出借人在向借款人支付本金时从中预先把利息扣除的行为。这种做法常在民间借贷中被采用。但是这种"砍头息"的方式对于借款人是不公平的。借款人利用出借人出借的本金创造自己的经济效益，如果事先从借款本金中扣除利息，那么借款人创造经济效益的资金条件就会受到制约，因此法律对这种行为持否定态度。但是现实中出借人为了规避法律常常会采取比较隐蔽的方式提前扣除利息，这就需要审判者在审判过程中谨慎判定是否存在"砍头息"行为。审判中，往往只能通过双方当事人举证责任的分配并结合每个案子的具体情况来形成高度盖然性标准，尽可能还原事情真相，从而确定本金的真实数额。在本案中，叶某芳的转账记录显示打入范某亮账户的金额只有940万元，这940万元有银行转账记录予以佐证，首先予以确认。碧海公司主张这60万元属于归还之前的借款，应在本金中予以扣除，有诸多不合理之处。从交易习惯和生活经验法则来看，一方面，大额款项往来一般都会采取转账的方式进行，双方的借款、还款均为银行转账，之间往来的款项均属于大额交易，也应该通过银行转账进行；另一方面，借款人刚收到钱就现金支付60万元给出借人不符合日常经验法则。从证据层面来看，首先《收款收据》所记载的内容为借款利息，与碧海公司主张的60万元是借款并不相符；其次碧海公司无法提供证据证明其已履行了60万元的支付义务；最后60万元符合以1000万元为本金按3%的月利率计算的两期利息金额总数。综上所述，应认定出借的本金为940万元。

2. 对于碧海公司已归还的493万元首先归还利息，利息应分段计算。根据《最高人民法院关于适用〈中华人民共和国合同法〉若干问题的解释（二）》第二十条的规定，当债务人的给付不足以清偿全部债务时，且当事人没有约定的，人民法院应当按照先利息后主债务的顺序冲抵，已经有明确法律规定，在此不做赘述。关于利息的问题。根据《最高人民法院关于审理民间借贷案件适用法律若干问题的规定》第二十六条规定，年利率24%以下的民间借贷利率可申请司法强制执行，利率在24%以下的民间借贷，其利息应受到法律强制力的保障；超过年利率36%的部分应认定无效；年利率24%～36%的民间借贷利率拥有债权保持力但无执行，即：在24%～36%的债权无请求力，债权人不得通过诉讼强制债务人履行；但该约定也并非无效，如果债务人已经归还且债权人已经领受，法院亦不得认定为不当得利，强制债权人返还。市场具有盲目性、自发性和滞后性，民间借贷虽然本质上是一种资金通融的行为，但是属于非金融机构之间的资金流通，其更具有灵活性的同时也因缺少国家监管而潜在高风险，如果不限制利率，将会使高利贷盛行。考虑到资金在金融市场内的优化配置和民间借贷市场的长远发展两方面利益的均衡问题，把民间借贷利率限定在一个合理的幅度内是较为合理的。根据《最高人民法院关于适用〈中华人民共和国合同法〉若干问题的解释（二）》第二十条与《最高人民法院关于审理民间借贷案件适用法律若干问题的规定》第二十六条的相关规定，碧海公司归还的借款首先应冲抵利息，由于双方都已经承认了3%的月利率且碧海公司已经归还了一部分的金额，判决过程中应充分考虑法律规定和双方的真实意思表示，应以3%的月利率标准计算至能够冲抵的最后一期利息的日期。在此日期之后，由于碧海公司已经归还的金额无法冲抵剩余的利息与本金，对于叶某芳主张的3%的月利率法院不再予以保护，只能按照民间借贷的最高月利率2%来计算最终的利息。

编写人：广西壮族自治区钦州市中级人民法院　黄箫

六、债权转让与债务承担

37

个体工商户对外债务之承担

——黄某文诉曾某寿、陈某珍民间借贷案

【案件基本信息】

1. 裁判书字号

福建省漳州市中级人民法院（2018）闽06民终1585号民事判决书

2. 案由：民间借贷纠纷

3. 当事人

原告（被上诉人）：黄某文

被告（上诉人）：陈某珍

被告：曾某寿

【基本案情】

曾某寿与陈某珍系夫妻关系，在双方婚姻关系存续期间，曾某寿经工商核准登记创办了漳浦县旺寿服装加工场，从事经营服装来料加工，陈某珍也参与共同经营。因该加工场经营缺乏资金，曾某寿于2015年3月8日至2016年6月21日期间五次分别与黄某文签订《民间借贷协议书》，向黄某文借款合计80000元，双方均书面约定按月利率3%计付利息，没有约定借款期限。黄某文也均于当日签订《民间借贷协议书》以现金方式支付了借款。截至2017年10月22日，曾某寿尚欠借款本金80000元、利息30600元（按月利率2%计算），本息合计110600元。后经

黄某文多次催讨，曾某寿未能归还上述借款本息。黄某文于2018年2月5日诉至法院。

另查明，曾某寿经营加工场期间，陈某珍在该加工场负责煮饭及剪线头。

【案件焦点】

1. 个体工商户对外债务如何承担；2. 本案借款是否属于夫妻共同债务。

【法院裁判要旨】

福建省漳州市漳浦县人民法院经审理认为：合法的借贷关系受法律保护，黄某文与曾某寿之间的借贷关系合法有效，双方之间债权债务关系明确，曾某寿负有清偿借款本息的义务。本案借款时，双方约定按月利率3%计付利息偏高，但黄某文已调整按月利率2%计付利息，符合法律规定，应予支持。本案借贷双方未约定借款期限，作为出借人的黄某文可随时向借款人曾某寿催讨。本案借款系用于漳浦县旺寿服装加工场生产经营所需，但该加工场是个人经营还是家庭经营无法区分，因此本案借款应由曾某寿与陈某珍夫妻以家庭财产承担偿还责任。黄某文据此起诉请求判令曾某寿、陈某珍共同偿还本案借款本息，有事实和法律依据，依法应予支持。

据此，福建省漳州市漳浦县人民法院依照《中华人民共和国合同法》第二百一十条、第二百零六条，《中华人民共和国民法总则》第五十六条第一款，《最高人民法院关于审理民间借贷案件适用法律若干问题的规定》第二十六条第一款，《最高人民法院关于审理涉及夫妻债务纠纷案件适用法律有关问题的解释》第三条和《中华人民共和国民事诉讼法》第一百四十四条之规定，作出如下判决：

曾某寿、陈某珍应于本判决生效之日起十日内共同偿还黄某文借款本金80000元及利息30600元，本息合计110600元，并以本金80000元为基数按月利率2%计付从2017年10月23日起至还清款项之日止的利息。

陈某珍不服一审判决，提起上诉。

福建省漳州市中级人民法院经审理认为：涉案借款的债务人曾某寿未提起上诉，视为同意一审判决，故黄某文向一审法院提交的《民间借贷协议书》可作为认定本案事实的依据。该《民间借贷协议书》载明曾某寿“因生产经营需要”向黄某文借款，且曾某寿在借款前后经营加工场。《中华人民共和国婚姻法》第十七条规定："夫妻在婚姻关系存续期间所得的下列财产，归夫妻共同所有：（一）工资、奖金；（二）生产、经营的收益；……"和《最高人民法院关于适用〈中华人民共和国婚姻法〉若干问题的解释（二）》第十一条规定，婚姻关系存续期间，一方以个人财产投资取得的收益，应当属于夫妻共同所有财产，曾某寿个人投资经营收益归夫妻共有，既然婚姻法规定了婚姻关系存续期间生产、经营的收益归夫妻共同所有，那么依据权利、义务、责任相统一原则，因投资生产经营产生的债务也应由夫妻共同承担，即曾某寿投资经营期间所负的债务，也应由其与陈某珍夫妻以共同财产承担。《最高人民法院关于适用〈中华人民共和国婚姻法〉若干问题的解释（二）》第二十四条第一款："债权人就婚姻关系存续期间夫妻一方以个人名义所负债务主张权利的，应当按夫妻共同债务处理。但夫妻一方能够证明债权人与债务人明确约定为个人债务，或者能够证明属于婚姻法第十九条第三款规定情形的除外。"陈某珍至今未能举证证明涉案借款不属于夫妻共同债务，且证人陈某惠二审出庭作证证明陈某珍知道曾某寿开办加工场并与曾某寿一同参与加工场的工作，可见，陈某珍是与曾某寿共同经营加工场，故本案借款属于陈某珍、曾某寿婚姻关系存续期间的夫妻共同债务，陈某珍应与曾某寿共同偿还。陈某珍上诉提出其没有参与加工场的经营，无须承担共同还款责任的理由，与事实不符，不能成立。

综上所述，陈某珍的上诉请求不能成立，应予驳回；一审判决正确，应予维持。曾某寿经传票传唤，无正当理由拒不到庭参加诉讼，视为放弃其诉讼权利，法院依法缺席审理和判决。福建省漳州市中级人民法院依照《中华人民共和国民事诉讼法》第一百四十四条、第一百七十条第一款第一项规定，判决：

驳回上诉，维持原判。

【法官后语】

《中华人民共和国民法总则》第五十六条第一款规定："个体工商户的债务，个人经营的，以个人财产承担；家庭经营的，以家庭财产承担；无法区分的，以家庭财产承担。"这种责任形式正是基于个体工商户没有独立或相对独立的财产，无法独立承担民事责任而规定的。在民法上，个体工商户没有分离的独立人格，它的权利能力原则上仍属于自然人的权利能力范畴。民法总则的上述规定，是所有权原理的体现。若个体工商户的财产为设立者单独所有，自然由其独自承担债务；若财产为家庭共有或夫妻共有，共有人须负连带责任。个体工商户虽有“户”之名，但其法律人格往往与投资人高度重合，个体工商户的生产经营是由投资者亲自管理的，投资者与其投资的财产并未分离，故其在商事交往活动中所产生的权利义务，宜由投资人承受。从所有权角度出发，个人经营时，因经营所生之财产增加的收益由其个人享有，由此，生产经营产生的一系列债务，也应该由其个人承担；反之，若由家庭共同经营，则应以家庭财产承担因经营所生之债务。这符合所有权的收益与风险相一致原则。在个体工商户个人与家庭财产发生混同，难以证明系个人经营时，为了更好地保护第三人债权的实现，债务须由家庭财产共同承担，这也体现了共有人的连带责任法律属性。本案中，根据法庭查明的事实，曾某寿在与陈某珍婚姻关系存续期间创办了漳浦县旺寿服装加工场，从事经营服装来料加工，虽然经营形式登记为个人经营，但曾某寿与陈某珍夫妻均共同参与该加工场的生产经营活动，即难以区分属于曾某寿个人经营还是家庭经营，该加工场所负债务依法应由家庭财产承担偿还责任。

编写人：福建省漳州市漳浦县人民法院　林振通

38

为去除股东身份而确认工商登记内容的“被登记”股东无须对公司债务不能清偿部分承担补充赔偿责任

——王某纯诉南通威好饲料科技有限公司等民间借贷案

【案件基本信息】

1. 裁判书字号

江苏省南通市中级人民法院（2018）苏06民终2014号民事判决书

2. 案由：民间借贷纠纷

3. 当事人

原告（被上诉人）：王某纯

被告（上诉人）：朱某

被告（被上诉人）：南通威好饲料科技有限公司（以下简称威好公司）、丁某荣、王某华

【基本案情】

2010年4月，威好公司股东丁某荣、王某华召开股东会，决定由朱某向公司增资400万元，并在工商机关办理公司注册资本变更登记，增加朱某为公司股东。400万元系由案外人吴某才提供，工商变更登记完成次日，丁某荣即安排400万元转出至吴某才账户。朱某未实际出资，诉讼中经过鉴定确定公司增资章程上“朱某”签名非其本人所签，其后也未履行任何股东权利和义务。2011年9月，朱某为去除股东身份，要求将名下股权转让给丁某荣，并在办理工商登记时向工商机关出具《承诺书》，表明此前变更登记中的签名是其本人签字，随后成功办理股权转让。2012年4月，王某纯向威好公司出借64万元。因威好公司其后仅偿还15万元，王某纯遂以朱某作为股东抽逃出资为由，要求朱某在400万元范围内对公司债务不能清偿的部分承担补充赔偿责任。朱某在2013年曾提起行政诉讼要求撤销原将其登记为股东的工商登记，法院基于《承诺书》驳回其诉讼请求。

【案件焦点】

朱某是否属于被冒名登记的股东。

【法院裁判要旨】

江苏省南通市海安县人民法院经审理认为：从本案情况看，可以认定朱某股东身份，并责令其承担抽逃出资责任。第一，朱某曾在威好公司从事技术工作，有自愿成为公司股东的可能性，不能排除其就相关问题与丁某荣进行过意思联络。在丁某荣下落不明的情况下，朱某能提供王某纯于2016年向丁某荣出具的收条，至少反映其与威好公司或丁某荣在2009年后存在一定深度的联系。第二，朱某在2011年9月22日威好公司股东会决议、股权转让协议上均签名，确认将其持有的400万元股权转让给丁某荣，不再享有威好公司股东权利，亦不再履行股东义务。上述内容包含两层含义：即朱某认可先前由他人签名成为股东符合其真实意思，确认其股权；朱某同意或要求股权转让。后者以前者为前提。第三，朱某在2011年9月

23日出具的承诺书中，确认增资过程中所形成的文件系其本人真实意思表示，说明尽管变更注册登记的有关文件并非其本人签名，但其通过承诺书追认相关行为的效力，承认先前变更注册登记行为代表其真实意思，同时确认其为威好公司的股东身份。第四，朱某未采取合法行动对不真实的股东登记寻求救济，从侧面反映了其主观方面的真实意思。尤其丁某荣已处于下落不明状态，朱某此时否定股东身份，值得怀疑。第五，生效行政判决书据以驳回朱某要求判令工商局2010年4月16日工商变更登记行为无效以及否定股东身份诉求的重要理由之一为朱某出具的承诺书是一种追认行为。第六，我国法律对证据认定事实采用高度盖然性规则，结合现有证据分析，认定朱某自愿或追认成为股东更为合理。综上，朱某主张其系威好公司冒名股东，不存在抽逃出资行为的理由缺乏依据。此外，丁某荣系威好公司法定代表人，在案涉转账400万元给吴某才的支票中加盖公司印章及个人印章，可推定丁某荣明知400万元增资款转出，且该转出行为系在其认可和操控下完成，其行为符合协助抽逃出资的构成要件。王某华虽然同意增资，但现有证据不足以认定其协助抽逃出资。朱某、丁某荣承担责任的总额应以400万元本息为限。

综上，依照《中华人民共和国合同法》第二百零五条、第二百零六条、第二百零七条，《最高人民法院关于适用〈中华人民共和国公司法〉若干问题的规定（三）》第十四条，《最高人民法院关于审理民间借贷案件适用法律若干问题的规定》第一条第一款、第二十六条、第二十八条、第二十九条、第三十条之规定，判决：

一、威好公司于判决发生法律效力后十日内给付王某纯借款本金49万元及利息；

二、朱某对威好公司上述第一项给付义务中不能清偿部分承担补充赔偿责任，但以其抽逃出资本金400万元及利息为限，且应扣减其因同一抽逃行为已承担的金额；

三、丁某荣对朱某的上述补充赔偿责任承担连带责任；

四、驳回王某纯的其他诉讼请求。

朱某不服从一审判决，提起上诉。

江苏省南通市中级人民法院经审理认为：朱某不属于被冒名登记的股东，但综观威好公司增资过程，难以认定朱某构成抽逃出资，其对于公司资本减少并无过错。结合案涉债权发生时，王某纯对于朱某的股东身份不具有特殊信赖利益，故朱某无须就公司不能清偿债务向王某纯承担补充赔偿责任。

朱某主张其为被冒名登记股东的上诉理由不能成立。从公司增资决议情况看，增资时朱某并非威好公司股东，且鉴定结论确定增资后章程修正案上“朱某”签名非其本人所签；从公司增资前后资金来源及流向看，400万元由吴某才账户汇入威好公司，次日由丁某荣以购买设备名义将400万元从公司账户转回至吴某才账户；从朱某与吴某才之间的关系看，朱某陈述其与吴某才并不相识，而吴某才亦陈述“威好公司向本人借款，不知企业用于增资”。由此可见，本案现有证据并不足以证明威好公司增资时朱某具有真实增资意图，或者与吴某才达成代持资本合意，或者实际参与增资过程；威好公司所谓400万元增资，是在公司法定代表人丁某荣操作下完成，朱某并不知情。倘若此种状态持续不变，朱某当然有理由主张其系被冒名登记的股东，但朱某在2011年9月22日将名下股权转让给丁某荣时，不仅在公司股东会决议上签字，更在工商部门签署承诺书，承诺此前增资文件系其真实意思表示，说明彼时朱某不仅知晓自己被登记为股东，更对该项身份表示认同；其在2013年提起的要求确认工商部门作出的关于增加其为股东并认缴出资400万元的工商变更登记行为无效的诉讼请求，亦因此而被法院驳回，相关行政裁判文书已经生效。基于此，亦难以认定朱某系被冒名登记的股东。

朱某不构成抽逃出资，本案中无须对威好公司不能清偿债务承担补充赔偿责任。朱某在2010年4月至2011年9月期间具有威好公司股东身份，但基于以下理由，朱某无须对威好公司不能清偿债务承担补充赔偿责任。首先，本案没有证据证明在威好公司增资时，朱某自愿增资或者为吴某才代持资本，也没有证据证明朱某知晓或者参与400万元转入公司账户、验资后转出的过程，更没有证据证明朱某在成为持股比例达83%以上（400万元/480万元）的股东后，实际参与公司经营管理或者领取分红，难以认定朱某具有增资及抽逃出资的主观故意或者客观行为。其次，朱某向工商部门出具承诺书，从形式上其已确认股东身份。但即使朱某以此方式认同身份，也不代表其清楚400万元经丁某荣操作从公司转出，更不代表其对公司资本缺失具有过错。纵观威好公司增资、朱某确认身份以及转让股权的全过程，本案实系他人以朱某名义安排增资并将朱某登记为股东，朱某知晓后将股权转出，且现无证据证明朱某收取任何对价。朱某的行为没有造成公司资本减少，难以认定其损害公司利益。最后，王某纯与威好公司之间的借款往来发生于2012年。当时具有公示效力的工商登记材料反映威好公司股东信息为丁某荣出资448万元、王某华出资32万元。朱某并未给债权人造成公司资本充实的假象，王某纯也非基于对朱某股东身份的特殊信赖而向威好公司出借款项。综合上述分析，本案不宜判定朱某对威好公司不能清偿的债务承担补充清偿责任。因朱某不构成抽逃出资，则无丁某荣协助抽逃出资之说。王某纯要求丁某荣承担协助抽逃出资责任的理由缺乏依据。

综上，朱某的上诉请求部分成立，应予支持。依照《中华人民共和国民事诉讼法》第一百七十条第一款第二项之规定，判决：

一、维持江苏省海安县人民法院（2017）苏0621民初6231号民事判决第一项；

二、撤销江苏省海安县人民法院（2017）苏0621民初6231号民事判决第二项；

三、撤销江苏省海安县人民法院（2017）苏0621民初6231号民事判决第三项；

四、撤销江苏省海安县人民法院（2017）苏0621民初6231号民事判决第四项；

五、驳回王某纯的其他诉讼请求。

【法官后语】

大数据时代不仅带来工作生活的便利，同时也带来个人信息安全问题。现实中，公民因身份信息泄露而“被登记为股东”的情形频繁发生，此类股东属于冒名股东，即实际出资或者认购股份的人盗用他人名义履行出资义务或者认购股份，被冒名者根本不知其名义被冒用。本案中，朱某曾就职于威好公司，公司掌握其身份信息。因此，在公司法定代表人丁某荣的操作下，尽管朱某没有参与任何增资程序，其仍成为工商登记上增资400万元的大股东。本案的特殊性在于，朱某在除去股东身份时，曾向工商机关出具载明“原变更登记材料是其真实意思表示”的承诺书，生效行政判决亦基于此驳回朱某要求确认原工商变更登记无效的诉请，故朱某的股东身份在工商登记上的合法性已经生效裁判文书确认，则朱某其后再主张其系冒名股东，已然难以成立。

既然朱某不属于被冒名登记的股东，则其名下400万元增资款被转出，朱某应否承担股东抽逃出资的法律后果。所谓抽逃出资，本质上是股东滥用股权和有限责任，利用特有资格攫取公司财产的行为。借鉴刑法规定股东抽逃出资罪的构成要件对抽逃出资进行定性，认定抽逃出资需符合四个要件，包括主体即具有股东身份、主观方面即存在故意、客体即侵犯公司合法权益、客观方面即存在抽逃行为。本案中，朱某具有股东身份，认定抽逃出资的主体条件已经满足；但考虑主观方面、客体和客观方面，朱某既不具有抽逃出资的故意，也没有抽逃出资的行为，且400万元非朱某转出，难以认定其侵犯公司合法权益。《最高人民法院关于适用〈中华人民共和国公司法〉若干问题的规定（三）》第十四条规定的股东抽逃出资责任，实际是基于抽逃出资具有隐蔽性、抽逃出资人与公司债权人之间信息获取能力不平等而设置的，以实现因股东侵害公司资本、公司责任能力下降时公司债权人的权利救济。但法院在依法保障债权人合法权益的同时，还必须兼顾各类主体合法利益之间的妥善平衡，避免利益失衡。譬如本案，实际出资人吴某才与朱某并不相识，不存在二人协商借名入股或者代持股份的情形；朱某不清楚丁某荣和吴某才之间关于400万元资金操作的情况，在转让股权前也没有任何参与公司经营管理的迹象。事实上，正常办理股权转让时通常无须另行承诺前次登记属实，所谓承诺反而可以印证朱某曾提出的前次登记存在问题。故此，虽然生效行政判决已确认前次工商登记的正当性，既判力必须尊重；但从民事角度而言，该承诺书的意义仍应限于朱某对股东身份的认知，不宜扩张至其知晓或者认可他人抽逃增资的行为。综上，朱某不构成抽逃增资；在王某纯对于朱某股东身份不具有特殊信赖利益的情形下，如果过度强调债权人权益救济而对“被登记”股东课以400万元本息范围之责任，无疑有违过错与责任相当、对价与责任相当的法律规则，有失公正。经综合考量，最终认定朱某无须就威好公司不能清偿的债务向王某纯承担补充赔偿责任。

编写人：江苏省南通市中级人民法院　胡皓

七、证据与时效

39

高息借贷返还请求权的诉讼时效

——谢某栋诉郑某敏等民间借贷案

【案件基本信息】

1. 裁判书字号

福建省福州市中级人民法院（2018）闽01民终5259号民事判决书

2. 案由：民间借贷纠纷

3. 当事人

原告（反诉被告）：谢某栋

被告（反诉原告）：郑某敏

被告：惠尔明（福建）化学工业股份有限公司（以下简称惠尔明公司）、方某

【基本案情】

2014年4月10日，郑某敏向谢某栋出具《借据》一张，约定郑某敏向谢某栋借款500万元，于2014年4月20日前归还，逾期借款利息按月息6%计息，每月支付；借款人愿意承担债权人为实现债权所支出的律师费、诉讼费等费用；郑某敏在《借据》的借款人处签名，惠尔明公司及方某在《借据》的连带责任担保人处签章。2014年4月10日、4月11日谢某栋分别向郑某敏指定的银行账户转账支付了200万元和300万元，共计500万元借款，郑某敏收到款项后亦在《借据》上确认收款。2014年4月30日至2015年1月12日，郑某敏向谢某栋偿还借款本息共

17笔，金额计436万元。2015年1月26日郑某敏在2014年4月10日出具给谢某栋的《借据》上确认尚欠谢某栋330万元，惠尔明公司、方某亦予签章确认。2015年1月27日至2017年1月27日郑某敏又向谢某栋还款共18笔，金额计397万元。郑某敏合计还款833万元。

【案件焦点】

1. 双方约定的利率超过年利率36%，2015年9月1日《最高人民法院关于审理民间借贷案件适用法律若干问题的规定》施行前已结算并重新确认了欠款金额，该结欠行为是否有效；2. 本案中，超过年利率36%部分的利息返还请求权应适用《中华人民共和国民法通则》规定的两年诉讼时效还是适用《中华人民共和国民法总则》规定的三年诉讼时效。

【法院裁判要旨】

福建省福州市长乐市人民法院经审理认为：郑某敏向谢某栋借款500万元，并由惠尔明公司、方某提供连带责任保证担保的事实，有《借据》《中国农业银行股份有限公司账户历史交易清单》证实，双方当事人对此亦无异议，可以认定。但《借据》中关于逾期借款利息按月息6%支付的约定，以及2015年1月26日在此利息基础上进行结算后郑某敏、惠尔明公司、方某确认欠款330万元的行为无效。郑某敏认可按年利率36%支付逾期利息，可确认其从借款逾期之日起按年利率36%支付逾期利息给谢某栋。郑某敏借款后共向谢某栋还款833万元，经核算郑某敏至2015年7月12日已偿清谢某栋500万元借款的本息。郑某敏要求谢某栋返还超过36%部分的利息，其中257800元已超过诉讼时效，不应支持，另214万元未超过诉讼时效，谢某栋应予返还。因郑某敏已履行完毕还本付息的义务，故谢某栋要求郑某敏偿还借款本金2157675元及逾期利息、律师代理费损失并要求惠尔明公司、方某承担共同连带偿还责任的主张，没有事实和法律依据，不予支持。郑某敏和谢某栋并未约定借款人支出的律师费由出借人负担，故郑某敏要求谢某栋承担其律师费，依据不足，不予支持。

福建省福州市长乐市人民法院依照《中华人民共和国合同法》第五十六条、第五十八条，《中华人民共和国民法通则》第一百三十五条，《中华人民共和国民法总则》第一百八十八条，《最高人民法院关于审理民间借贷案件适用法律若干问题的规定》第二十六条第二款，《最高人民法院关于适用〈中华人民共和国民事诉讼法〉的解释》第九十条规定，作出如下判决：

一、郑某敏2015年1月26日在2014年4月10日出具给谢某栋《借据》上所签的“到2015年1月26日止共欠谢某栋叁佰叁拾万元”的欠款凭据无效；

二、谢某栋应于本判决生效之日起一个月内返还郑某敏超过年利率36%部分的利息共计214万元；

三、驳回谢某栋的诉讼请求；

四、驳回郑某敏的其他反诉请求。

谢某栋不服一审判决，提起上诉。

福建省福州市中级人民法院经审理同意一审法院裁判意见，依照《中华人民共和国民事诉讼法》第一百七十条第一款第一项规定，判决如下：

驳回上诉，维持原判。

【法官后语】

《最高人民法院关于审理民间借贷案件适用法律若干问题的规定》规定，对超过年利率36%部分的利息，借款人有权请求返还，但如果双方已结算并重新进行了确认，该确认行为是否有效。若确认行为无效，《中华人民共和国民法总则》施行后起诉至法院的，诉讼时效应如何确定。

1.《最高人民法院关于审理民间借贷案件适用法律若干问题的规定》第二十六条第二款规定：“借贷双方约定的利率超过年利率36%，超过部分的利息约定无效……”根据规定，上述司法解释的适用范围为2015年9月1日后新受理的一审案件，故本案应适用该司法解释的规定。双方关于逾期借款利息按月息6%计息的约定，虽是签订时双方的真实意思表示，但《最高人民法院关于审理民间借贷案件适用法律若干问题的规定》第二十六条第二款规定系强制性规定，双方约定违反了强制性规定，应认定为无效。《中华人民共和国合同法》第五十六条规定：“无效的合同或者被撤销的合同自始没有法律约束力……”由于双方关于逾期借款利息按月息6%计息的约定自始无效，谢某栋和郑某敏、惠尔明公司、方某于2015年1月26日基于前期郑某敏按月利率6%付息的前提下所进行的结欠亦属无效。因此，即使在《最高人民法院关于审理民间借贷案件适用法律若干问题的规定》施行前，双方已按约定的高息对借款进行结算，如该借款诉至法院，应确认双方的结欠行为无效。

2. 本案一审时，《最高人民法院关于适用〈中华人民共和国民法总则〉诉讼时效制度若干问题的解释》尚未出台，由于《中华人民共和国民法总则》和《中华人民共和国民法通则》规定的普通诉讼时效不一致，二者如何衔接审判实践中存在不同看法。本案中，郑某敏、惠尔明公司、方某认为2017年10月1日以后起诉的案件都应适用《中华人民共和国民法总则》三年的诉讼时效规定。谢某栋则认为，郑某敏对超过年利率36%部分的利息主张返还的请求权的诉讼时效起算点为《最高人民法院关于审理民间借贷案件适用法律若干问题的规定》开始实施的2015年9月1日，郑某敏2017年10月提出反诉，已超过《中华人民共和国民法通则》两年的诉讼时效，故应驳回郑某敏的反诉请求。一审认为，借款人可以请求出借人返还超过年利率36%部分利息的依据为2015年9月1日起施行的《最高人民法院关于审理民间借贷案件适用法律若干问题的规定》，也就是说借款人此时就应当知道其权利受到侵害。《中华人民共和国民法总则》自2017年10月1日起施行，在其施行前，《中华人民共和国民法通则》规定的普通诉讼时效为两年。郑某敏2015年9月30日前的还款中超过年利率36%部分要求返还的请求权根据《中华人民共和国民法通则》两年的诉讼时效规定，其应当在2017年9月30日前行使，郑某敏2017年10月才提出反诉，该部分反诉请求已超过诉讼时效。郑某敏自2015年10月1日起的还款，按照《中华人民共和国民法通则》两年的普通诉讼时效规定，到《中华人民共和国民法总则》2017年10月1日施行时，两年的诉讼时效尚未届满，应当适用《中华人民共和国民法总则》三年的诉讼时效规定，故郑某敏有权要求谢某栋返还该部分超过年利率36%部分的利息。本案对诉讼时效的认定与2018年7月18日公布的《最高人民法院关于适用〈中华人民共和国民法总则〉诉讼时效制度若干问题的解释》的规定相契合。

编写人：福建省福州市长乐区人民法院　陈艳芳

40

特殊社会关系主体间仅有转款凭证起诉时应加重原告举证责任

——田某峰诉李某红民间借贷案

【案件基本信息】

1. 裁判书字号

浙江省宁波市中级人民法院（2018）浙02民终2899号民事判决书

2. 案由：民间借贷纠纷

3. 当事人

原告（上诉人）：田某峰

被告（被上诉人）：李某红

【基本案情】

田某峰、李某红双方原系男女朋友关系。双方于2013年7月左右分手。田某峰于2013年7月2日向李某红提供银行转账14万元，田某峰认为该钱款系借款，故于2018年3月21日向法院起诉，请求法院判令：李某红归还田某峰借款本金14万元及相应利息。

【案件焦点】

1. 如何认定转款行为的性质，是赠与还是借贷；2. 举证借贷关系成立的举证责任如何分配。

【法院裁判要旨】

浙江省宁波市海曙区人民法院经审理认为：田某峰提供了金融机构转账的凭证，李某红辩称从未向田某峰借款，款项系田某峰分手时所赠予。结合双方之间原系男女朋友关系，转账发生在双方分手期间，案涉款项金额较大，证人证言内容，以及田某峰无充分证据证明自案涉金额转账至本案起诉接近五年的时间内曾向李某红主张过权利等情况，李某红关于案涉款项系双方在分手时田某峰向其赠予款项的抗辩意见系一种合理解释，田某峰未能对其与李某红之间存在借贷关系进一步举证，故法院对田某峰主张的其与李某红之间存在14万元借贷关系难予确认。

浙江省宁波市海曙区人民法院依照《最高人民法院关于审理民间借贷案件适用法律若干问题的规定》第十七条、《最高人民法院关于适用〈中华人民共和国民事诉讼法〉的解释》第九十条之规定，作出如下判决：

驳回田某峰的诉讼请求。

田某峰不服一审判决，提起上诉。

浙江省宁波市中级人民法院经审理认为：关于李某红、田某峰之间是否存在借贷关系的问题。田某峰主张涉案款项系借款，李某红否认双方存在借贷关系，虽仅凭李某红申请出庭作证的证人证言不能确认李某红陈述的真实性，但根据涉案款项交付时双方所处关系及没有证据证明田某峰自款项交付后多年向李某红主张要求还款等具体案情，李某红的辩称相对更具合理性、可信性。田某峰凭现有证据尚不能证实双方存在借贷关系。

浙江省宁波市中级人民法院依照《中华人民共和国民事诉讼法》第一百七十条第一款第一项规定，判决如下：

驳回上诉，维持原判。

【法官后语】

男女朋友或亲属间的交往往会涉及钱款往来，当关系不再融洽时，极可能就曾经的钱款往来产生争议，部分争议以民间借贷纠纷的形式诉至法院。此类案件在基层法院受理的民间借贷纠纷中占有一定比例，因矛盾对立严重，且事实认定本身存有一定争议，判决后，败诉方往往难以服判息诉。

在实务中，能够反映案件事实真相的有关证据材料会因时间的推移、客观环境的变化以及人为破坏等原因而丧失其证明价值，加上证明手段的匮乏以及科技发展水平的制约，以至于经常会出现法院及当事人虽已穷尽所有的方法来发现和调查证据，仍不能认定案件事实的状况。如本案审理过程中，李某红向法院申请调查2013

年双方转款期间的通话记录、开房记录及相关监控视频，以证明赠与的背景原因，后经法院调查，相关单位因故未能向法院提交。在双方均无直接证据能够证明该14万元转款性质之情况下，最终法院系基于双方关系的陈述，再结合举证责任分配，加重田某峰举证责任，并最终予以裁判。

关于合同纠纷案件举证责任的基本原则，《中华人民共和国民事诉讼法》及相应司法解释、证据规定均做出了原则性规定。然而，相关规定及学理解释并不能很好地确定举证责任的归属，简单依据“谁主张，谁举证”原则无法应对复杂的现实情况。审判实践中，即使案件事实的真伪无法确定，法官仍然必须对案件做出裁判，此时只能依赖举证责任的分配。本案一审、二审裁判与当事人的期望之分歧点的表现形式就在于举证责任的分配。《最高人民法院关于审理民间借贷案件适用法律若干问题的规定》第十七条就仅有转账凭证案件的举证责任也做了相关规定，该规定主要解决了此类案件的立案问题。但有关举证责任的分配和转移仍无法彻底解决。具体到本案，李某红提供证人证言拟证明转款系赠予而非借贷，该证言的证明力是否足以达到该规定第十六条第二款所称的“合理说明”，是否可以据此要求田某峰举证证明借贷关系的成立，在司法实践中常常会让法官深感困惑。

司法实践中，大量纠纷的生成显然不会按照诉讼程序预设的模式来准备，致使证据僵局现象的出现。在双方当事人的证据均不能达到法官内心确信标准时，案件事实将陷入真伪不明的状态，此时，法官只有加重一方当事人的举证责任，以通过其举证不能的方式来否定其主张事实之存在，在此过程中，自由裁量权即自由心证的存在就具备了必要性。

民事案件中，法官职权的介入及心证的运用一般发生在当事人的证明方法皆已穷尽的情形之下，因法官无法以事实不清为由拒绝裁判，此时案件进展的推动力由当事人转至法官。民事诉讼待查的事实均系既往事件，法官审理案件只能立足于过去，依照诉讼程序规则衡量各方当事人提交的证据，据此认定案件事实，并对案件进行裁判，这个过程是法官心证产生的过程。法官须依照逻辑规律和经验法则对证据的证明力进行分析。有关司法解释亦规定，人民法院应当结合借贷金额、款项交付、当事人的经济能力、当地或者当事人之间的交易方式、交易习惯、当事人财产变动情况以及证人证言等事实和因素，综合判断查证借贷事实是否发生。但鉴于民间借贷案件的复杂性，如此规定在司法实践中仍显得过于笼统，实践中，法官往往依据自身的经验法则，结合当事人本人的陈述，以及对细节的反复推敲，运用高度盖然性的证明标准，最终达到自身的内心确认。并在判决说理部分对争议焦点进行充分、合理、合情的阐述，使判决达到定分止争的目的。

编写人：浙江省宁波市海曙区人民法院　傅勇

41

微信催债可构成诉讼时效中断

——刘某超诉范某振、张某民间借贷案

【案件基本信息】

1. 裁判书字号

河南省焦作市中级人民法院（2019）豫08民终1217号民事判决书

2. 案由：民间借贷纠纷

3. 当事人

原告（上诉人）：刘某超

被告（被上诉人）：范某振、张某

【基本案情】

2014年3月21日范某振因经营周转需要向刘某超借款15万元，并出具借条，载明借款金额及借款时间。刘某超认为范某振与张某系夫妻关系，该借款用于家庭共同生活和经营，此债务为夫妻共同债务。直至今日范某振和张某仍未偿还借款，故起诉至法院，请求法院判决范某振和张某连带偿还刘某超借款本金15万元及利息（自2018年11月21日起按年利率6%计算至实际清偿之日）。

另查明，2015年11月9日至2015年12月24日，刘某超多次通过微信要求范某振回复电话，范某振未予回应。

【案件焦点】

1. 刘某超提交的微信聊天是否可以作为证据使用；2. 刘某超通过发微信方式催要借款是否构成诉讼时效中断；3. 范某振借款 15 万元是否属于夫妻共同债务。

【法院裁判要旨】

河南省焦作市马村区人民法院经审理认为：2014 年 3 月 21 日范某振向刘某超借款 15 万元，并出具了借条。2014 年 10 月 10 日范某振承诺于过年前将借款偿还刘某超，范某振与张某于 2013 年 9 月 12 日登记结婚，刘某超至今未收到还款，纠纷成诉。因庭审中范某振、张某均提出诉讼时效问题，法院认为当事人向人民法院请求保护民事权利的诉讼时效期间为三年。法律另有规定的，依照其规定。超过诉讼时效起诉的，当事人丧失请求法院保护的胜诉权。本案范某振向刘某超出具借条的时间是 2014 年 3 月 21 日，并于 2014 年 10 月 10 日承诺于过年前将借款偿还刘某超，2014 年年底范某振未偿还借款时，刘某超应当知道其权利受到损害，刘某超于 2018 年 12 月向法院起诉，刘某超起诉已超诉讼时效，刘某超也未提供有效证据证明存在诉讼时效中断或中止的情形，因此对刘某超的诉请，法院依法不予支持。

河南省焦作市马村区人民法院依照《中华人民共和国民法总则》第一百八十八条、《中华人民共和国民事诉讼法》第六十四条第一款之规定，作出如下判决：

驳回刘某超的诉讼请求。

刘某超不服一审判决，提起上诉。

河南省焦作市中级人民法院经审理认为：关于诉讼时效的问题，公民在从事民事活动中应当诚实守信，诉讼时效制度的价值在于促使权利人积极地行使权利，而非支持义务人恶意拖延逃避债务。本案中范某振提供证据不足以证明其偿还借款，2015 年 11 月 9 日至 12 月 24 日，刘某超多次通过微信要求范某振回复电话，综合本案的实际情况，能够认定刘某超发微信的目的是主张债权，范某振应当知晓其目的，刘某超主张债权的意思表示已实际到达，此时诉讼时效发生中断，故刘某超向法院提起诉讼，并未超过诉讼时效。关于夫妻共同债务问题，张某并未在借条上签字，对债务不认可，刘某超亦未提供证据证明债务用于范某振夫妻共同生活、共同生产经营，故刘某超主张张某偿还借款本金及利息，没有事实及法律依据，法院不予支持。

河南省焦作市中级人民法院依照《中华人民共和国民事诉讼法》第一百七十

条第一款第二项规定，作出如下判决：

一、撤销河南省焦作市马村区人民法院（2019）豫0804民初57号民事判决；

二、范某振于本判决生效后十日内偿还刘某超借款本金15万元及利息（利息按年利率6%标准，自2018年12月5日起计算至实际清偿之日止）；

三、驳回刘某超的其他诉讼请求。

【法官后语】

在审判实践中越来越多的民间借贷纠纷案件涉及网络聊天记录作为证据使用，微信聊天记录作为一种电子证据，是否能够作为证据采纳，需要结合案件事实和其他证据综合认定。本案是通过微信索要催收借款的典型案例。

1. 微信作为证据的认定问题。民事诉讼证据应该符合客观性、真实性和合法性三要素，因此微信聊天必须是在真实主体之间进行的，聊天记录的真实性可以通过自认和鉴定验证核实，需与其他证据形成完整的证据链条，比如借条、收据、转账记录等予以佐证。本案中，范某振承认曾向刘某超借款15万元的事实，认可刘某超曾发微信让其回复电话的情况真实存在，该微信作为证据可以证明刘某超主张过权利。

2. 关于诉讼时效问题。诉讼时效是指民事权利受到侵害的权利人在法定的时效期间内不行使权利，当时效期间届满时，债务人获得诉讼时效抗辩权。其存在的意义在于有利于督促权利人及时行使其权利，维护确定化的社会关系。诉讼时效中断是指在普通短期时效期间或特殊短期时间内，因法定事由，时效期间于“中断事由消除后”重新计算的制度。《中华人民共和国民法总则》第一百九十五条规定了中断的事由：（1）权利人向义务人提出履行请求的；（2）义务人同意履行义务的；（3）权利人提起诉讼或者申请仲裁的；（4）与提起诉讼或者申请仲裁具有同等效力的其他情形。《最高人民法院关于审理民事案件适用诉讼时效制度若干问题的规定》第十条规定，当事人一方以发送新建或者数据电文方式主张权利的，信件或者数据电文到达或者应当到达对方当事人的，应认定为“当事人一方提出要求”产生诉讼时效中断的效力。

本案中，刘某超通过用手机微信与范某振在2015年11月9日至12月24日多次联系，让范某振回复电话的行为就是在积极向范某振主张自己的债权，是当事人有意识的行为，其让范某振回电话的目的是想让范某振主动履行还款义务，对方即便置之不理，但范某振理应知道刘某超联系他并催促其与自己联系的目的是什么，故刘某超发微信催收债权符合《中华人民共和国民法总则》规定的中断事由“向义务人提出履行请求的情形”。刘某超发微信给范某振，属于《最高人民法院关于审理民事案件适用诉讼时效制度若干问题的规定》第十条规定“当事人通过数据电文方式主张权利”的情形，适用到达主义的要求，即不需要对方明示回复，只需要对方接受即可。

因此结合其他证据的认定，在借款事实真实存在的情况下，范某振无证据证明自己还款的事实，刘某超通过用微信联系范某振回复电话的行为，意在催要借款，该行为使双方的权利义务关系重新明确，微信内容和时间作为诉讼证据使用能够引起诉讼时效的中断，可以证明刘某超曾主张过权利，诉讼时效当然应予以中断，范某振应承担相应的法律后果。

3. 关于夫妻共同债务的问题。刘某超要求张某承担还款责任，应当确定该借款是否系范某振、张某在婚姻关系存续期间的共同债务，根据《最高人民法院关于审理涉及夫妻债务纠纷案件适用法律有关问题的解释》第一条规定，夫妻双方共同签字或者夫妻一方事后追认等共同意思表示所负的债务，应当认定为夫妻共同债务。第二条规定，夫妻一方在婚姻关系存续期间以个人名义为家庭日常生活需要所负的债务，债权人以属于夫妻共同债务为由主张权利的，人民法院应予支持。第三条规定，夫妻一方在婚姻关系存续期间以个人名义超出家庭日常生活需要所负的债务，债权人以属于夫妻共同债务为由主张权利的，人民法院不予支持，但债权人能够证明该债务用于夫妻共同生活、共同生产经营或者基于夫妻双方共同意思表示的除外。

本案中，首先刘某超提供的借条上张某没有签字，事后张某也没有追认该借款的意思表示；其次该借款在数额上明显超出了范某振和张某家庭生活所需；最后刘某超称该借款系范某振经营周转所借，经营周转的受益是为夫妻家庭共同生活，但并未提供相关的证据证明，因此不能认定该借款系范某振、张某的夫妻共同债务。

综上，虽然该判决支持了债权人的诉请，但在实践中运用微信、短信等电子数据作为证据使用应该从严把握，综合认定，法院审理应坚持以高度盖然性标准为原则，排除合理怀疑，结合相关事实依法审查，确信待证事实的存在具有高度可能性的，应当认定该事实的存在，反之不予认定。

编写人：河南省焦作市马村区人民法院　杨雨村

42

仅有转账凭证的民间借贷案件如何运用证据规则

——孙某玲诉徐某民间借贷案

【案件基本信息】

1. 裁判文书字号

北京市第二中级人民法院（2018）京02民终9409号民事判决书

2. 案由：民间借贷纠纷

3. 当事人

原告（被上诉人）：孙某玲

被告（上诉人）：徐某

【基本案情】

经案外人方某介绍，孙某玲认识徐某。孙某玲于2015年6月18日、6月19日通过中信银行账户、交通银行账户、光大银行账户、中国工商银行账户分别向徐某名下汇款15万元、63万元、35万元、10万元、2万元、35万元，共计160万元。徐某于2015年6月19日向方某转账276万元。方某于2015年6月25日向孙某玲转账266万元。

证人方某称其与徐某是朋友关系，自2011年起自己手上有钱的话都会放在徐某处，徐某向方某支付利息。2015年，徐某因需要资金便让方某介绍朋友借款，方某就将孙某玲介绍给徐某，孙某玲直接向徐某名下账户打款160万元。方某曾向徐某要求给孙某玲出具借条，徐某说不需要。徐某于2015年6月19日向方某转账的276万元是徐某偿还方某个人的款项，与孙某玲无关。方某于2015年6月25日向孙某玲转账的266万元是方某购买孙某玲代理的其子赵某名下房屋所支付的购房款，与本案诉争款项无关。

【案件焦点】

1. 诉争款项的性质是否为借款；2. 仅有转账凭证如何分配证明责任。

【法院裁判要旨】

北京市西城区人民法院经审理认为：当事人对自己提出的诉讼请求所依据的事实或者反驳对方诉讼请求所依据的事实，应当提供证据加以证明，当事人未能提供证据或者证据不足以证明其事实主张的，由负有举证证明责任的当事人承担不利的后果。在合同纠纷案件中，主张合同关系成立并生效的一方当事人对合同订立和生效的事实承担举证责任。同时，《最高人民法院关于审理民间借贷案件适用法律若干问题的规定》第十七条规定，原告仅依据金融机构的转账凭证提起民间借贷诉讼，被告抗辩转账系偿还双方之前借款或其他债务，被告应当对其主张提供证据证明。同理，被告抗辩原告转入的款项系被告与他人之间的交易往来，与原告无关，或者该款项已经偿还的，也应当提供相应证据。本案中，孙某玲主张其与徐某之间存在民间借贷关系，须就双方存在借贷合意及借款实际交付两个事实提供证据予以证明。徐某认可收到孙某玲的160万元，但否认是借款，认为是孙某玲的投资款。因此，孙某玲需就借贷合意的存在承担举证责任，徐某需就投资款承担举证责任。本案中，徐某认可收到孙某玲转入的160万元，认为该笔款项是孙某玲交给其的投资理财款，但未提交相应证据，法院不予采信。同时，徐某主张已经将上述款项转给方某，由方某转给孙某玲，但徐某并未提交证据证明其转给方某的276万元中包含本案诉争的160万元，且方某出庭作证称其与徐某之间原本就存在经济往来，其收到的徐某转入的276万元系徐某支付给自己的款项，与孙某玲无关，孙某玲亦能对方某转入的266万元作出合理说明，故法院对徐某的抗辩意见不予采信。

北京市西城区人民法院根据《中华人民共和国合同法》第二百零六条、《最高人民法院关于审理民间借贷案件适用法律若干问题的规定》第十七条、《中华人民共和国民事诉讼法》第六十四条之规定，判决如下：

被告徐某于本判决生效之日起十日内偿还原告孙某玲借款160万元。

徐某不服一审判决，提起上诉。

北京市第二中级人民法院经审理认为：《最高人民法院关于审理民间借贷案件适用法律若干问题的规定》第十七条规定，原告仅依据金融机构的转账凭证提起民间借贷诉讼，被告抗辩转账系偿还双方之前借款或其他债务，被告应当对其主张提供证据证明。被告提供相应证据证明其主张后，原告仍应就借贷关系的成立承担举证证明责任。根据上述司法解释的规定，孙某玲作为本案原告依据转账凭证即完成了借款关系存在的初步举证责任。此时，举证责任已由孙某玲转移至徐某。徐某认可收到孙某玲转入的160万元，同时主张其已将上述款项转给方某，由方某转给孙某玲，而方某出庭作证称其与徐某之间原本就存在经济往来，其收到的徐某转入的276万元系徐某支付给自己的款项，与孙某玲无关，孙某玲亦能对方某转入的266万元作出合理说明。在徐某未能完成举证责任的情况下，举证责任并未转移给孙某玲。孙某玲与徐某之间成立了事实上的借贷关系。徐某理应将其收到的孙某玲转来的160万元偿还给孙某玲。孙某玲要求徐某还款160万元之主张，应当得到支持。综上，徐某的上诉请求不能成立，应予驳回。一审判决认定事实清楚，适用法律正确，应予维持。依照《中华人民共和国民事诉讼法》第一百七十条第一款第一项规定，判决如下：

驳回上诉，维持原判。

【法官后语】

随着社会经济的显著增长，民间借贷案件在现实生活中频繁发生，情况复杂。与普通的借款合同不同，民间借贷案件中自然人与自然人之间的资金融通行为在法律上属于实践性合同，其成立并生效需要两个要件：一是借贷双方就借款达成合意；二是贷款人已经实际交付出借款项。但在司法实践中，经常出现原告仅能证明款项交付事实，但欠缺借贷合意证据的情况，即原告仅依据金融机构转账凭证提起的民间借贷案件。该类案件因借贷合意缺失、言词证据僵持、熟人观念作怪而成为司法审判实务的难点。

为完善裁判指引，实现事实认定和法律适用的统一，最高人民法院出台的《最高人民法院关于审理民间借贷案件适用法律若干问题的规定》第十七条规定："原告仅依据金融机构的转账凭证提起民间借贷诉讼，被告抗辩转账系偿还双方之前借款或其他债务，被告应当对其主张提供证据证明。被告提供相应证据证明其主张后，原告仍应就借贷关系的成立承担举证证明责任。"该条旨在解决欠缺借款合同案件的举证证明责任问题，是对原告仅能提供金融机构转账凭证、不能提供借款合同的情形下举证责任如何分配作出的规定，是一个对解决民间借贷事实认定困难具有重要意义的证据规则，其以司法解释的形式认可了被告导向型中的高度盖然性类裁判思路。

根据《最高人民法院关于审理民间借贷案件适用法律若干问题的规定》第十七条规定，欠缺借贷合意的民间借贷纠纷案件的举证顺序应当是：首先，由原告提交转账凭证，证明款项交付事实；其次，若被告抗辩，则应对抗辩事由提供证据；最后，被告证明其抗辩事由后，原告进一步证明借贷合意。就本案而言，孙某玲提交了转账凭证证明其向徐某实际交付160万元，徐某认可收到该款项，但是抗辩160万元系投资款，提供了其名下和方某名下的银行转账明细，但并未提交证据证明其转给方某的276万元中包含本案诉争的160万元，因此徐某在举证期限内未能取得相较于孙某玲的证据优势地位，即关于借贷合意存在与否仍陷于真伪不明状态。故法院认定徐某应当承担举证不能的法律后果，其主张的投资关系不成立。

编写人：北京市西城区人民法院　李艳萍

43

欠缺借款合同的民间借贷案件举证责任分配

——王某朗诉李某莉民间借贷案

【案件基本信息】

1. 裁判书字号

北京市第二中级人民法院（2018）京02民终10229号民事判决书

2. 案由：民间借贷纠纷

3. 当事人

原告（被上诉人）：王某朗

被告（上诉人）：李某莉

【基本案情】

经何某燕介绍，2016年2月24日，李某莉自王某朗处借款50万元，约定十日内归还。到期后李某莉至今分文未还，王某朗多次催要未果。

【案件焦点】

本案能否认定王某朗向李某莉出借50万元。

【法院裁判要旨】

北京市西城区人民法院经审理认为：本案中，王某朗主张其与李某莉之间存在借贷关系，并提交了中国建设银行转账凭证，同时对借贷发生的原因、时间、地点、款项来源、借贷双方的关系进行了合理说明，可以认定其初步完成了证明责任。李某莉认可收到50万元，但抗辩称该款项系偿还双方之前的借款，李某莉依法应当对该主张提供证据予以证明。庭审中，李某莉仅对王某朗的主张予以否认，并未提供有效证据证明50万元的交付系因双方之间存在其他借贷关系，因此，李某莉依法应当承担不利后果。王某朗主张双方口头约定借款十日内偿还，却未提交证据证明，且李某莉对此亦予以否认，故法院认定双方对借款期限没有约定，王某朗可以催告李某莉在合理期限内返还。庭审中，王某朗并未提交证据证明其在本案起诉之前曾催告李某莉还款，法院于2018年4月23日向李某莉送达起诉状副本，视为王某朗向李某莉催告还款。法院酌定李某莉应当在收到起诉状副本后十五日即2018年5月8日前还款。截至庭审之日，李某莉仍未还款，故王某朗要求李某莉偿还借款本金50万元的诉讼请求，理由正当，法院予以支持。王某朗与李某莉既未约定借期内的利率，也未约定逾期利率，王某朗要求李某莉按照年利率6%支付自2018年5月9日起的利息的诉讼请求，于法有据，法院予以支持，超过法院认定的部分，法院不予支持。据此，根据《中华人民共和国合同法》第八条、第六十条第一款、第二百零六条、第二百零七条，《最高人民法院关于审理民间借贷案件适用法律若干问题的规定》第十七条、第二十九条第二款第一项，《最高人民法院关于适用〈中华人民共和国民事诉讼法〉的解释》第九十条之规定，法院判决：

一、李某莉于判决生效之日起十日内偿还王某朗借款本金50万元及利息（以50万元为基数，自2018年5月9日起至借款实际清偿之日止，按照年利率百分之六计算）；

二、驳回王某朗的其他诉讼请求。

李某莉不服一审判决，提起上诉。

北京市第二中级人民法院经审理认为：根据《最高人民法院关于民事诉讼证据

的若干规定》第二条之规定，当事人对自己提出的诉讼请求所依据的事实或者反驳对方诉讼请求所依据的事实有责任提供证据加以证明。没有证据或证据不足以证明当事人的事实主张的，由负有举证责任的当事人承担不利后果。在本案中，王某朗提供了其向李某莉的转账记录，以证明其向李某莉出借款项50万元。李某莉对此不予认可，称此款系王某朗对之前向其借款的还款，但李某莉对于其与王某朗之前存在借贷关系的事实，并未能提供证据加以证明。在此情况下，一审法院认定王某朗向李某莉出借款项50万元，并判令李某莉偿还相应本息，并无不当。综上，李某莉的上诉理由均不能成立，对其上诉请求，法院不予支持；一审判决认定事实清楚，适用法律正确，应予维持。据此，依照《中华人民共和国民事诉讼法》第一款第一项规定，判决：

驳回上诉，维持原判。

【法官后语】

《最高人民法院关于审理民间借贷案件适用法律若干问题的规定》第十七条规定："原告仅依据金融机构的转账凭证提起民间借贷诉讼，被告抗辩转账系偿还双方之前借款或其他债务，被告应当对其主张提供证据证明。被告提供相应证据证明其主张厚，原告仍应就借贷关系的成立承担举证证明责任"。第十九条规定："人民法院审理民间借贷纠纷案件时发现有下列情形，应当严格审查借贷发生的原因、时间、地点、款项来源、交付方式、款项流向以及借贷双方的关系、经济状况等事实，综合判断是否属于虚假民事诉讼：（一）出借人明显不具备出借能力；（二）出借人起诉所依据的事实和理由明显不符合常理；（三）出借人不能提交债权凭证或者提交的债权凭证存在伪造的可能；（四）当事人双方在一定期间内多次参加民间借贷诉讼；（五）当事人一方或者双方无正当理由拒不到庭参加诉讼，委托代理人对借贷事实陈述不清或者陈述前后矛盾；（六）当事人双方对借贷事实的发生没有任何争议或者诉辩明显不符合常理；（七）借款人的配偶或合伙人、案外人的其他债权人提出有事实依据的异议；（八）当事人在其他纠纷中存在低价转让财产的情形：（九）当事人不正当放弃权利；（十）其他可能存在虚假民间借贷诉讼的情形。"本案也不存在上述虚假诉讼的情形。经查，本案中，王某朗出借款项来源于其将自有房屋抵押后取得。关于为何未出具借据，王某朗解释称，其为作生意而贷款后暂时未派上用场，在李某莉向其提出借款要求时，因贷款系李某莉帮助办理相关手续取得，又出于对李某莉的信任才未让李某莉出具借据，王某朗对无借款合同的原因做出合理说明。而李某莉对于其主张的50万元转账是王某朗偿还李某莉的借款本息一节，并未举证证明，李某莉对其抗辩未提供达到高度可能性的证明标准的证据。在此情况下，因认定王某朗已初步完成了证明责任，如果一味要求王某朗就其出借给李某莉50万元进一步提供证据，不利于保护王某朗的合法权利。

编写人：北京市第二中级人民法院　佘卫

44

提供借条是否已经完成举证责任

——张某林诉冯某波民间借贷案

【案件基本信息】

1. 裁定书字号

湖北省宜昌市中级人民法院（2018）鄂05民终950号民事判决书

2. 案由：民间借贷纠纷

3. 当事人

原告（上诉人、申请人）：张某林

被告（被上诉人、被申请人）：冯某波

【基本案情】

2007年5月16日，冯某波在远安县注册成立远安县誉源矿产品有限责任公司，该公司系一人有限责任公司。2009年5月25日，注册成立宜昌市云海林农科技开发有限公司，法定代表人冯某波。2007年6月26日张某林向远安县誉源矿产品有限责任公司转账30万元，同年12月18日张某林向东西泉村委会转账6万元。2010年4月30日冯某波通过银行转账向张某林支付425900元。2010年8月6日张某林通过银行转账转给冯某波10万元。2011年4月30日冯某波向张某林出具借条一份："今借到张某林现金壹佰伍拾贰万元整，年利率按10%计算。借款人冯某波"。借条出具后，冯某波先后于2012～2015年6月向张某林支付152万元。

【案件焦点】

张某林与冯某波之间是否存在真实的借贷关系。

【法院裁判要旨】

湖北省宜昌市夷陵区人民法院经审理认为：对于民间借贷纠纷案件，除审查借条外，还应该严格审查借款发生的过程及款项实际交付的情形等。首先张某林应提供证据证明涉诉款项已给付冯某波的事实。根据《最高人民法院关于民事诉讼证据的若干规定》第五条规定，在合同纠纷案件中，主张合同关系成立并生效的一方当事人对合同订立和生效的事实承担举证责任。民间借贷是实践性合同，张某林主张双方存在民间借贷关系，并以此为基础请求冯某波还本付息，张某林应对双方存在民间借贷法律关系进行举证，借款合同的生效要件系借款人收到借款，《最高人民法院关于审理民间借贷案件适用法律若干问题的规定》第九条规定："具有下列情形之一，可以视为具备合同法第二百一十条关于自然人之间借款合同生效要件：（一）以现金支付的，自借款人收到借款时；（二）以银行转账、网上电子汇款或者通过网络贷款平台等形式支付的，自资金达到借款人账户时……"本案中张某林直接向冯某波账户打款金额仅为10万元，无法证实其实际向冯某波提供了借款152万元，故，张某林无法证实借款合同生效。冯某波辩称，张某林仅支付投资款36万元，双方之间存在股权纠纷，在其向张某林支付425900元后，张某林利用其职务存在的影响，冯某波迫于压力在出具152万元借条后向张某林分6次支付了152万元，因不是真实借款，所以对张某林继续索要的行为不认可。从冯某波提供的证据来看，虽无法证明双方之间存在股权纠纷及冯某波是受胁迫书写的借条，但张某林曾向东西泉村委会、远安县誉源矿产品有限责任公司转款，法院不能排除双方之间存在其他的经济往来。冯某波虽向张某林支付了152万元，但结论不能推导出前提，不能证明双方存在订立借款合同的合意，也不能推断支付款项的行为是基于民间借贷的法律关系。对于152万元的构成，张某林称包括利息、冯某波欠张某林的购车款、购买山林资金，出借主要通过银行转账方式，转款记录因银行系统原因无法查询，152万元是双方对账以后形成的，对账的依据已不存在。法院认为，这不符合日常经济交往习惯，出借152万元，应该有支出的相关凭据，包括转账记录、取款凭证等，在冯某波提出质疑及张某林自认152万元包括利息的情况下，张某林更应明确152万元的构成，否则法院无从判断借款本金的具体数额，以及是否存在复利、高息的情况。

综上所述，张某林在庭审中坚持以民间借贷起诉，但无法证明双方存在借款合意及向冯某波提供了借款，对152万元如何构成也无法合理说明，应承担举证不能的法律后果。经合议庭合议，并报请法院审判委员会讨论决定，依据《中华人民共和国合同法》第二百一十条、《最高人民法院关于审理民间借贷案件适用法律若干问题的规定》第九条、《中华人民共和国民事诉讼法》第一百四十二条、《最高人民法院关于民事诉讼证据的若干规定》第五条之规定，判决如下：

驳回张某林要求冯某波偿还借款本息647536.64元，并自2017年8月6日起以539613.87元为基数按年利率10%支付利息以及赔偿律师代理费35000元的诉讼请求。

张某林不服一审判决，提起上诉。

湖北省宜昌市中级人民法院经审理认为：一审判决认定的事实证实，张某林与冯某波均对涉案《借条》及冯某波向张某林偿还152万元的事实无异议，应予以确认。虽然冯某波辩称其是在人身自由受限时被迫向张某林出具的，其与张某林之间并不存在真实的借款关系而是股权纠纷，但冯某波对其辩称理由并未提交相应证据证实，故无法否定张某林与冯某波之间存在民间借贷关系。

《最高人民法院关于民事诉讼证据的若干规定》第二条第二款规定“没有证据或者证据不足以证明当事人的张的，由负有举证责任的当事人承担不利后果”。在本案中，张某林向冯某波主张152万元借款，根据《最高人民法院关于审理民间借贷案件适用法律若干问题的规定》规定，张某林负有提供出借上述款项的举证责任，但其只对152万元中的部分借款提交证据（即购车款28万元、银行汇款30万元、6万元和10万元），对152万元中的大部分借款来源及支付凭证并未举证证实。虽然冯某波向张某林偿还了152万元，但因双方对《借条》载明152万元借款的形成原因陈述不一致（即张某林认为《借条》是其与冯某波对账后而形成的，冯某波认为其与张某林之间不存在真实的借款关系，其向张某林出具《借条》是在其人身失去自由的情况下被迫向张某林出具的，且其与张某林之间存在股权纠纷）。在张某林未提交其向冯某波实际借款152万元的来源及相应支付凭证的情况下，仅凭张某林在本案提交的证据，法院尚不能排除双方之间是否存在超过法定利率或者其他经济往来的情况。因此，张某林要求冯某波偿还截至2017年8月5日的本息64.753664万元（其中本金53.961387万元，利息10.792277万元），并从2017年8月6日起至实际清偿之日止以本金53.961387万元为基数，按年利率10%支付利息的证据不足，法院不予支持。

关于律师费3.5万元应否予以支持的问题。因双方在借款时并未约定张某林主张权利时所产生的律师费由冯某波负担，因此，张某林要求冯某波承担律师费3.5万元无事实依据，法院不予支持。

综上所述，张某林的上诉理由不成立，应予驳回。依照《中华人民共和国民事诉讼法》第一百七十条第一款第一项之规定，判决如下：

驳回上诉，维持原判。

张某林申请再审。

湖北省高级人民法院经审理认为：1. 关于张某林提交的证据是否属于再审审查新证据的问题。张某林为证明诉争借条中的152万元借款有事实依据，向法院提交以下两组新证据：招商银行宜昌分行营业部于2018年10月30日出具的《业务证明书》，拟证明张某林于2006年11月16日向冯某波转账50万元；2018年11月5日东西泉村委会出具的《证明》、冯某波承包经营东西泉村集体山林与该村委会签订的《合同书》、东西泉村委会收款6万元的收据，拟证明该6万元系冯某波向张某林的借款，用于支付冯某波承包该村集体山林的费用。冯某波对上述证据质证认为，对《业务证明书》的真实性不认可，该证明书明确载明“不具备其他法律效用”，且一审法院根据张某林提供的银行卡账号（一张招商银行、一张建设银行）到两银行调取过交易流水，并没有发现此笔交易记录；对《证明》《合同书》和收据的真实性无异议，但东西泉村委会出具的《证明》不是新证据，冯某波在一审中已向法院提交张某林向东西泉村委会转账6万元的凭证，且二审判决已将张某林该笔投资款6万元计入“借款”，对上述证据法院认为，首先，《最高人民法院关于适用〈中华人民共和国民事诉讼法〉的解释》第三百八十七条规定：“再审申请人提供的新的证据，能够证明原判决、裁定认定基本事实或者裁判结果错误的，应当认定为民事诉讼法第二百条第一项规定的情形。对于符合前款规定的证据，人民法院应当责令再审申请人说明其逾期提供该证据的理由；拒不说明理由或者理由不成立的，依照民事诉讼法第六十五条第二款和本解释第一百零二条的规定处理。”第三百八十八条规定：“再审申请人证明其提交的新的证据符合下列情形之一的，可以认定逾期提供证据的理由成立：（一）在原审庭审结束前已经存在，因客观原因于庭审结束后才发现的；（二）在原审庭审结束前已经发现，但因客观原因无法取得或者在规定的期限内不能提供的；（三）在原审庭审结束后形成，无法据此另行提起诉讼的。再审申请人提交的证据在原审中已经提供，原审人民法院未组织质证且未作为裁判根据的，视为逾期提供证据的理由成立，但原审人民法院依照民事诉讼法第六十五条规定不予采纳的除外。”其次，冯某波在一审中已向法院提交张某林向东西泉村委会转账6万元的凭证，原审据此认定张某林与冯某波之间存在经济往来，但不能认定该6万元系张某林主张的诉争借条所涉152万元借款的组成部分，或冯某波主张的投资款。最后，根据上述法律规定，张某林在法院审查过程中提交的上述证据均在原审庭审结束前可以取得，其未合理说明在原审中未提供上述证据的客观原因，且上述证据内容亦不足以推翻原判决认定的基本事实，故其逾期提供的上述证据不属于再审审查的新证据，法院不予采纳。张某林关于有新证据能够证明诉争借条中的152万元借款有事实依据的再审事由不成立，法院不予支持。

2. 关于冯某波应否向张某林偿还其诉请的借款本金539613.87元及相应利息的问题。张某林申请再审称，原判决认定事实不清，且原审在已有证据能够证实借贷关系成立的情形下仍要求张某林提供支付借款凭证，属于适用法律错误。对此法院认为，其一，关于张某林与冯某波之间是否存在民间借贷关系的问题，张某林与冯某波均对诉争借条及冯某波已向张某林偿还152万元的事实无异议，虽然冯某波辩称该借条系其在人身自由受限时被迫向张某林出具的，其与张某林之间并不存在真实的借款关系而是股权纠纷，但冯某波对其辩称理由并未提交相应证据证实，故无法否定张某林与冯某波之间存在民间借贷关系。其二，关于张某林向冯某波出借款项数额的认定问题。《中华人民共和国合同法》第二百一十条规定：“自然人之间的借款合同，自贷款人提供借款时生效。”《最高人民法院关于审理民间借贷案件适用法律若干问题的规定》第九条规定：“具有下列情形之一，可以视为具备合同法第二百一十条关于自然人之间借款合同的生效要件：（一）以现金支付的，自借款人收到借款时；（二）以银行转账、网上电子汇款或者通过网络贷款平台等形式支付的，自资金到达借款人账户时；……”第十六条规定：“原告仅依据借据、收据、欠条等债权凭证提起民间借贷诉讼，被告抗辩已经偿还借款，被告应当对其主张提供证据证明。被告提供相应证据证明其主张后，原告仍应就借贷关系的成立承担举证证明责任。被告抗辩借贷行为尚未实际发生并能作出合理说明，人民法院应当结合借贷金额、款项交付、当事人的经济能力、当地或者当事人之间的交易方式、交易习惯、当事人财产变动情况以及证人证言等事实和因素，综合判断查证借贷事实是否发生。”在本案中，张某林主张冯某波向其借款152万元，根据上述规定，张某林负有提供出借上述款项的举证责任，但其只对部分款项提交了证据，对152万元中的大部分借款来源及支付凭证并未举证证实，依据《中华人民共和国民事诉讼法》第六十四条第一款关于“当事人对自己的主张，有责任提供证据”和《最高人民法院关于适用〈中华人民共和国民事诉讼法〉的解释》第九十条关于“当事人对自己提出的诉讼请求所依据的事实或者反驳对方诉讼请求所依据的事实，应当提供证据加以证明，但法律另有规定的除外。在作出判决前，当事人未能提供证据或者证据不足以证明其事实主张的，由负有举证证明责任的当事人承担不利的后果”之规定，张某林应承担举证不能的不利后果。原审判决据此认定不能排除双方之间存在超过法定利率或者其他经济往来的情况，故而驳回其诉讼请求并无不当。张某林关于原审判决认定事实不清和适用法律错误的再审事由不成立，法院不予支持。

3. 关于张某林提出的原审法院未依其申请调取证据的问题。张某林申请再审称，对审理案件需要的主要证据即银行账户的交易凭证，张某林因客观原因不能自行收集，书面申请一、二审法院调查收集，但一审、二审法院均未调查收集，导致本案部分事实未查清。对此法院认为，上述证据不属于《中华人民共和国民事诉讼法》第二百条第五项“对审理案件需要的主要证据，当事人因客观原因不能自行收集，书面申请人民法院调查收集，人民法院未调查收集的”规定的“当事人因客观原因不能自行收集”的证据，故张某林的该项再审事由不能成立，法院不予支持。至于张某林在法院审查过程中提出申请查询冯某波账户的请求，依据《最高人民法院关于民事诉讼证据的若干规定》第十九条关于“当事人及其诉讼代理人申请人民法院调查收集证据，不得迟于举证期届满前七日”之规定，其申请应在二审举证期限届满前七日之前提出，故法院对其申请不予准许。

综上，原审判决认定事实清楚，适用法律正确。张某林的再审事由均不符合《中华人民共和国民事诉讼法》第二百条规定的情形。依照《中华人民共和国民事诉讼法》第二百零四条第一款、《最高人民法院关于适用〈中华人民共和国民事诉讼法〉的解释》第三百九十五条第二款规定，裁定如下：

驳回张某林的再审申请。

【法官后语】

本案处理重点主要在对于在张某林起诉提供借条的情况下，是否已经完成了证明双方借贷关系成立的举证责任。

民间借贷系实践性合同，民间借贷关系成立并生效的法律构成要件有：1. 双方存在借贷的合意。2. 款项实际交付。《最高人民法院关于审理民间借贷案件适用法律若干问题的规定》第九条规定："具有下列情形之一，可以视为具备合同法第二百一十条关于自然人之间借款合同生效要件：（一）以现金支付的，自借款人收到借款时；（二）以银行转账、网上电子汇款或者通过网络贷款平台等形式支付的，自资金达到借款人账户时……"本案中，张某林若主张双方存在借贷关系，并以此为基础请求冯某波支付所欠利息，必须要证明双方借贷关系的成立，即证明双方之间存在借贷的合意及款项的交付。在本案中，张某林提供了借条，以此证明双方存在借贷的合意，但是对于款项的交付，一审、二审、再审均认为张某林只对部分款项提交了证据，对152万元大部分借款来源及支付凭证并未举证证实。

冯某波抗辩双方是股权关系，并提供了证据，一审法院认定，这些证据虽不能证明双方之间存在股权纠纷，但是至少能说明双方之间存在其他经济往来，冯某波的说明和证据足以对款项支付真实性引起合意怀疑。《最高人民法院关于审理民间借贷案件适用法律若干问题的规定》第十六条规定："原告仅依据借据、收据、欠条等债权凭证提起民间借贷诉讼，被告抗辩已经偿还借款，被告应当对其主张提供证据证明。被告提供相应证据证明其主张后，原告仍应就借贷关系的成立承担举证证明责任。被告抗辩借贷行为尚未实际发生并能作出合理说明，人民法院应当结合借贷金额、款项交付、当事人的经济能力、当地或者当事人之间的交易方式、交易习惯、当事人财产变动情况以及证人证言等事实和因素，综合判断查证借贷事实是否发生。”本案中湖北省高院再审中据此认为，张某林主张冯某波向其借款152万元，根据上述规定，张某林负有提供出借上述款项的举证责任，但其只对部分款项提交了证据，对152万元大部分借款来源及支付凭证并未举证证实，张某林应承担举证不能的不利后果。原审判决据此认定不能排除双方之间存在超过法定利率或者其他经济往来的情况，故而驳回其诉讼请求并无不当。

一般情况下，在熟人社会中，借款人给出借人出具借条，往往都是收到了款项之后才出具，如果没有收到所借的款项，借款人断然不会为出借人出具借条。但随着社会经济的发展，近年来各地法院受理的大量民间借贷案件中，借条产生的原因形形色色，实践中还出现制式性借条，即借条均由出借人事先统一印制提供给借款人，借款人不能随意更改借条的内容，只在借条上签字确认即可。一旦出借人以借条为依据要求还款，借款人以借条本金包含隐性高息抗辩时，法院很难查证出借本金的实际数额，因此，不能认为冯某波只要出具了借条就意味着其获得了借款，应该给予张某林较严格的举证责任。在本案中，张某林的事实主张自始处于争议状态，其应提供证据证明借款关系成立，即双方存在借款合意及其向冯某波提供了借款，因其无法证明已经向冯某波提供了152万元款项，承担了败诉的法律后果。

编写人：湖北省宜昌市夷陵区人民法院　姜静

45

担保人承认出借人当庭变更的起诉事实和理由，出借人举证责任与借款人还款责任如何认定

——林某生诉林某全、揭阳市振雄投资有限公司民间借贷案

【案件基本信息】

1. 裁判书字号

广东省揭阳市中级人民法院（2018）粤52民终754号民事判决书

2. 案由：民间借贷纠纷

3. 当事人

原告（被上诉人）：林某生

被告（上诉人）：林某全

被告（被上诉人）：揭阳市振雄投资有限公司（以下简称振雄公司）

【基本案情】

2011年开始，林某全多次向林某生借款，林某生也受让林某衡部分股权和对合作公司进行投资。林某生多次通过自己、裕昌公司、嘉亨公司和朋友黄春华、陈旭阳的银行账户汇款给林某全或其子女林某衡、林某莎及林某全所在振通水电公司的财务林某珊。2015年8月30日，林某全与林某生进行结算，林某全、林某衡共结欠林某生借款2468万元，林某全同意偿还其中1800万元。

另查明：1. 振雄公司是有限责任公司，法定代表人为林某衡，股东为林某衡、林某莎。2016年4月29日，法定代表人变更为林某生。2. 振通水电公司是有限责任公司，至2015年7月21日，股东林某衡实缴出资801.6万元，股东林某全实缴出资3206.4万元。2017年11月2日，股东变更为林某青，持有100%股权。3. 本案一审于2017年12月20日立案，林某生于2018年4月16日申请法院向揭阳工行调取2011年3月28日至2015年8月30日林某生、裕昌公司、嘉亨公司、黄春华、陈旭阳与林某全、林某衡、林某莎、林某珊之间的银行流水。一审法院依职权调取。2018年6月8日一审开庭时，林某生将法院调取的银行流水作为证据出示，并当庭变更事实理由，提交黄春华、陈旭阳、裕昌公司、嘉亨公司的声明书。4. 2017年12月，林某生向法院起诉林某全、林某青（即746号案），要求撤销林某全与林某青签订的振通水电公司股权赠予协议。5. 林某生于2011年3月28日向林某全转账两笔共300万元时，自记用途为“借款”；于2011年6月17日向林某全转账150万元时，自记用途为“还款”。

【案件焦点】

1. 出借人当庭变更起诉的事实和理由，担保人承认出借人变更的内容，出借人是否免除就借款关系成立并生效的事实所承担的举证责任；2. 借款人是否必然承担还款责任。

【法院裁判要旨】

广东省揭阳市揭东区人民法院经审理认为：林某全自愿出具的《借条》不同于借款合同，借条上的“借到”含有出借人已将借款提供给借款人、借款人确认收到借款的意思。林某生提供的证据能形成完整的证据链，证明借条系对双方之前的债权债务进行结算。依照《中华人民共和国民法通则》第九十条，《中华人民共和国合同法》第一百零七条、第二百零五条、第二百零六条、第二百一十一条第二款，《最高人民法院关于审理民间借贷案件适用法律若干问题的规定》第二十九条，《中华人民共和国担保法》第十八条，《中华人民共和国民事诉讼法》第一百四十四条和《最高人民法院关于适用〈中华人民共和国民事诉讼法〉的解释》第九十条的规定，判决：

一、林某全应付还林某生借款1800万元及利息；

二、振雄公司在远望公司6%股份价值范围内承担连带清偿责任。

林某全不服一审判决，提起上诉。

广东省揭阳市中级人民法院经审理认为：林某生起诉要求林某全偿还借款1800万元及利息，应对其主张承担举证责任。第一，从本案和746号案的起诉状看，林某生主张1800万元是新产生的借款，自然人之间的借贷是实践性合同，故借条仅能证明借贷关系成立，但并未生效。林某生未能举证证明其实际支付了1800万元，且其也承认2015年8月30日之后未向林某全支付1800万元，故应承担举证不能的后果。第二，林某生一审时当庭变更事实理由，主张借条是对之前债权债务的结算。从证据看，1. 林某生向林某全两次转账的自记用途分别为“借款”“还款”，说明双方互相借款，且截至2011年6月17日，林某全已不结欠林某生款项。2. 除上述两次转账外，林某生提交的银行流水的收款人为林某衡、林某莎、振雄公司。林某生与上述收款人之间的民事法律关系，仅能约束双方当事人。林某生未能提供证据证明林某全有授意，且林某全也否认委托上述收款人收款，故未能证明款项与林某全有关。3. 借条没有记载有关结算内容，也没有林某全愿意为上述收款人还款的意思表示。且林某全否认借条是对之前债权债务的结算，并对出具借条的原因作出合理解释。从当事人陈述看，1. 林某生持有借条并提供林某全、振雄公司的基本情况就能立案，并未要求其提供银行流水，故林某生当庭变更事实理由的解释不成立。2. 林某生746号案起诉状与振通水电公司的工商登记信息相符，说明其在了解林某全的经济状况后才决定借款，即借款合意产生于2015年7月21日之后。3. 林某生对其主张结算的债权债务具体构成及金额，在不同诉讼阶段陈述不一致，且与其提交证据的资金计算结果不符，有悖常理。故林某生主张借条是对之前债权债务的结算，法院不予采信。

广东省揭阳市中级人民法院依照《中华人民共和国合同法》第二百一十条，《最高人民法院关于审理民间借贷案件适用法律若干问题的规定》第二条，《中华人民共和国民事诉讼法》第一百一十九条、第一百七十条第一款第二项，《最高人民法院关于适用〈中华人民共和国民事诉讼法〉的解释》第九十条、第一百一十五条，《最高人民法院关于民事诉讼证据的若干规定》第七十四条的规定，判决如下：

一、撤销广东省揭阳市揭东区人民法院（2017）粤5203民初1550号民事判决；

二、驳回林某生的全部诉讼请求。

【法官后语】

自然人之间的借款合同是实践性合同，自出借人提供借款时生效。因此，借贷关系是否成立并生效，应以货币是否实际交付为判断标准。担保人对涉案借款的认可，不影响出借人就借贷关系成立并生效的事实所承担的举证责任，有利于防止担保人与出借人恶意串通、虚构债务，损害借款人的利益。而且，不管是新产生的借款还是双方之前的债权债务结算转化而来的借款，出借人均应对其主张承担举证责任。当事人陈述有重大疑点或矛盾之处的，应当根据证据规则认定出借人未完成举证责任，判决驳回其诉讼请求。

具体到本案中，首先，出借人起诉时主张借条是新产生的借款，但未能举证证明款项的交付，且其承认借条出具后并未支付款项。其次，出借人一审庭审时变更起诉的事实和理由，主张借条是对双方之前的债权债务的结算，但其提交的银行流水不能证明款项与借款人有关，且借条没有记载结算内容或愿意为他人承担还款责任的意思表示；出借人变更事实理由的解释不成立，前后陈述的债权债务的具体构成及金额不一致且与其提交的证据计算结果不相符，明显违反生活常理。故出借人应承担举证不能的法律后果。

编写人：广东省揭阳市中级人民法院　陈培蓉

46

仅有转账凭证案件中借贷事实之认定与举证责任之分配

——介休市佳泰房地产开发有限公司诉王某盛民间借贷案

【案件基本信息】

1. 裁判书字号

山西省晋中市中级人民法院（2018）晋07民终604号民事判决书

2. 案由：民间借贷纠纷

3. 当事人

原告（上诉人）：介休市佳泰房地产开发有限公司（以下简称佳泰房地产公司）

被告（被上诉人）：王某盛

【基本案情】

自2013年12月23日始，王某盛陆续向佳泰房地产公司转账3笔款，其中：2013年12月23日转账120万元，2015年1月8日转账80万元，2015年2月4日转账120万元。2014年10月29日，王某盛向佳泰房地产公司转账40万元，佳泰房地产公司主张王某盛现仍欠佳泰房地产公司280万元，借款期限利息未明确约定，以上事实由佳泰房地产公司提供电子转账凭证、对公活期查询明细加以佐证。

另查明，二审期间，佳泰房地产公司出具借条一份、借款协议一份、电汇凭证和汇款单，证明2010年至2011年，为佳泰房地产公司买地，丰泽园公司向王某盛、任某、侯某三人借款共计400万元，没有利息，也未约定还款时间。2013年1月4日，佳泰房地产公司已归还王某盛、任某、侯某全部借款共计400万元，至此不欠王某盛三人任何款项。

【案件焦点】

1. 涉案280万元系佳泰房地产公司对王某盛出借的借款还是佳泰房地产公司向

王某盛支付的利息；2. 佳泰房地产公司与王某盛是否存在借款关系；3. 王某盛应否承担还款责任。

【法院裁判要旨】

山西省晋中市介休市人民法院经审理认为：根据相关法律规定，佳泰房地产公司仅依据金融机构的转账凭证提起民间借贷诉讼，王某盛抗辩转账系偿还双方之前借款或其他债务，王某盛应当对其主张提供证据证明，王某盛提供相应证据证明其主张后，佳泰房地产公司仍应就借贷关系的成立承担举证证明责任。本案中，佳泰房地产公司依据银行电子转账凭证主张与王某盛之间的借贷关系，王某盛抗辩转账系佳泰房地产公司向其支付的借款利息，并提供相应证据来证明，且王某盛提供的证据与其所主张的事实相符，并能形成完整的证据链条，证据中除佳泰房地产公司无异议的证据原件外，对借款事实是否存在以及证人所出具的证明材料、调查笔录等均向相关人员进行了调查核实，可以达到高度可能性，故佳泰房地产公司仍应就借贷关系的成立承担举证证明责任，因佳泰房地产公司无其他有力证据证明与王某盛之间的借贷关系，故须承担举证不利的后果，对其主张不予支持。依据《最高人民法院关于适用〈中华人民共和国民事诉讼法〉的解释》第一百零八条第一款、《最高人民法院关于审理民间借贷案件适用法律若干问题的规定》第十七条之规定，判决如下：

驳回佳泰房地产公司的诉讼请求。

佳泰房地产公司不服一审判决，提起上诉。

山西省晋中市中级人民法院经审理认为：佳泰房地产公司作为主张权利的一方当事人，其举证证明的标准系“确信待证事实的存在具有高度可能性”，而王某盛作为反驳方其举证证明的标准是“待证事实真伪不明”。经审查双方当事人在一审、二审期间所举的证据，并结合相关事实，佳泰房地产公司一审、二审期间所举的证据不能使法院确信该公司与王某盛之间存在280万元借款这一待证事实的存在具有高度可能性，且王某盛所举的反驳证据能够使本院认为上述待证事实真伪不明。故依法应确认该待证事实不存在，原审判决驳回佳泰房地产公司的诉讼请求正确。上诉人佳泰房地产公司可待有充分证据后再行解决。故依据《中华人民共和国民事诉讼法》第一百七十条第一款第一项之规定，判决如下：

驳回上诉，维持原判。

【法官后语】

在仅有金融机构的转账凭证的民间借贷诉讼中，因无直接证据证明双方存在借贷关系之合意，法官对借贷关系之事实认定存在较大困难，故最高人民法院出具司法解释对该类案件的审理进行指导，《最高人民法院关于审理民间借贷案件适用法律若干问题的规定》第十七条规定：原告仅依据金融机构的转账凭证提起民间借贷诉讼，被告抗辩转账系偿还双方之前借款或其他债务，被告应当对其主张提供证据证明。被告提供相应证据证明其主张后，原告仍应就借贷关系的成立承担举证证明责任。然而因案件审理难度较大，司法实践中仍然出现大量同案不同判的现象，具体审理难点有三：一是对《最高人民法院关于审理民间借贷案件适用法律若干问题的规定》第十七条的规定存在不同认识，到底是客观举证责任之转移抑或主观举证责任之转移；二是审理标准单一片面化或导致事实认定错误，仅依据转账凭证是否即可认定借贷关系的成立；三是法官判案过程中对经验法则的运用亟须类型化的梳理与总结。

本案中，对上述三个审理难题进行了回应，结合本案审理情况，总结判案心得如下：

一、针对具体案件情况，灵活准确地认定案件事实

在当事人仅提供转账凭证主张权利的案件中，就借贷关系是否真实存在这一事实认定问题，不宜采取一刀切的态度，而应结合个案中的实际情况，仔细分析双方当事人的陈述和提供的各项间接证据，得出恰当妥适的判断。既不能让真正的权利人因为缺乏书面合同而被断然地判处在救济大门之外，亦不能让投机者有机可乘。

二、正确把握《最高人民法院关于审理民间借贷案件适用法律若干问题的规定》第十七条的精神实质

根据最高人民法院的说明，第十七条起草的初衷在于考虑到“一些借款合同的当事人确实存在缺乏法律意识，没有签订书面借款合同也没有出具借据，出借人对于借款关系的证明存在一定困难”的情况。因而该规则的精神实质乃是授予法官结合逻辑推理和生活经验，对原、被告所提供证据、庭上的陈述进行全面、客观的考虑，来综合认定借贷事实存在与否的权利。具体而言，法官在该类案件中认定借贷关系可遵循如下审理思路：当原告提出转账凭证要求被告偿还借款，而法官通过原、被告陈述以及其相互之间的关系，结合经验法则可以得出确认借贷关系存在

“高度盖然性”的临时心证时，主观举证责任就发生了转移，若被告能够证明其“否认”所涉的事实，进而动摇法官先前的确信，让待证事实处于“真伪不明”的状态，则主观举证责任回到原点，即“原告仍应就借贷关系的成立承担举证证明责任”；反之，若被告未能证明其主张事实或者完成反证，则法官应根据原告之主张所得内心确认，做出确认借贷关系存在的判断。

三、可从行为主体和行为模式两方面总结经验法则，并在实际案件中予以综合运用

在行为主体方面，当事人是否为商事主体、当事人是否具有法律或金融专业素养、当事人之间的亲疏远近、当事人之间是否有常年经济往来等要素；在行为模式方面，转账数额是否符合借款特征、转账频次是否合理、当事人就借款用途的说明以及转账的时间、地点、人物、方式等具体情景等要素，均对借贷关系的认定具有重要参考价值。在审判实践中，法官可结合具体案情，对上述要素予以综合把握，以得出稳妥结论。

编写人：北京市海淀区人民法院　邓可人

47

民间借贷如何认定借款金额

——林某强诉邵某泉、梁某珠民间借贷案

【案件基本信息】

1. 裁判书字号

广东省茂名市中级人民法院（2018）粤09民终1619号民事判决书

2. 案由：民间借贷纠纷

3. 当事人

原告（上诉人）：林某强

被告（被上诉人）：邵某泉、梁某珠

【基本案情】

2013 年 12 月 6 日，邵某泉向林某强借款，并出具了书面的 100 万元借据一张给林某强收执，借据的借款日期署为 2013 年 11 月 6 日。当日，林某强委托第三人周某亮转账 95 万元到邵某泉的账户。

2014 年 8 月 13 日至 2015 年 4 月 30 日期间，邵某泉分 12 笔共陆续向林某强指定的王某娟、王某院账户转账支付了 109.7 万元。具体为：1. 2014 年 8 月 13 日，邵某泉在其农行账户向王某娟农行账户转账支付 8 万元；2. 2014 年 9 月 10 日，邵某泉在其农行账户向王某娟农行账户转账支付 3 万元；3. 2014 年 1 月 10 日，邵某泉在其农行账户向王某娟农行账户转账支付 5 万元；4. 2014 年 10 月 20 日，邵某泉在其农行账户向王某院农行账户转账支付 3 万元；5. 2015 年 3 月 16 日，邵某泉在其农行账户向王某院农行账户转账支付 8 万元；6. 2014 年 11 月 10 日，邵某泉在其工行账户向王某院农行账户转账支付 5 万元；7. 2014 年 11 月 26 日，邵某泉委托东莞市建工集团有限公司海南分公司向王某院建行账户转账支付 3 万元；8. 2014 年 12 月 23 日，邵某泉在其工行账户向王某院工行账户转账支付 8 万元；9. 2014 年 12 月 31 日，邵某泉委托东莞市建工集团有限公司海南分公司向王某院工行账户转账支付 31 万元（转账时注明为“材料款”）；10. 2015 年 1 月 16 日，邵某泉在其工行账户向王某院工行账户转账支付 7.7 万元；11. 2015 年 2 月 12 日，邵某泉在其工行账户向王某院工行账户转账支付 8 万元；12. 2014 年 8 月 13 日，邵某泉在其工行账户向王某院工行账户转账支付 20 万元。

2014 年 10 月 15 日，林某强通过王某娟向邵某泉的账户转账支付 149975 元。

邵某泉与梁某珠是夫妻关系，本案借款发生在两人夫妻关系存续期间。

邵某泉与王某娟、王某院之间除接受他人委托进行转账收付款外，无直接的经济往来。

【案件焦点】

双方当事人之间有多次资金往来的情况下如何认定借款金额及是否偿还过的问题。

【法院裁判要旨】

广东省茂名市电白区人民法院经审理认为：

关于借款金额问题，邵某泉向林某强出具的借据中写明系借款100万元，邵某泉对借据的真实性无异议，应对该借据的真实性予以确认，但根据借据中的表述，仅凭该借据不足以证实邵某泉已收到林某强的100万元借款。林某强另提供转账记录证明转账95万元，并称另支付借款现金5万元，邵某泉则否认收到5万元的现金借款，仅认可收到转账支付的95万元，在未能提供相关收据或转账凭证的情况下，不足以证实林某强已向邵某泉支付了借款100万元，或者邵某泉已收到了林某强的现金借款5万元，现有证据仅能证明林某强向邵某泉支付了借款95万元，故应认定本案的实际借款金额为95万元。

关于该笔借款是否已经偿还的问题，邵某泉向法院举证其借到款后的2014年8月13日至2015年4月30日期间已陆续共向林某强指定的王某娟、王某院账户转账支付了109.7万元，辩称该转账支付的109.7万元系用于偿还本案的借款95万元和返借给林某强14.7万元。林某强承认收到邵某泉所述的转账款项109.7万元，但称其中的一笔20万元系用于偿还双方的另一笔借款，其中的另一笔31万元系一个叫梁某俊的人委托东莞市建工集团海南分公司向林某强转账的款项，余下的85.7万元系用于偿还本案借款及之前双方借款的利息，均不属于偿还本案借款，但林某强未能提供相关的证据予以证实。对于该转账款项109.7万元中的20万元，林某强称系用于偿还林某强于2014年10月份借给邵某泉的20万元，并提供了林某强于2014年10月15日通过王某院向邵某泉转账149975元的转账记录相佐证，鉴于林某强向邵某泉支付的149975元发生在邵某泉向林某强支付的20万元之前，林某强主张该20万元系用于偿还包括149975元在内的借款，邵某泉未能就该149975元的款项不属于借款或者20万元付款不属于对149975元的偿还作出令人信服的反驳并提供相应的证据，故认定上述邵某泉向林某强支付的20万元系用于偿还上述林某强向邵某泉支付的149975元，余下50025元用于偿还本案借款。对于上述109.7万元款项中的另一笔31万元，该笔款项系发生在本案借款之后，虽然在转账时注明为材料款，但双方均确认双方之间不存在购销等经济往来，林某强主张系梁某俊委托东莞市建工集团海南分公司向林某强代转账的款项，但未能提供相关证据证实，故不予采信，邵某泉主张该款系用于偿还本案借款，应予以认定。对于上述款项中的余下款项58.7万元，林某强虽主张该余下款项58.7万元系属于支付本案借款及之前其他借款的借款利息，由于邵某泉就本案所诉借款向林某强出具的书面借据及林某强举证的其他借据中均未约定有借款利息，邵某泉否认本案借款存在口头约定借款利息情形，林某强未能举证证实双方的借款有口头约定了借款利息，应对此不予认定，故依法应认定该58.7万元系用于偿还本案借款本金。

综上，邵某泉于2013年12月6日借到林某强95万元，于2014年8月13日起至2015年4月30日期间已偿还林某强947025元，尚欠林某强借款2975元。

广东省茂名市电白区人民法院根据《中华人民共和国合同法》第一百零七条规定，作出如下判决：

一、邵某泉于本判决生效后十日内偿还尚欠林某强的借款2975元，并按年利率6%从2018年1月9日起向林某强计付该尚欠借款的逾期利息，至该尚欠借款还清之日止；

二、驳回林某强的其他诉讼请求。

林某强不服一审判决，提起上诉。

广东省茂名市中级人民法院经审理同意一审法院裁判意见，依照《中华人民共和国民事诉讼法》第一百七十条第一款第一项规定，作出如下判决：

驳回上诉，维持原判。

【法官后语】

民间借贷案件为民事诉讼案件的高发区，这类借贷案件的发展也越发趋向多元化、复杂化，在这样的背景下，如何运用民事证据规则和技能来审判民间借贷案显得尤为重要。

证据是实体法律规范能否在判决中得以适用的关键因素，在审判实践中发挥着至关重要的作用。民事诉讼证据的审查与判断是司法认证活动的核心环节，如何确定证据的证据能力和证明力，关键在于解决好对证据的审查和判断问题。

《中华人民共和国民事诉讼法》第六十四条规定了“谁主张，谁举证”的证据规则，当事人对自己提出的主张，应当提供充分的证据予以证明，这是在审判实务中进行举证责任分配的最重要原则。就民间借贷案件而言，林某强主张邵某泉向其借款的具体金额，除提供主要证据借款合同、借据、借条这一类主要证据外，还应该提供其他相关证据如转账记录、交付凭证等辅助证明借款金额这一事实，基于双方之间有多笔资金往来的情况，对于每一笔的资金往来均应有相应的证据单独证明。为了防止虚假诉讼等情况，在实务中对于较大金额的借款更是要提供充分的证据予以证明。对一方当事人没有证据支持的事实，只要对方当事人认可，或者根据法律关于举证责任的分配，举证责任在对方当事人，只要对方当事人举证不能，法院均可支持。从本质上讲，法官认定这些案件事实时仍然坚持“以证据为基础”的准则，只不过证据是由对方当事人提供或由对方当事人承担了举证不能的诉讼后果。

坚持“以证据为基础”，有利于弥补现行的“以事实为根据，以法律为准绳”司法原则的局限性，法官基于行使审判权的职能，依照民事诉讼法规定的程序和方式以及举证责任，进行法庭调查，发现、收集、审查和判断证据资料，在法庭质证过程中充分听取原、被告双方当事人对于证据三性的意见，力求尽可能地查清客观事实，证据决定事实，事实决定法律适用，法律适用决定裁判，因此，法官审理案件必须遵循“以证据为基础”的客观规律，证据对于认定案件事实乃至裁判具有极端的重要性，不仅是诉讼的核心和基础，更是实现司法公正，乃至社会主义法治的基石之一。

编写人：广东省茂名市电白区人民法院　韩超明

48

无疑点的私录资料可以单独作为认定案件相关事实的依据

——蒋某秋诉浦某峰民间借贷案

【案件基本信息】

1. 裁判书字号

江苏省无锡市中级人民法院（2018）苏02民终1245号民事判决书

2. 案由：民间借贷纠纷

3. 当事人

原告（被上诉人）：蒋某秋

被告（上诉人）：浦某峰

【基本案情】

2013 年 1 月 17 日，蒋某秋通过其妻子张某红向石某东银行转账 100 万元。2013 年 5 月 24 日，浦某峰向蒋某秋出具欠条一份，载明：因生意业务原因，今欠蒋某秋人民币 244950 元。后浦某峰分别于 2013 年 7 月 16 日、2013 年 7 月 29 日再次向蒋某秋出具借条各一份，载明结欠蒋某秋 234000 元、955000 元，并承诺于 2014 年年底归还。此后，浦某峰未归还上述款项。蒋某秋于 2017 年 8 月 22 日诉至法院。

庭审中，蒋某秋提供了两份录音资料，用以证明其就两份借条载明的借款主张浦某峰还款，浦某峰亦承认借款事实，但始终未能归还借款，进而引起诉讼时效中断的事实。

【案件焦点】

1. 2013 年 7 月 16 日、2013 年 7 月 29 日的两份借条中的债权债务关系是否已过诉讼时效；2. 2013 年 5 月 24 日的欠条中的债权债务关系能否在本案中一并主张。

【法院裁判要旨】

江苏省无锡市江阴市人民法院经审理认为：蒋某秋提交的录音可以证明，在两份借条中的债权已过诉讼时效之后，双方对两笔借款问题进行了磋商，蒋某秋向浦某峰主张债权并要求其重新出具借条，浦某峰承诺会逐步归还，并希望蒋某秋减免部分债务，同时也允诺过几天补写借条。浦某峰抗辩录音未经其同意私下录制，对合法性不予认可。法院认为，上述录音发生在蒋某秋与浦某峰之间，即使蒋某秋未经浦某峰同意录音，也未侵犯他人合法权益，或者违反法律的禁止性规定，其合法性不存在异议，法院对浦某峰的抗辩意见不予采纳。据此法院认定双方对已过诉讼时效的该两笔借款重新达成了还款意思表示，故该两笔借款未过诉讼时效。

对于 2013 年 5 月 24 日的欠条所结欠款项形成的经过，双方均无异议。浦某峰未经蒋某秋的同意，挪用其存放于第三人银行账户的存款，事后又向其出具了欠条，确认结欠该笔款项，无论是按照蒋某秋所称应定性为借款，还是按照浦某峰所称应定性为货款，均是双方对同一法律事实作出不同的法律定性，对于实体权利并无影响，故为减少当事人的诉累，法院确认在本案中一并处理。浦某峰辩称该笔欠款金额存在异议，但未提交证据予以证明，法院采信欠条中所确定的金额，对该抗辩意见不予采纳。

合法的借贷关系受法律保护。蒋某秋为证明浦某峰结欠其574450元的事实，向法院提交了由浦某峰出具的借条、欠条，并对借款经过进行了合理解释，法院予以确认。浦某峰应承担偿还借款的民事责任，蒋某秋主张浦某峰归还借款573500元，系其处分自身权利的行为，法院对该诉讼请求予以支持。

江苏省无锡市江阴市人民法院依照《中华人民共和国民法通则》第八十四条、第九十条、第一百零八条，《最高人民法院关于审理民事案件适用诉讼时效制度若干问题的规定》第二十二条之规定，作出如下判决：

浦某峰应于本判决发生法律效力之日起十日内归还蒋某秋573500元。

浦某峰不服一审判决，提起上诉。

江苏省无锡市中级人民法院经审理认为：欠款应当归还。首先，本案蒋某秋为主张涉案借款关系的成立，已向法院提供了由浦某峰出具的借条和欠条为凭，并就借款形成的过程提交了蒋某秋妻子张某红转账的银行凭条为证，且张某红亦出具书面情况说明，明确了其代蒋某秋汇款的事实。浦某峰向蒋某秋出具借条和欠条的行为即确认双方之间的借贷法律关系成立，故蒋某秋具备诉讼主体资格。其次，对于诉讼时效问题，根据《最高人民法院关于审理民事案件适用诉讼时效制度若干问题的规定》第二十二条规定，诉讼时效期间届满，当事人一方向对方当事人作出同意履行义务的意思表示或者自愿履行义务后，又以诉讼时效期间届满为由进行抗辩的，人民法院不予支持。法院审查认为，蒋某秋提交的录音材料作为视听资料证据，系蒋某秋与浦某峰电话沟通和当面交谈过程中形成。虽然录音前未经浦某峰同意，但双方交谈内容系对双方之间的借款如何归还进行协商，且通话内容连接紧密，内容未有篡改，具有真实性和连贯性。该证据并非采取在他人居所、工作场所等安置偷录设备，或者是采取其他非法手段取得的视听证据，属于合法取得，应予采纳。根据上述证据表明，浦某峰在与蒋某秋对话过程中已作出同意对所欠借款分期履行的意思表示，现浦某峰对此提出的异议和抗辩，未提交足够的证据加以反驳，故法院不予采信。至于2013年5月24日的欠条所对应的款项，虽然不是双方因借款而形成，但经双方协商一致后，浦某峰以欠条的形式认可结欠蒋某秋款项的事实已客观成立，因此，一审法院依据蒋某秋的主张为减少双方当事人的讼累一并处理并无不妥。故对浦某峰的该上诉请求本院亦不予支持。

江苏省无锡市中级人民法院依照《中华人民共和国民事诉讼法》第一百七十条第一款第一项的规定，作出如下判决：

驳回上诉，维持原判。

【法官后语】

本案中争议之一即在于私录资料能否单独作为认定案件事实的依据。私录资料是视听资料类证据的一种表现形式，是指未经对方同意所录制的音像资料。在司法实践中，法官对当事人所提出的证据资料的审判判断大致分为两个阶段，第一阶段主要审查证据材料的合法性，确定哪些证据可以作为定案证据的资格，即“有无”问题；第二阶段是确定有证据资格的证据材料的证明力的“大小”问题。因此，在对私录资料进行认定时，也应从证据资格和证明力两个方面进行判断。

一、私录资料的证据资格问题

通说认为，证据必须要具有合法性，不具有合法性的证据不能作为法院定案的依据。而在认定私录资料的合法性问题上，关键在于判断私录行为是否侵害了他人的合法权益或违反了法律的禁止性规定。这里的“合法权益”应理解为法律明确予以保护的人身权、名誉权、隐私权等权益；而法律的禁止性规定，主要包括欺诈、胁迫、利诱等非法手段，或侵犯他人住宅权、违反公序良俗等方式。本案中，尽管两份录音资料是在蒋某秋未经浦某峰同意的情况私自录制的，但该录音在形成过程中并不存在违反法律的禁止性规定的情形，也未采取欺诈、胁迫等非法手段，录音中的内容为蒋某秋与浦某峰对双方借贷关系事实的客观反映以及二人就归还案涉款项所进行的正常交流，亦不构成对浦某峰隐私权等合法权益的侵害，故该私录资料的合法性并不存疑。

二、私录资料的证明力问题

对于视听资料的证明力，理论和司法实务均认为，鉴于视听资料容易被篡改、伪造的特征，需要与其他证据相互印证，对其证明力进行补强，而不能单独作为认定案件事实的依据。由于民事诉讼中采取优势证据规则，因此应赋予无疑点的录音资料可以单独作为认定案件相关事实的依据。除非另外一方当事人对录音资料的真实性提出质疑，使证据的真实性难辨真伪的情况，此时对方当事人应有权就录音资料的真实性提出鉴定。本案中，浦某峰仅对录音资料的合法性提出异议，对证据的真实性并无异议，法院认为，尽管无其他证据对录音资料的证明力进行补强，但浦某峰在录音中所作的“想办法给你5万元”“我还少你那点钱啊”等陈述，属于双方就借款如何归还进行的协商，且通话内容连接紧密，内容未有篡改，具有真实性和连贯性，故法院认定双方对已过诉讼时效的两笔借款重新达成了还款意思表示，该两笔借款未过诉讼时效。

私录资料在司法实践中的使用率越来越高，其对于更好地查明案件事实、提高司法效率、增强裁判的说服力方面具有不可替代的作用。但由于录音资料易被篡改、剪接、伪造的特性，法院在对私录资料合法性审查无异议的情况下，在对其证明力的审查判断时，首先应建立在私录资料的原始载体基础之上，经过双方当事人充分的质证、辩论，并确保私录资料中记载的事项清晰、准确，双方谈论的问题及表态均应当有记载，还要结合当事人所提供的其他相关证据审查判断私录资料有无疑点、对方当事人是否提供足以反驳的相反证据等因素，于此，私录资料方可作为单独认定案件事实的依据。

编写人：江苏省无锡市江阴市人民法院　吉祥　刘培银

49

无抗辩意见的金融转账凭证是否当然认定为借款

——虞某锋诉贾某甲、段某梅民间借贷案

【案件基本信息】

1. 裁判书字号

北京市第三中级人民法院（2018）京03民终4900号民事裁定书

2. 案由：民间借贷纠纷

3. 当事人

原告（上诉人）：虞某锋

被告（被上诉人）：贾某甲、段某梅

【基本案情】

2015年4月15日至2015年5月27日，虞某锋向贾某甲汇款25笔，金额共计3607065元。25笔转账均有摘要注释，摘要注释的内容为“保证金”“管理费”“订金”“账户加仓”“停牌股票金额”。

另查，贾某甲与段某梅于1995年5月2日登记结婚，于2015年9月30日协议离婚，二人又于2015年12月10日复婚。

【案件焦点】

贾某甲未对款项性质提出抗辩，金融转账凭证是否当然认定为借款。

【法院裁判要旨】

北京市通州区人民法院经审理认为：当事人对于自己的主张，有责任提供证据予以证明，不能提供证据或者提供的证据不能证明自己主张的，承担举证不能的法律后果。虞某锋主张其与贾某甲之间系民间借贷法律关系，双方并无书面借款借据，其提交银行转账明细予以证明。每笔转账均备有摘要注释，摘要注释内容为“保证金”“管理费”“订金”“账户加仓”“停牌股票金额”等，且虞某锋向他人转账亦备注相同或相似内容，故仅从转账明细来看无法认定涉诉款项性质为借款。现虞某锋提交的证据不足以证明其与贾某甲之间存在借贷法律关系，且经法院释明，虞某锋仍坚持以借贷关系向贾某甲主张权利，故虞某锋应对此承担举证不能的法律后果。综上，法院对虞某锋提出转账给贾某甲的3607065元系借款的主张不予采信。基于此，对虞某锋要求段某梅承担共同还款责任的主张，法院亦不予支持。

北京市朝阳区人民法院依照《中华人民共和国民事诉讼法》第六十四条第一款、第一百五十四条第一款第三项之规定，作出如下裁定：驳回虞某锋的起诉。

虞某锋不服一审判决，提起上诉。

北京市第三中级人民法院经审理认为：本案争议焦点在于虞某锋与贾某甲是否

存在民间借贷关系。按常理而言，虞某锋作为出借人在民间借贷活动中应处于优势地位，虞某锋称备注是受贾某甲指示不写借款，但涉案备注内容各不相同，均指向股票交易活动，而虞某锋对为何给第三人的转账亦备注相似内容亦不能作出合理解释，现双方并无书面借据，虞某锋也未提交充分证据证明涉案款项系借款，虞某锋持民间借贷案由向贾某甲、段某梅主张还款，一审法院裁定驳回虞某锋的起诉，并无不当，法院予以维持。依照《中华人民共和国民事诉讼法》第一百七十条第一款第一项、第一百七十一条之规定，判决：

驳回上诉，维持原判。

【法官后语】

《最高人民法院关于审理民间借贷案件适用法律若干问题的规定》第十七条规定：原告仅依据金融机构的转账凭证提起民间借贷诉讼，被告抗辩转账系偿还双方之前借款或其他债务，被告应当对其主张提供证据证明。被告提供相应证据证明其主张后，原告仍应就借贷关系的成立承担举证证明责任。根据上述规定，如被告对转账款项的性质不是民间借贷提出抗辩，需提供证据予以证明。那么，如果被告未提出此类抗辩，甚至没有到庭应诉，原告是否无须证明民间借贷关系成立呢。本案就是一个很好的例子，转账备注有“保证金”“管理费”“订金”“账户加仓”“停牌股票金额”，虞某锋转账给案外其他人的多笔明细摘要注释一栏同样注有“无锡－虞某锋－＊＊保证金”“无锡－虞某锋－＊＊管理费”“无锡－虞某锋－＊＊账户加仓”等内容。虞某锋作为出借人，有权利自行编辑转账备注内容，其关于“应借款人要求”备注的解释不能令法官信服。在此情形下，法院应依照《最高人民法院关于审理民间借贷案件适用法律若干问题的规定》第十九条第二项规定，对借款事实予以严格审查，在原告未提供其他证据证明双方属于民间借贷关系的情况下，驳回其起诉是适当的。

编写人：北京市第三中级人民法院　龚勇超　程惠炳

50

家庭成员间民间借贷合意的认定

——黄某友、郑某女诉黄某亮、王某慧民间借贷案

【案件基本信息】

1. 裁判书字号

江苏省泰州市中级人民法院（2018）苏12民终1968号民事判决书

2. 案由：民间借贷纠纷

3. 当事人

原告（被上诉人）：黄某友、郑某女

被告（上诉人）：王某慧

被告：黄某亮

【基本案情】

黄某友、郑某女是黄某亮的父母，黄某亮、王某慧系夫妻关系。黄某亮于2016年8月13日向黄某友、郑某女出具一份借条及承诺书。借条载明："今黄某亮借到黄某友、郑某女两人60万元，用于购买香溪美地×号楼×室，由黄某友、郑某女的银行卡打入香溪美地售楼部，最后以实际打款为准。借款年利率10%，借期一年，如到期未能还款，借款年利率变为12%。"承诺书载明："为购香溪美地×号楼×室，本人黄某亮想用自己及老婆王某慧的住房公积金贷款购房，因王某慧及丈母娘一家不同意，说公积金是她女儿的养老钱，我本人的住房公积金也不准用。我只好请父母黄某友、郑某女帮助，请他们帮助我找朋友借，最后父母将他们用于工程的材料款及发放人工费的费用借来用于黄某亮购房。本人黄某亮承诺，如到期未还款，香溪美地×号楼×室房屋的购房借款及年利率由父母还，房屋所有权归父母所有。双方约定，如产生争议，由法院仲裁解决。"后在黄某亮购房时，黄某友、郑某女将上述款项直接汇入房地产公司账户。后黄某亮未按约偿还，黄某友、郑某女向法院提出诉讼。黄某亮承认借款是事实。

【案件焦点】

购房款是出借还是赠予。

【法院裁判要旨】

江苏省泰州市姜堰区人民法院经审理认为：父母对子女的资助不是义务，应当出于自愿。由于赠予是放弃权利，故对赠予的证明要求是：赠予人明确作出了处界可察的赠予表示。本案中黄某友、郑某女虽积极向泰州金石置业有限公司支付购房款，但无证据表明该付款行为是基于赠予意愿，特别是在黄某亮认可借贷的情形下，王某慧的举证责任不能免除。

江苏省泰州市姜堰区人民法院依照《最高人民法院关于审理涉及夫妻债务纠纷案件适用法律有关问题的解释》第三条、《最高人民法院关于适用〈中华人民共和国民事诉讼法〉的解释》第九十条规定，判决如下：

被告黄某亮、王某慧于本判决生效之日起五日内返还原告黄某友、郑某女借款本金75万元及逾期利息。

王某慧不服一审判决，提起上诉。

江苏省泰州市中级人民法院经审理认为：综合全案事实，难以认定双方存在借贷的合意。1. 从借款的合理性看。夫妻购房舍弃支付首付款以及通过负担住房公积金贷款等低利率的途径，却选择由向父母借取高于公积金、商业贷款的基准利率，显然与正常理性人的生活判断相悖。2. 从借条等载明的内容来看。案涉书证等制作极其规范，让人产生刻意明确借款原因、用途以及款项来源等内容的合理怀疑。且起诉之前，黄某亮、王某慧的婚姻关系已经明显恶化。3. 从借条的形式来看。案涉借条是黄某亮单方出具，而王某慧并未签字，王某慧有无借款买房的意思表示值得商榷。4. 从借贷双方关系看。出借人与借款人存在父母与子女的亲情关系，男方父母在子女购房过程中父母予以资助也是当地家庭关系中的普遍情形，代表了长辈对晚辈无私的关爱和对美好生活的期盼。根据一般的生活判断，也难以认定双方具有借款买房的客观事实。

江苏省泰州市中级人民法院依照《中华人民共和国民事诉讼法》第一百七十条第一款第二项之规定，判决如下：

一、撤销江苏省泰州市姜堰区人民法院（2018）苏1204民初552号民事判决及诉讼费负担部分；

二、驳回黄某友、郑某女要求黄某亮、王某慧偿还借款本金75万元及相应利息的诉讼请求。

【法官后语】

由于承办法官对经验规则的运用不同，出现了本案二审对一审的颠覆性结论。父母资助购房的性质认定，应当综合纠纷发生的起因、背景，借助经验法则，完成裁判者的自由心证，进行判断。

《最高人民法院关于民事诉讼证据的若干规定》第六十四条赋予了法官运用经验法则来认定事实的权利。经验法则是指，人民从生活中归纳获得的关于事物因果关系或属性状态的法则或认知。日常经验法则的要素应当包括：1. 所依的生活经验必须是日常生活中反复发生的常态现象；2. 这种经验法则应当为社会大众所能体察和感受；3. 这种经验法则所依据的生活经验是人们在长期生存生活中所形成的一种理性认识。它是裁判者结合日常生活中亲身体验所领悟的，对一般心态所进行的归纳，在案件审理中结合案件的特殊性，与裁判者的日常经验进行对比，以获取事情本来面貌的高度还原。

本案二审法官对涉及婚姻家庭背景的家庭成员间借贷案件的事实认定及证据采纳，运用了大量的日常生活经验。表现为，在决定诉讼证据与案件的待证事实之间的客观联系时，针对原告提交的完美借条、完美理由，综合民间习俗，以及出具借条时黄某亮、王某慧正处于婚姻关系破裂的背景，作出了不予采纳原告方书证的判断，符合社会大众的一般认知。可见日常经验法则决定证据的可采性、证据的可疑性的重大影响。

运用经验法则完成裁判者的自由心证。进行判断属于推理，是推定的事实，当然不具有绝对性，若达到民事诉讼高度盖然性的标准，以至裁判者内心确信的程度，是最接近真实的可能，不属于裁判者的主观臆断，符合人们对事物的认识规律。

具体到本案中，值得注意的是，尽管本案原告“证据确凿”，但正是如此“确凿”的证据，反而令裁判者深感疑点重重，以产生合理的怀疑。故二审法院对原告的证据不予采纳，对双方借贷合意不予认定。

编写人：江苏省泰州市姜堰区人民法院　林成才

51

收据复写件是否具有法律效力

——刘某兵诉尹某基民间借贷案

【案件基本信息】

1. 裁判书字号

河南省信阳市中级人民法院（2018）豫15民终4700号民事判决书

2. 案由：民间借贷纠纷

3. 当事人

原告（被上诉人）：刘某兵

被告（上诉人）：尹某基

【基本案情】

尹某基于2013年7月20日向刘某兵借款100000元。刘某兵于2018年4月2日诉至法院，要求尹某基偿还90000元欠款及利息。刘某兵要求对四张收据中“刘某兵”签名字迹是否为同一人所写进行鉴定。湖北中真司法鉴定所于2018年8月27日作出鄂中司鉴［2018］文鉴字第163号文书司法鉴定意见书，认为收据复印联中“刘某兵”签名字迹书写水平、字体字形、字的大小、三字配置关系等特征相同。其笔画中有形快实慢、个别笔画运笔有抖动和不连贯现象，且基本能重叠，属不正常书写形成的笔迹。同时发现其运笔形态和笔力特征基本相同，基本能反映同一人的书写习惯特征，因此，收据上写的“刘某兵”签名字迹是同一人所写。以上事实，有当事人陈述、借条等证据予以证实。

【案件焦点】

借款人出具的收据复写件是否具有与原件相同的法律效力，能否作为借款人已经偿还出借人借款的依据。

【法院裁判要旨】

河南省信阳市息县人民法院经审理认为：刘某兵提供的借款合同内容明确，意思表达清楚，该借款合同合法有效，应受法律保护。当事人对自己提出的诉讼请求所依据的事实或者反驳对方诉讼请求所依据的事实有责任提供证据加以证明，没有证据或者证据不足以证明当事人的事实主张的，由负有举证责任的当事人承担不利后果。尹某基辩称其已还款 90000 元，但其仅提供了 4 张收据的复印联，根据交易习惯，收据通常由收款人签字后交予付款人保存，尽管文书司法鉴定意见书中认为收据上写的“刘某兵”签名字迹是同一人所写，但在尹某基无法提供收据原件又无其他证据佐证其还款事实的情况下，法院对其答辩事由无法采信。本案借条中并未约定利息，法院仅支持尹某基按年利率 6% 支付逾期利息。

河南省信阳市息县人民法院依照《中华人民共和国合同法》第六十条、第二百零六条，《最高人民法院关于审理民间借贷案件适用法律若干问题的规定》第二十九条第一款，《最高人民法院关于民事诉讼证据的若干规定》第二条之规定，作出如下判决：

尹某基于本判决生效之日起十日内偿还原告刘某兵 90000 元及利息（利息按年利率 6% 计算，自 2018 年 4 月 2 日始至借款还清时止）。

尹某基不服一审判决，提起上诉。

河南省信阳市中级人民法院经审理认为：首先，复写件在日常生活中，是为了避免多次书写的麻烦而一次形成多份的。复写件虽然不是原件，但是其与原件同步形成，都是初始发生的，其与反复多次制作形成的复印件有根本区别。其次，复写件是书证，是以文字、符号等形式来反映客观事实情况的书面材料，复写件虽然可以有多份，但是一旦书写完成，其数量即已经固定，不可再生，故复写件应属于原始证据，而非传来证据。最后，一审期间，刘某兵当庭陈述，四张复写件中“只有一张一万的是我签的”，而根据鉴定结论，四张复写件中“刘某兵”的签名系同一人所为。综合上述分析意见，法院认为尹某基提交的四份复写件，可以作为认定其已经偿还借款的凭据。综上，一审认定事实清楚，但适用法律错误，法院予以更正。

河南省信阳市中级人民法院依照《中华人民共和国民事诉讼法》第一百七十条第一款第二项之规定，作出如下判决：

一、撤销息县人民法院（2018）豫 1528 民初 1629 号民事判决；

二、尹某基于本判决生效后十日内偿还刘某兵欠款10000元及利息（利息自2018年4月2日开始，按照年利率6%计算至本金还清时止）；

三、驳回刘某兵其他诉讼请求。

【法官后语】

本案中，双方当事人对于存在真实的债权债务关系的事实均不持异议，因此对于双方之间发生的民间借贷事实可以予以认定。本案的关键点在于，尹某基持有的收据复写件能否作为其偿还刘某兵借款的依据。

复写件能否作为本案的有效证据直接关系案件的审理结果。法律规定证据必须提交原件，复写件与复印件是两个不同的法律概念，但它是否属于原件法律却无明文界定。

《中华人民共和国民事诉讼法》第六十三条规定，民事证据有当事人陈述、书证、物证等八种形式。本案涉及的复写件以其承载内容来反映案件的基本事实，在证据形式上，应视为书证。根据鉴定机构出具的鉴定结论，复写件上的签名应为刘某兵本人所为。在确定借款人签名真实的情况下，收据复写件的证明效力应当等同于原件的证明效力，理由是：

1. 现实生活中之所以会出现复写件，是人们为了避免多次书写的麻烦而借助复写纸一次性形成的，有其存在的必要性与合理性。复写件第一联为真正意义上的原件，后面的复写联虽然不是原件，但是其与原件是同时、同步形成的，都是初始发生的，其与反复多次制作形成的复印件，有根本区别；复印件容易采用伪造、变造的方式，形成不同于原件的复印件，而复写件一次形成，很难伪造、变造。

2. 在证据的分类上，有原始证据和传来证据之分。复写件是书证，是以文字、符号等形式来反映客观事实情况的书面材料，复写件虽然可以有多份，但是一旦书写完成，其数量即已经固定，不可再生，故复写件不管有几份都应当属于原始证据，而非传来证据。而复印件虽然也可以作为书证使用，但它完全不同于复写件，复印件是对文件原体的复制，它可以被反复多次制作，属于传来证据。

3. 刘某兵在一审期间当庭陈述承认四张复写件中只有一张一万元的收据是其所签，而根据司法鉴定结论，四张复写件中“刘某兵”的签名系同一人所为。虽然收据复写件是否属于原件尚无明确的法律规定，但是鉴于其一次形成、不可再生复制的特征，在能够确定签名真实的情况下，应当认定其证明效力等同于原件的证明效力。

本案是一起并不复杂的民间借贷纠纷，只是由于对收据复写件的认定有争议才导致了一审、二审，这种情况在现实生活中时有发生。因此，在民间借贷发生时，为避免不必要的纠纷发生，如果有复写件的，最好在其上注明复写数量、持有人所持原件还是复写件，如果没有复写件应该注明无复印件，仅以原件为唯一有效证据。只有这样才能避免不必要的争议发生，即使发生了也很容易认定事实证据，形成定案结论。

编写人：河南省信阳市中级人民法院　付巍　任明乐

52

借据真实，确认借贷关系成立

——柴某青诉吴某民间借贷案件

【案件基本信息】

1. 裁判书字号

北京市第二中级人民法院（2018）京02民再129号民事判决书

2. 案由：民间借贷纠纷

3. 当事人

原告（一审被上诉人、再审被申请人）：柴某青

被告（一审上诉人、再审申请人）：吴某

【基本案情】

2013年8月12日柴某青向吴某转账70018元，2013年9月17日柴某青向吴某转账218401.46元，2013年9月26日柴某青向吴某转账62000元，2013年11月19日柴某青向吴某转账61300元。吴某认可收到上述款项。但对于上述四笔汇款的性质双方说法不一。吴某称系其替柴某青做黄金交易操盘的佣金及投资款项，柴某青坚持认为系借款。对于吴某所称其替柴某青做黄金交易有佣金分成的约定，吴某称

仅是口头约定，没有其他书面约定，亦未提交相应证据予以证明。

柴某青主张2013年8月、9月以现金方式借给吴某12万元，但未提交证据证明。对此，吴某不认可收到12万元现金。

吴某主张双方之间的金钱往来是给付佣金和黄金交易投资款，不是借款。为证明上述主张，吴某提交中国银行北京建国路支行汇兑支付来账凭证，该凭证显示2013年8月12日的70018元汇款的附言写明“回款”；2013年9月26日的62000元汇款的附言写明“往来”；2013年11月19日的61300元汇款的附言写明“黄金交易投入额”。柴某青认可2013年11月19日的61300元回款的附言写明“黄金交易投入额”，其他内容的真实性不予认可。

柴某青提交借条一张，载明“今借到柴某青人民币柒十万元整（￥700000.00）。此柒十万元中已包含银行利率计算的4倍本金加利息（借款期限自2014年10月17日至2015年12月30日）。此据。借款人：吴某2014年10月17日”。吴某认可借条的真实性，但称该借条是在柴某青的胁迫之下所写。对此，吴某并未提交充分证据证明。

关于借条中本息70万元整的由来，柴某青称，本金为531719.46元，即四笔银行转账汇款和一笔现金，按照银行同期贷款利率的四倍及一年零两个月的借款期限计算，本息共计680600.91元，四舍五入为七十万元整。

再审过程中，吴某提交中国银行明细、中浩资本买卖黄金记录及分红情况、出金取款表、内蒙古通辽市科尔沁区公安局吴国权被敲诈勒索案卷宗、工商银行个人业务凭证、工商银行确认转账交易信息，证明双方之间不存在借贷法律关系，借条系受柴某青胁迫所写，双方之间的金钱往来是给付佣金和黄金交易投资款。柴某青不认可中浩资本买卖黄金记录及分红情况、出金取款表的真实性和证明目的。对于上述其他证据，柴某青认可真实性，不认可证明目的。

【案件焦点】

1. 涉案借条的真实有效性；2. 双方之间是否存在民间借贷法律关系。

【法院裁判要旨】

北京市东城区人民法院经审理认为：柴某青起诉要求吴某偿还借款本金及利息700000元。本金531719.46元，其中银行转账70018元、218401.46元、62000元、

61300元，现金120000元。关于现金120000元，柴某青并未提交证据证明。吴某亦不认可收到120000元现金。对于该笔120000元借款，法院不予支持。对于其他四笔银行转账汇款，吴某均认可收到。结合借条的内容，对于柴某青要求吴某偿还四笔银行转账汇款金额分别为70018元、218401.46元、62000元、61300元（合计411719.46元）的本金及利息的诉讼请求，法院予以支持。吴某虽主张借条系受柴某青胁迫所写，但并未提交充分证据证明。吴某的上述说法，法院不予采信。综上所述，依照《中华人民共和国民事诉讼法》第二百零七条，《中华人民共和国合同法》第二百零五条、第二百零六条、第二百零七条的规定，判决：

一、撤销本院（2017）京0101民初189号民事判决；

二、吴某于本判决生效后十日内，偿还柴某青本金411719.46元，并以上述本金为基数，按照中国人民银行同期贷款利率的四倍标准（不得超过年利率24%）支付自2015年12月31日至实际还款之日的利息。

吴某不服一审判决，提起上诉。

北京市第二中级人民法院经审理认为：根据法院查明事实，综合分析当事人提交证据及陈述情况，不排除吴某曾作为操盘手，同时将自有资金放在柴某青账户中一并进行黄金投资交易的情形。但因吴某并不能提交直接证据证明其与柴某青之间存在收取佣金，分红比例等内容的书面协议约定，且柴某青亦不予认可委托吴某代为进行黄金投资交易。故对吴某坚称为柴某青操作黄金买卖交易获取佣金等相关事实法院不予确定。涉案借条载明内容完整，吴某认可借条的真实性，二审提交的QQ聊天记录反映的是吴某与对方商量如何找人追讨款项事宜，不能证明受到胁迫出具借条的情形，事后吴某也没有采取向公安机关报案等措施，而是听之任之。吴某属于完全民事行为能力人，应对自己的行为负责。一审判决根据双方均认可的收付款情况，确认吴某应偿还的款项并无不妥。综上所述，吴某的上诉理由不能成立，其上诉请求应予驳回。一审判决结果并无不当，应予维持。依照《中华人民共和国民事诉讼法》第一百七十条第一款第一项规定，判决：

驳回上诉，维持原判。

【法官后语】

民间借贷关系中，最基础的证据就是借条或称借据，它是法院认定借贷事实的直接证据。但是现实生活中对于借条或借据的形成原因，当事人往往各执一词，出具借条或借据的一方又常以被胁迫等理由，否认借条或借据的真实性，并对双方之间往来款项否认系借款的性质。本案中就是此种情形。吴某为支持己方上诉请求，提交了未经公证自行下载的与柴某青在2014年4月、5月期间部分QQ聊天记录作为二审上诉新证据，拟进一步证明涉案借条是在被胁迫的情况下书写的。吴某还称自2012年开始在北京从事黄金投资交易操盘手职业。经案外人介绍认识柴某青，自2013年7月开始为柴某青操作美国汇盛公司的黄金交易，其将自己的资金也放在柴某青账户中一同进行交易。因美国汇盛公司有关人员卷款潜逃，造成柴某青投资损失，柴某青让其赔偿一半的损失，被迫写下的借条。吴某对受到胁迫出具借条后一直没有报案的原因解释称，其认为借条上所载明的“今借到……”代表的是当时借到，而不是之前的金钱往来，实际上并没有向柴某青借过钱。对此柴某青是完全否认的，认为就是吴某向其借款自行运作黄金交易。二审审理是并没有机械地认定借条存在及真实性，而是客观分析柴某青与吴某之间可能存在的经济关系，根据民间借贷纠纷案件举证责任分配的原则，给予上诉人合理的举证机会支持己方的主张。在经过双方质证之后，法院依照《最高人民法院关于适用〈中华人民共和国民事诉讼法〉的解释》第一百零五条规定：“人民法院应当按照法定程序，全面、客观地审核证据，依照法律规定，运用逻辑推理和日常生活经验法则，对证据有无证明力和证明力大小进行判断，并公开判断的理由和结果。”认定涉案的借条在形式和内容上真实可信。又鉴于吴某所称有关与柴某青约定操盘盈利后收取佣金、分红比例等书面协议均已丢弃等。法院对吴某认可的收到柴某青的款项认定为借款。这也是人民法院在审理民间借贷纠纷中，当双方当事人对案件事实各执一词，根据双方提供的证据难以还原客观事实的情况下，可以适用高度盖然性规则。高度盖然性是一种根据高度概率判断的认识方法和手段，《最高人民法院关于民事诉讼证据的若干规定》第七十三条规定：“双方当事人对同一事实分别举出相反的证据，但都没有足够的依据否定对方证据的，人民法院应当结合案件情况，判断一方提供证据的证明力是否明显大于另一方提供证据的证明力，并对证明力较大的证据予以确认……”本案二审的处理运用了这一规则，通过自由心证，就盖然性较高的事实确定最终裁判。

编写人：北京市第二中级人民法院　申小琦

53

借款人死亡且无借据是否应当认定借贷关系成立并由生前的离异配偶偿还借款

——唐某芳诉徐某净民间借贷案

【案件基本信息】

1. 裁判书字号

四川省自贡市中级人民法院（2018）川03民终906号民事判决书

2. 案由：民间借贷纠纷

3. 当事人

原告（被上诉人）：唐某芳

被告（上诉人）：徐某净

【基本案情】

2013年9月18日，唐某芳与某信用分社签订《最高额抵押合同》及《个人借款合同》，约定：借款用途用于归还借款。唐某芳以自有房屋作抵押借款300000元，借款期限自2013年9月19日至2016年1月10日。在该借款档案中，附有一张落款日期为2012年9月20日唐某芳出具给儿子陈某铭的借条原件。当日，该信用分社向唐某芳发放借款后，该笔借款于当日转到陈某铭的卡号上。此后，陈某铭将该笔资金先后多次以转账、取现、ATM取款等形式交易至2013年11月21日。其中，2013年9月24日转款到张某账户80000元、王某账户80000元；2013年10月4日转款到陈某铭之兄账户5000元；2013年10月11日转款到徐某净（与陈某铭曾系夫妻）账户32000元。

2013年11月21日，徐某净与陈某铭办理离婚手续，离婚协议载明："三、夫妻共同财产的处理：现有的存款、房产、车子归女方所有，婚前双方各自财产归各自所有，男女双方各自的私人生活用品及首饰归各自所有。四、债权与债务的处理：双方确认在婚姻关系期间所发生的共同债务由双方共同完善，任何一方如对外负有债务，由负债方自行承担。”2014年4月11日，陈某铭因车祸死亡。

2014年5月15日，唐某芳与某信用分社签订《农户小额信用借款合同》，约定：唐某芳借款50000元，借款期限自2014年5月15日至2015年12月31日，借款用途为零售业用款。该笔借款2014年9月22日还息549.17元的《贷款还款凭证》上无唐某芳签名，但在经办人处有徐某净的姓名签章。上述两笔贷款经法院判决由唐某芳偿还借款本金350000元及利息，并已进入执行阶段。徐某净当庭自述称，陈某铭在外面做生意不要徐某净管，与陈某铭夫妻关系存续期间对夫妻财产没有约定，家里的经济都是交给陈某铭管理，陈某铭转款给徐某净的32000元用于偿还徐某净父母向他人借款。

另查明，唐某芳在镇上经营日杂小摊生意多年。2013年9月1日，徐某净从发放贷款的信用分社调到另一信用分社工作。2014年6月1日，徐某净又调回发放贷款的信用分社工作。

【案件焦点】

1. 因唐某芳之子陈某铭死亡，唐某芳贷款给陈某铭使用的钱没有借据，唐某芳与陈某铭、徐某净之间是否形成民间借贷法律关系；2. 徐某净作为陈某铭生前的离异配偶是否应当偿还借款。

【法院裁判要旨】

四川省自贡市富顺县人民法院经审理认为：因唐某芳之子陈某铭死亡导致贷款时二人的真实意思表示不能直接证明，但基于其特殊亲属关系，唐某芳以自己名义贷款后并于当日转入陈某铭账户，资金流向除陈某铭取现和ATM取款外，大部分转款都是偿还债务。结合陈某铭因生意周转曾多次向多人借款，唐某芳只是经营日杂小摊生意的客观实际，根据民法理论的高度盖然性原理，认定唐某芳贷款是为陈某铭生意周转等所需，双方有借款合意更符合二人当时的真实意思表示。徐某净以贷款档案中唐某芳出具的借条证明陈某铭是债权人，来抗辩唐某芳转账给陈某铭系偿还借款。但借条原件不在债权人手中而是存放于信用社，明显不符合民间借贷的正常表现形式；唐某芳、徐某净虽均未对借条形成时间申请鉴定，但综合全案能够认定该借条明显是为了信用社发放贷款用途所需的要求而形成；且徐某净也未提供其他证据证明该借条载明的借款日期前后，陈某铭实际交付借款给唐某芳，或者二人之间存在其他交易关系。因此，应当认定双方形成了合法有效的民间借贷法律关系。

该300000元借款发生在陈某铭与徐某净夫妻关系存续期间，大部分用于偿还陈某铭生意周转所欠债务，属共同生产经营所负债务，应按夫妻共同债务处理。徐某净并未提供证据证明唐某芳与陈某铭母子串通虚构债务，或者陈某铭在从事赌博、吸毒等违法犯罪活动中所负债务，且徐某净自述婚内对夫妻财产没有约定，故徐某净以不知情、未参与贷款，以及夫妻关系不好、离婚未涉及诉争债务等主张不属夫妻共同债务的抗辩理由不成立，徐某净作为陈某铭生前的离异配偶应承担清偿责任。另50000元借款是陈某铭与徐某净离婚后的债务，徐某净不承担清偿责任。

四川省自贡市富顺县人民法院依照《中华人民共和国民法总则》第一百八十八条，《中华人民共和国合同法》第二百零六条、第二百一十条，《中华人民共和国婚姻法》第十九条第三款，《最高人民法院关于适用〈中华人民共和国婚姻法〉若干问题的解释（二）》第二十四条、第二十六条，《最高人民法院关于审理民间借贷案件适用法律若干问题的规定》第十七条，《最高人民法院关于民事诉讼证据的若干规定》第二条之规定，作出如下判决：

一、限徐某净于本判决生效之日起十日内偿还唐某芳300000元；

二、驳回唐某芳的其他诉讼请求。

徐某净不服一审判决，提起上诉。

四川省自贡市中级人民法院同意一审法院裁判意见，依照《中华人民共和国民事诉讼法》第一百七十条第一款第一项之规定，作出如下判决：

驳回上诉，维持原判。

【法官后语】

本案主要涉及民法理论中高度盖然性原理的运用。运用高度盖然性的证明标准解决民间借贷纠纷，符合民法私权领域的意思自治原则。

实践中，在借款人死亡且无借据的情况下，证明借款事实的证据又无法达到确凿程度，法官应如何作出正确的判断并裁决，笔者认为，这必然涉及判断证据的证明力强弱及其取舍、斟酌，实践中主要凭借法官的自我理性判断，进而对案件事实的认定必须建立在内心深处对自己主观判断确认真实无疑的基础之上。这种自由心证的强度依次分为微弱的心证、盖然的心证、盖然的确信心证和必然的确信心证四个程度。这就要求法官必须具有良好的法律知识、社会经验、逻辑推理和道德良知，最大限度地发挥高度盖然性的积极作用，以使得法律事实尽可能地接近客观事实。

就本案而言，借据或其他书面凭证不是判断借贷双方有无借款合意以及借贷关系是否成立的唯一标准。应结合借款的款项流向和借贷双方的生活来源、经济状况等客观实际，推断借款当时双方的真实意思表示来综合认定借贷关系是否成立。如前所述，推断唐某芳做日杂小生意无需大额资金只是微弱心证，根据资金流向推断其贷款300000元是给其子陈某铭生意周转，继而推断唐某芳与陈某铭有借款合意更符合常理，实际上已经达到了盖然的确信心证程度。《最高人民法院关于审理民间借贷案件适用法律若干问题的规定》第十七条规定："原告仅依据金融机构的转账凭证提起民间借贷诉讼，被告抗辩转账系偿还双方之前借款或其他债务，被告应当对其主张提供证据证明。被告提供相应证据证明其主张后，原告仍应就借贷关系的成立承担举证证明责任。"徐某净抗辩系偿还之前借款的关键证据借条原件，并非债权人持有，而是存于唐某芳贷款的信用社，显然不符合日常逻辑。

综上，对本案证据全面综合分析认定后，心证已经达到相信借款存在极大可能或非常可能如此的程度，即已形成必然的确信心证：唐某芳主张借款存在的法律事实与客观事实相符具有极高可能性。此时，就应当适用高度盖然性的证明标准，即在对案件客观事实的认识达不到必然逻辑条件时，根据高度概率进行判断，认定法律事实，并作出支持唐某芳主张的裁决。

编写人：四川省自贡市富顺县人民法院　何春燕

图书在版编目（CIP）数据

中国法院2020年度案例．民间借贷纠纷／国家法官学院，最高人民法院司法案例研究院编．—北京：中国法制出版社，2020.3

ISBN 978-7-5216-0933-2

Ⅰ.①中… Ⅱ.①国…②最… Ⅲ.①民间借贷-经济纠纷-案例-汇编-中国 Ⅳ.①D920.5

中国版本图书馆CIP数据核字（2020）第035697号

策划编辑：李小草（lixiaocao2008@sina.cn）
责任编辑：韩璐玮　王紫晶　　　封面设计：温培英　李宁

中国法院2020年度案例·民间借贷纠纷

ZHONGGUO FAYUAN 2020 NIANDU ANLI · MINJIAN JIEDAI JIUFEN

编者/国家法官学院，最高人民法院司法案例研究院
经销/新华书店
印刷/三河市紫恒印装有限公司
开本/730毫米×1030毫米　16开　　　印张/14.5　字数/189千
版次/2020年3月第1版　　　2020年3月第1次印刷

中国法制出版社出版
书号ISBN 978-7-5216-0933-2　　　定价：52.00元

北京西单横二条2号
邮政编码100031　　　传真：010-66031119
网址：http://www.zgfzs.com　　　**编辑部电话：010-66071862**
市场营销部电话：010-66033393　　　**邮购部电话：010-66033288**

（如有印装质量问题，请与本社印务部联系调换。电话：010-66032926）